KB091323

하이퍼레저 패브릭 실전 프로젝트

Copyright ⓒ acorn publishing Co., 2020. All rights reserved.

이 책은 에이콘출판(주)가 저작권자 조문옥, 이진수, 조성완, 반장현과 정식 계약하여 발행한 책이므로
이 책의 일부나 전체 내용을 무단으로 복사, 복제, 전재하는 것은 저작권법에 저촉됩니다.
저자와의 협의에 의해 인지는 붙이지 않습니다.

하이퍼레저 패브릭 실전 프로젝트

Permissioned 블록체인인 하이퍼레저 패브릭의
기초부터 실습까지

조문옥 · 이진수 · 조성완 · 반장현 지음

i!i
에이콘

에이콘출판의 기틀을 마련하신 故 정완재 선생님 (1935-2004)

블록체인 기술이 비트코인이라는 모습으로 처음 나타난 지 어느덧 10년이 지났다. 1세대 블록체인인 비트코인에는 화폐와 같은 가치를 저장하거나 전달하는 것 외의 기능은 없었으나 이후 블록체인 기술을 암호화폐 거래 이외의 다른 목적에도 활용하고자 하는 움직임이 나타나기 시작했다.

이를 2세대 블록체인이라고 하며, 해당 계약의 절차가 미리 작성돼 블록체인상에 배포된 '코드'를 통해 자동으로 실행되며 분산 처리되는 스마트 컨트랙트 기술이 적용된 이더리움이 대표적이다. 하지만 영업비밀이 존재하고 특정 권한을 가진 사람만 열람을 하도록 처리해야 하는 기업체 입장에서는 퍼블릭 블록체인 기술을 적용하는 데 한계가 있었다. 또한 느린 처리속도 문제는 반드시 해결해야 하는 가장 큰 과제였다. 처리속도 문제를 해결하고자 등장한 것이 프라이빗 블록체인이며, 그 중 가장 대표적인 글로벌 프로젝트가 바로 하이퍼레저 패브릭이다. 이미 수많은 글로벌 기업에서 하이퍼레저 패브릭을 기반으로 다양한 사례를 발표하고 있으며, 더 많은 도메인과 국가로 확장되고 있다.

이 책은 현재까지 하이퍼레저 패브릭을 가장 정밀하게 다룬 국내 개발서로 하이퍼레저 패브릭 네트워크 환경 구축부터 체인코드 구축과 실습까지 단계별로 구성돼 있어, 처음 접하는 개발자도 쉽게 지식을 습득하고 개발을 시작할 수 있다. 실제 코딩 가능한 레벨에서 상세한 설명을 제공하므로 관심을 갖고 있는 개발자에게 큰 도움이 될 것이다. 기업용 엔터프라이즈 블록체인 네트워크를 구축해 새로운 서비스를 제공하고자 하는 분에게 추천한다.

서종렬 / 세종텔레콤 부회장

드디어 중급 이상 블록체인 개발자용 교재가 나왔다. 실무에서 쌓은 노하우를 녹여 내 기초부터 설치 그리고 실무용 예제까지 전 과정을 친절하고 자세하게 설명한 하이퍼레저 개발자용 교재다. 독자들이 이 책을 많이 활용해 대한민국이 인터넷강국에서 블록체인강국으로 우뚝 솟아나길 기원한다.

인호 / 고려대학교 블록체인연구소장

하이퍼레저 패브릭은 리눅스 재단의 여러 하이퍼레저 프로젝트 중 가장 앞선 형태로 발전하고 있으며 다양한 도메인의 글로벌 기업과 성공적인 협력 사례를 발표하고 있다. 세계 최대 해운회사 머스크 그룹은 IBM과 함께 합작회사 트레이드렌즈^{Tradelens}를 설립해 하이퍼레저 패브릭 기반 물류무역을 위한 블록체인 물류 플랫폼 GTD^{Global} $^{Trade\ Digitization}$를 공식 출범했다. AIG, 스탠다드차타드은행은 가장 복잡한 보험증권 중 하나인 다국적 보험증권에 블록체인 기술을 적용해 보험증권 관련 데이터와 문서를 통일된 방식으로 실시간 확인하는 '스마트 거래'를 구현하는 데 성공했다. 이처럼 하이퍼레저 패브릭은 금융, 보험, 의료, 인적 자원, 공급망 및 디지털 음악 전달을 포함해 광범위한 산업 사용 사례에 혁신, 다기능성, 최적화 등을 가능하게 하는 고도로 모듈화된 아키텍처를 갖추고 있다.

하이퍼레저 패브릭은 타 블록체인 플랫폼과 달리 시스템을 이해하고 사용하는 데 많은 노력이 필요하다. 또한 기본적인 블록체인 지식이 없다면 이해하고 응용하기까지 많은 시간이 소요될 수 있다. 이 책에는 하이퍼레저 패브릭의 네트워크 환경 구축부터 체인코드 프로그래밍과 애플리케이션 개발까지 오랜 기간 동안 직접 실습하며 분석한 저자의 집요함이 담겨있다. 처음 입문하는 개발자에게 큰 도움이 될 것이다.

김치원 / JC파트너스 전무

하이퍼레저 패브릭은 리눅스 재단에서 주관하는 프라이빗 블록체인 오픈소스 프로젝트인 하이퍼레저Hyperledger의 프로젝트 중 하나로 35개 이상의 조직과 200명이 넘는 개발자 커뮤니티를 운영하며 지속적으로 성장하고 있다.

하이퍼레저 패브릭은 퍼블릭 블록체인을 도입하기 어려운 이유였던 허가 받은 사용자 참여를 통한 기업 기밀과 보안 유지, 성능, 거버넌스 등에 대한 솔루션을 제공한다. 또한, 모듈형 컴포넌트 아키텍처 기반으로 다양한 비즈니스 모델과 응용 프로그램을 개발할 수 있는 유연한 개발 환경을 제공한다. 예를 들어, 합의Consensus 및 멤버십 서비스와 같은 구성 요소를 플러그 앤 플레이Plug & Play 방식으로 지원하며, 컨테이너 기술을 활용해 비즈니스 로직을 쉽게 구성할 수 있도록 체인코드Chain Code를 제공한다.

무엇보다 자바Java, Go, Node.js와 같은 범용적인 프로그래밍 언어를 지원해 새로운 언어를 배우지 않아도 빠르게 도입하고 접목할 수 있다. 이러한 특성과 장점으로 하이퍼레저 패브릭은 기업형 블록체인으로 가장 주목받고 있다. IBM, 마이크로소프트, 아마존, 구글 등 글로벌 기업과 KT, 삼성, LG 등 국내 기업들이 하이퍼레저 패브릭 기반 블록체인 서비스와 플랫폼을 구축형 혹은 서비스형Baas, Blockchain as a service으로 제공하고 있다. 앞으로 금융, 물류, 의료, 에너지, 제조 등 산업 전반으로 더욱 활성화될 것으로 보고 있다. 다만 하이퍼레저 패브릭은 시스템 구조와 사용법이 상대적으로 복잡해 블록체인을 처음 접하거나 타 블록체인에 익숙한 개발자라면 이해하기 어려울 수 있다.

이 책은 블록체인의 기본 개념과 하이퍼레저 기술 구조는 물론 하이퍼레저 패브릭 네트워크 환경 구축, 체인코드 구축과 실습까지 프로젝트를 구축할 수 있는 상세한 가이드를 제공해 처음 접하는 개발자도 쉽게 기술을 이해하고 개발을 시작할 수 있을 것이다.

하이퍼레저 패브릭에 기술적 관심을 가진 시스템 기획자, 개발자, 운영자 등 엔지니어 독자 특히, 기업용 엔터프라이즈 블록체인 네트워크를 구축해 새로운 서비스를 제공하고자 하는 분들께 이 책을 추천한다.

제갈정숙 / KTDS 상무

지은이 소개

조문옥 jodas78@gmail.com

국내 대표적인 소프트웨어 아키텍트이자 플랫폼 기술 전문가로, 새로운 IT 기술과 기술 기반 플랫폼 개발에 관심이 많다. SK텔레콤에서 T페이 플랫폼을 총괄하는 등 플랫폼 기술 전문가로 활동했고, 삼성SDS 재직 당시 SOA^{Service} ^{Oriented Architecture}를 국내에 들여온 1세대 아키텍트다. 투비소프트 재직 당시에는 WC300^{World Class 300} 국책과제를 AI 기술 기반 스마트 카 커머스 사업으로 수주해 총괄하기도 했다.

현재는 소프트웨어 아키텍처 및 데이터 사이언스 측면에서 블록체인 기술을 연구하고 있으며, 블록체인 외에도 AI, 빅데이터 등 다양한 IT 기술을 지속적으로 연구하고 있다. 또한 다양한 IT 기술들을 플랫폼 비즈니스 측면에서 어떻게 활용할 수 있을지 Tech-Driven BM에 대해서도 많은 연구 중이다.

이진수 *dioubi@gmail.com*

세상을 이롭게 바꾸는 기술에 관심이 많다. 동국대학교 국제정보대학원 정보보호학과에서 포렌식을 전공했으며 멘사코리아 정회원이다. IT 전문가로 Beacon, All in one Card, Payment Dongle 등을 개발했고 현재 유니온플레이스에서 블록체인, 클라우드, AI를 연구하고 있다.

조성완 eedarks@naver.com

블록체인 기술에 대한 이해도와 다년간의 사업기획 역량을 바탕으로 다양한 비즈니스 분야에 블록체인 기술의 접목을 시도하고 있다. 특히 블록체인 프로젝트의 가치와 위험성을 표준화된 기준으로 평가하는 블록체인 가치평가 모델을 기획했고, 현재 블록체인 전문기업인 에이치닥테크놀로지에서 다양한 도메인의 기업에 블록체인을 접목하는 시범사업을 추진 중이다.

반장현 bjh0921@gmail.com

투비소프트에서 프라이빗 블록체인을 연구하는 선임 연구원으로 국책과제로 수행중인 WC300 프로젝트에서 인공지능 분야 중 번호판 인식, 모션 추적을 연구 개발했다. 이후 블록체인 개발자로 커리어를 쌓기 위해 비트코인 기반의 하이브리드 체인을 다루는 에이치닥에 입사해 프라이빗 블록체인 자바, 자바스크립트 SDK 제작 및 사내/외부 블록체인 실무 개발교육을 담당했다. 현재는 현대페이 블록체인 연구소에 소속돼 블록체인에 빅데이터 기반 인공지능을 활용한 프로젝트 수행 중인 꿈 많은 개발자다.

지은이의 말

블록체인이라는 기술을 알게 된 계기는 2가지 측면이다. 하나는 핀테크, 커머스 플랫폼을 다루는 비즈니스 측면이고, 또 다른 하나는 데이터를 처리하는 기술 측면이다. 블록체인은 비트코인이나 이더리움과 같은 암호화폐와 연동돼 시장에서의 관심도 폭발적이었고, 개인적인 호기심도 증폭됐다. 이러한 계기로 블록체인 기술에 흠뻑 빠졌고, 그 중에서 가장 합리적이고 효용적인 기술이라 생각하는 하이퍼레저 패브릭에 더욱 매료됐다. 이 책을 쓰는 동안 행복했다. 이 책을 통해 한 분이라도 하이퍼레저 패브릭에 더욱 관심을 갖고 도움이 되면 좋겠다. 책을 쓰느라 함께 고생한 친구들에게 너무 고맙다. 그리고 이 책을 쓴다고 같이 많이 못 놀아준 내 아이들(유준, 유현) 미안하고 사랑해! 그리고 우리 자기에게도 미안하고 사랑한다고 말하고 싶다.

조문옥

이 책은 블록체인에 관심 있는 분들에게 하이퍼레저 패브릭으로 블록체인 애플리케이션을 쉽게 학습할 수 있도록 도움을 준다. 이 책을 무작정 따라하는 것도 좋지만 그전에 이 책에서 얻은 지식(수단)으로 무엇을 만들까(목적)를 먼저 생각해 보면 좋을 것 같다. 인터넷에서는 하이퍼레저 패브릭을 학습할 때 필요한 모든 정보가 있지만, 이런 정보는 블로그, 깃허브GitHub 등에 흩어져 있다. 입문자 입장에서 가장 큰 어려움은 무엇을 모르는지 모르는 상태이므로 어떤 키워드를 검색해야 하는지 모르는 사람은 정보를 찾기가 힘들 것이다. 이 책에 하이퍼레저의 모든 것을 담지는 못했다. 독자들이 무엇을 모르는지 알게 되고 이후 인터넷에서 검색해 더 많은 발전을 했으면 좋겠다. 책을 쓰면서 많이 배웠다. 함께 쓰신 분들께 감사드린다. 마지막으로 여보, 책 쓴다고 이해해줘서 고맙고 사랑해.

이진수

개발서에 웬 기획자가 참여했을까라고 생각하는 독자도 있을 것 같다. 짧지 않은 기간 동안 IT 분야에서 사업기획을 해오면서 느낀 점은 이유 없는 기술은 의미가 없다는 것이다. 번뜩이는 아이디어와 효율적인 기술을 개발하더라도, 시장과 사용자가 필요하지 않는 기술은 의미가 없다는 뜻이다.

이 책에서 다루는 하이퍼레저 패브릭도 마찬가지다. 하이퍼레저 프로젝트에 앞서 블록체인이라는 기술에 대한 기본적인 사상과 왜 이러한 기술이 발현됐고 시장에서는 어떻게 이용되고 있는지를 이해하고, 블록체인 기술 도메인 내에서 하이퍼레저 패브릭이 어떠한 강점을 가진지를 아는 것이 중요하다. 이 책이 개발능력이 뛰어난 개발자에서 시장에 꼭 필요한 기술을 개발하는 개발자가 되는 데 도움이 됐으면 좋겠다. 더불어 함께 저술한 동료들과 사랑하는 가족들에게 감사의 말을 전한다.

조성완

블록체인 기술에 관심을 갖고 프라이빗 블록체인 중 하이퍼레저를 처음 선택한 순간부터 인터넷, 서적을 통틀어 자료가 많이 없다는 것을 느꼈다. 없는 자료를 찾아 헤매고 잦은 버전업을 견디며 동료들과 작업해 이렇게 책으로 완성했다. 독자들이 프라이빗 블록체인을 접하는 데 더 많은 도움을 드리고자 책의 내용과 예제들은 난이도를 구분해서 장을 구성했다. 하이퍼레저를 쉽게 이해하고 따라 할 수 있는 가이드가 되는 개발서가 되길 바란다.

저술하는 동안 많은 조언과 배려, 기술의 전반적인 부분을 아끼지 않고 알려준 조문옥 상무님, 조성완 과장님과 개발에 대한 많은 부분을 알려주고 아이디어를 내준 이진수 이사님께 감사의 말씀을 드리고 싶다. 항상 사랑하는 아버지, 어머니, 형 그리고 저와 평생을 함께 걸어 갈 민아에게도 출간의 기쁨을 전한다.

반장현

목차

1장 블록체인   25

이 책은 리눅스 재단의 하이퍼레저 패브릭을 활용한 블록체인 네트워크 구성과 클라이언트를 개발할 수 있는 체계적인 가이드 및 실전 예제를 제공한다.

하이퍼레저 패브릭 아키텍처와 트랜잭션 흐름^{Transaction Flow}을 이해하고 퍼블릭 블록체인과 다른 퍼미션드^{Permissioned} 블록체인의 특징을 이해할 수 있다.

하이퍼레저 패브릭 샘플 프로젝트를 활용해 블록체인 네트워크 구성 방법, 체인코드 구축 과정, 클라이언트 개발 방법을 알아본다. 이후 실제 사례를 기반으로 어떻게 체인코드를 작성하고 애플리케이션을 연결하는지 구체적으로 살펴본다.

이 책의 구성

프라이빗 블록체인 중 리눅스 재단에 설립된 하이퍼레저의 기술을 담고 있다. 그 중 하이퍼레저 패브릭 프로젝트는 타 블록체인 플랫폼과 달리 시스템을 이해하고 사용하려면 많은 노력이 필요하다.

이 책은 하이퍼레저 패브릭 네트워크 환경 구축부터 체인코드 구축과 실습까지 단계별로 구성돼 있다. 1장, 2장에서 블록체인과 하이퍼레저에 대한 상세한 설명을 제공하고 3장부터 7장까지는 실습 파트로 구성돼 있다. 프라이빗 블록체인에 관심을 갖고 있는 개발자와 기업용 엔터프라이즈 블록체인 네트워크를 구축해 새로운 서비스를 제공하고자 하는 실무자가 보기에 적합하다.

장별 구성

1장 블록체인 – 블록체인 기술의 전반적인 개요와 매커니즘을 이해하고 유스케이스를 알아본다. 블록체인의 기본원리와 구성 요소를 확인하고 분류별 특징을 이해한다.

2장 하이퍼레저 페브릭 개요 – 다양한 하이퍼레저 프로젝트를 소개한다. 하이퍼레저 패브릭 아키텍처와 핵심 용어를 학습하고 하이퍼레저 패브릭 시스템 플로우와 시스템 체인코드를 이해한다.

3장 하이퍼레저 패브릭 환경 설정 – 하이퍼레저 패브릭을 개발하기 위해 사전에 필요한 소프트웨어를 설치하고 개발환경을 구성한다. 하이퍼레저 패브릭을 설치해 동작을 확인하고 하이퍼레저 컴포저를 학습한다.

4장 하이퍼레저 패브릭 개발 – 하이퍼레저 패브릭에서 제공하는 예제로 기본적인 블록체인 네트워크를 동작시킬 수 있는 기본 기능을 소개한다. 하이퍼레저 패브릭 핵심도구를 살펴보고 Go와 자바로 직접 체인코드를 개발한다.

5장 하이퍼레저 패브릭 애플리케이션 개발 – 하이퍼레저 패브릭 네트워크를 실제로 구축해보고 체인코드를 작성한다. Node.js SDK를 사용해 하이퍼레저 패브릭 네트워크에 접속하고 애플리케이션을 개발한다.

6장 하이퍼레저 패브릭 프로젝트 심화 – 실전 하이퍼레저 패브릭 네트워크 구성을 위해 오더링 서비스 노드의 구성을 변경하고 각 피어 노드의 데이터베이스를 CouchDB로 구성한다. 다중 채널을 생성해 채널에 대한 이해도를 높이고, 웹 클라이언트 애플리케이션을 제작해 하이퍼레저 패브릭 네트워크와 통신한다.

7장 클라우드 환경에서 하이퍼레저 패브릭 구축 – 클라우드 환경에서 하이퍼레저 패브릭 네트워크를 구축하고 스마트 컨트랙트 설치 및 구동을 학습한다.

이 책의 대상 독자

- 기업용 블록체인 서비스를 개발하고자 하는 개발자
- 하이퍼레저 패브릭을 활용해 프로젝트를 수행하고자 하는 개발자
- 하이퍼레저 패브릭의 기술적 구현 부분을 이해하고자 하는 개발자
- 클라우드 환경에서 하이퍼레저 패브릭으로 개발하고자 하는 개발자

정오표

한국어판의 정오표는 에이콘출판사의 도서정보 페이지 http://www.acornpub. co.kr/book/hyperledger-fabric에서 확인할 수 있다.

질문

이 책과 관련해 질문이 있다면 이 책의 지은이나 에이콘출판사 편집팀(editor@ acornpub.co.kr)으로 문의해주길 바란다.

자료 및 커뮤니티

- **자료**: github.com/hyblekorea
- **커뮤니티**: hyblekorea.slack.com

1

블록체인

1.1 블록체인 개요

1.1.1 미래 전략기술 블록체인

2017년 미국 올랜도에서 열린 가트너 심포지엄/IT 엑스포에서 글로벌 시장조사 기관인 가트너^{Gartner}사는 '10대 전략 기술 트렌드'를 발표한다.

1) 인공지능 강화 시스템^{AI Foundation}, 2) 지능형 앱 · 분석^{Intelligent Apps and Analytics}, 3) 지능형 사물^{Intelligent Things}, 4) 디지털 트윈^{Digital Twin}, 5) 클라우드에서 에지 컴퓨팅으로^{Cloud to the Edge}, 6) 대화형 플랫폼^{Conversational Platforms}, 7) 몰입 경험^{Immersive Experience}, 8) 이벤트 기반 모델^{Event-Driven}, 9) 지속적이며 적용할 수 있는 리스크 및 신뢰 평가^{CARTA} 접근법, 10) 블록체인^{Blockchain}을 꼽았다.

매해 혁신적인 기술에 대한 성숙도를 발표하는 'Gartner Hype Cycle for Emerging Technologies'에서도 블록체인의 현 위치를 확인할 수 있다. 그림 1-1의 2018년 발표자료를 보면 블록체인은 현재 '기대치 극대화의 정점^{Peak of Inflated Expectations}' 단계에 위치하고 있어 초기의 대중성이 일부의 성공적 사례와 다수의 실패 사례를 양산하고, 일부 기업이 실제 사업에 착수하지만 대부분의 기업은 전망하고 있는 상태다. 가트너는 5~10년 내에 블록체인 기술이 메인 스트림$^{Main Stream}$이 될 것으로 예상하고 있어, 빠른 기술의 발전과 더불어 시장 안정화가 이뤄질 것으로 보인다. 블록체인 기술은 네트워크 및 암호 분야 응용과 플랫폼 기능에 따라 암호화폐^{Cryptocurrency}, 공공·보안$^{Public\&Security}$, 산업응용$^{Industrial\ Applications}$, 거래·결제$^{Transaction\ \&\ Payments}$ 등으로 활용범위가 산업 전반 및 지식재산으로 확대되고 점차 ICT$^{Information\ \&\ Communication\ Technology}$ 역할이 강조되는 추세다.

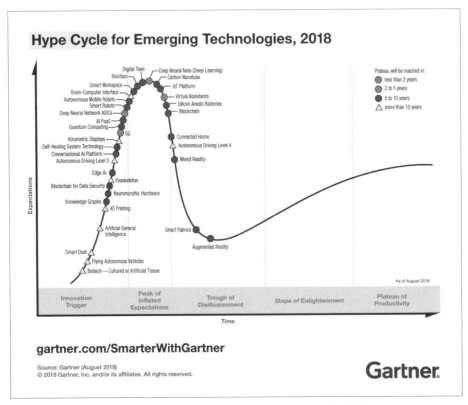

그림 1-1 Gartner Hype Cycle for Emerging Technologies, 2018

이제, 다양한 분야와 시장에서 높은 활용도가 예상되는 미래 핵심 기술인 블록체인의 기본 개념부터 살펴보자.

1.1.2 블록체인이란?

블록체인이란 블록을 연결한 모음으로, 블록에 일정 시간 동안 확정된 거래내역을 담는 일종의 금융장부다. 블록체인 기술은 P2P^{Peer-to-Peer1} 네트워크에서 발생하는 모든 거래^{Transaction} 정보를 담고 있는 원장^{Ledger}을 노드^{Node2}라고 불리는 모든 컴퓨터 장치가 분산 저장 및 업데이트하고 무결성^{Integrity3}을 유지하도록 하는 기술이다.

비트코인^{Bitcoin}에서부터 시작된 블록체인 기술은 기존의 중앙집중식 거래 시스템을 탈중앙화^{Decentralization}할 수 있는 핵심 기술로 금융과 암호화폐 분야에 처음 도입돼 활발히 활용되고 있다. 최근에는 금융에만 한정되지 않고 새로운 비즈니스 플랫폼으로 확산되면서 다변화하고 있는 추세다.

블록체인의 구조와 동작을 간단하게 살펴보겠다. 블록체인은 이전 블록의 정보(해시값), 현재의 거래 정보 및 해시^{Hash4}값 등을 포함해 블록을 생성하므로 블록의 내용을 조작할 수 없으며, 거래 정보가 공개돼 있기 때문에 투명하게 관리할 수 있다.

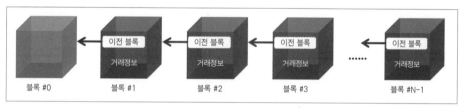

그림 1-2 블록체인 기본 구조

그림 1-2에서처럼 블록체인은 블록체인의 각 구성 요소인 블록이 이전 블록과 연결돼 있으며, 해시함수의 암호학적 특성을 이용하므로 무결성을 보장한다. 누군가가 악의적으로 해시 값을 변경해 조작된 거래를 담고 있는 블록을 블록체인에 연결할 수 있지만, 블록체인의 합의 과정에서 조작된 블록체인은 자연스럽게 제거된다.

---

1 인터넷에서 개인과 개인이 직접 연결돼 파일을 공유하는 것
2 네트워크에서 연결 포인트 혹은 데이터 전송의 종점 혹은 재분배점
3 관계형 데이터베이스에서 데이터의 정확성과 일관성을 유지하고, 데이터에 결손과 부정합이 없음을 보증하는 것
4 해시(Hash)는 하나의 문자열을, 이를 상징하는 더 짧은 길이의 값이나 키로 변환하는 것

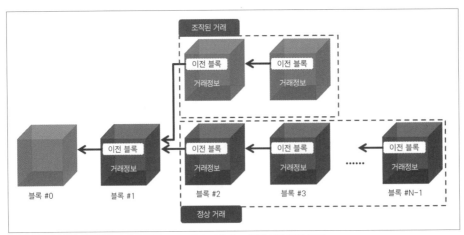

그림 1-3 조작된 거래가 포함된 블록체인 구조

1.1.3 블록체인의 특징

블록체인은 분산형 원장 구조이며, 블록체인 네트워크에 참가한 모든 사람이 모든 거래내역을 기록한 원장을 소유한다. 따라서 블록체인 기술을 활용하면 별도의 거래 관리 기관 없이 분산화된 거래장부인 블록체인에 의해 작동되므로 시스템 유지비용이 적고 해킹을 원천 차단할 수 있다는 장점이 있다. 분산원장 환경에서는 사용자가 송금거래를 요청하면, 거래 정보가 기록된 하나의 블록을 생성해 네트워크상의 모든 참여자에게 블록을 전송한다. 각 참여자가 전송된 블록을 승인하면 기존 블록체인에 거래 기록이 추가되면서 거래가 완료된다. 기존 블록체인에 담겨 있는 거래 정보를 수정하려면 전체 블록체인 네트워크 참여자의 과반수가 동일한 정보임을 확인해줘야 하기 때문에 해커가 전 세계 네트워크 참여자의 블록체인을 동시에 해킹하는 것은 사실상 불가능하다. 즉, 해커가 디지털 장부를 조작하려 해도 흩어져 있는 수천, 수억 명의 장부를 한꺼번에 조작할 수 없기 때문에 상대적으로 안전하다고 볼 수 있다.

또한 P2P 방식으로 작동되기 때문에 금융회사 입장에서는 기존과 같은 중앙전산망을 갖추지 않고도 낮은 비용으로 안전한 금융거래를 할 수 있다. 뿐만 아니라 소비자 입장에서도 금융서비스를 이용할 때 훨씬 편리해진 서비스와 함께 향상된 속도, 수수료 절감 등 다양한 혜택을 기대할 수 있다.

블록체인은 P2P 기반 분산처리 방식으로 인한 분산성, 누구나 참여 가능한 확장성, 모든 내용에 접근 가능한 투명성 등의 특징이 있다.

표 1-1 블록체인의 특징

구분	주요 내용
투명성	- 모든 데이터가 대등한 네트워크에 저장/공개돼 있어 언제든 접근 가능 - 거래기록 변경 시 기록과 증명을 통해 거래의 투명성 확보, 규제 비용 절감 가능
분산성	- P2P 분산형 네트워크 환경에서 거래해 각 당사자 간 데이터를 분산해서 저장 - 제3자의 검증 없이도 당사자 간 거래에 대한 신뢰 확보
확장성	- 네트워크 참여자는 오픈소스를 통해 누구나 구축, 연결, 확장이 가능 - 네트워크를 통해 데이터 공유가 필요한 시스템 간 확장 용이 - API를 통한 기존 시스템과의 확대 가능
보안성	- 거래내역 원장을 참여한 모두에게 공유해 데이터 조작 방지 - 분산된 거래내역을 해킹하기 어려워 장부의 무결성을 보장
안정성	- 분산형 합의 구조로 단일 실패점 없음 - 일부 참가 시스템 오류나 성능저하 시 전체 네트워크 영향 미미

1.2 블록체인 원리

1.2.1 블록체인, 어떻게 동작하는가?

일반적인 블록체인 네트워크를 구성하는 시스템 구성 요소는 노드와 클라이언트client 2가지다.

- **노드**: 트랜잭션 내역 보관, 트랜잭션 승인, 분산합의
- **클라이언트**: 트랜잭션 생성, 거래 내역 확인(지갑)

사용자 관점에서 블록체인 노드는 일반적인 서비스의 백엔드Backend 역할을 하고 블록체인 클라이언트는 클라이언트 역할을 한다. 클라이언트가 새로운 트랜잭션을 발

생시키면 노드들은 분산합의 과정을 통해 트랜잭션을 공유하고 트랜잭션을 실행하며 클라이언트는 트랜잭션의 결과를 확인할 수 있다.

블록체인 네트워크에 참여하는 구성 요소를 살펴봤으니 이제 블록체인 기반 암호화폐^{Cryptocurrency}를 송금하는 실제 예제를 통해, 블록체인이 어떻게 동작하는지 알아보겠다.

실물화폐^{Fiat Currency}의 경우 현금을 직접 가지고 있다면, 이를 다른 사람에게 전달할 때는 직접 만나서 현금을 전달하면 된다. 하지만 디지털 거래의 경우 실물화폐를 주고받을 수 없으므로 거래 내용에 맞게 각각의 장부를 갱신해 거래를 완료해야 한다.

예를 들어 하이퍼와 레저가 패브릭은행을 이용한다고 가정해보자. 하이퍼가 레저에게 100만 원을 송금하면 패브릭은행에 있는 장부에서 하이퍼가 레저에게 100만 원을 보냈다는 기록과 함께 하이퍼의 잔액이 100만 원 감소하고, 레저의 잔액이 100만 원 증가한다. 즉, 거래 내용과 잔액의 상태, 두 가지 정보가 있고 거래 내역이 검증되면 잔액의 상태가 변경된다. 암호화폐 거래 방식도 이와 같은 방식이다.

블록체인이 P2P 네트워크라고 해서 다른 사람에게 직접 돈을 보낸다고 생각할 수 있지만, 노드들의 네트워크 위치 상 전부 같은 P2P 네트워크일 뿐 실제 돈이 오가는 것은 노드들이 보관하는 데이터베이스를 갱신하는 방식으로 동작한다. 은행의 경우 거래 데이터를 유지하는 은행이 거래에 대한 보증 주체라면, 블록체인 네트워크의 경우 블록체인에 참여하는 모든 노드가 전부 같은 장부를 유지한다는 것만 다르고 나머지 과정은 유사하다.

장부를 보유한 노드들은 각자가 금융기관의 역할을 하며 노드의 과반수 이상이 동의했을 때, 영구적으로 장부에 기록된다. 과반수 합의 방식은 투표와 비슷하지만, 한 명이 하나의 투표권을 가지는 선거제도와는 달리 블록체인은 블록이 생성되는 합의과정에서 가장 많은 작업^{Work}을 한 노드가 어느 기록이 진짜인지 결정할 수 있는 권한을 더 많이 가진다. 이것이 작업증명^{Proof of Wok} 방식으로 비트코인, 이더리움 등 주요 블록체인에서 채택하고 있는 가장 원칙적인 방식이다.

새로운 블록을 블록체인에 추가하려면, 새로운 블록의 블록 해시를 계산해야 하고, 블록 해시를 계산하려면 블록의 블록 헤더 정보 중 하나인 논스^{Nonce} 값을 구해야 한다. 결론적으로 이 논스 값을 구하는 것이 바로 작업 증명이다.

1.2.2 블록의 구성

블록은 블록체인의 핵심 요소로서 개념적으로는 다수의 거래 정보의 묶음을 의미한다. 블록은 일반적으로 블록 해시, 블록 헤더와 거래 정보 2가지로 구성돼 있다.

블록 헤더는 이전블록 해시$^{Previous\ Blockhash}$, 버전^{Version}, 머클해시^{Merklehash}, 비트^{Bits}, 시간 ^{Time}, 논스^{Nonce} 등을 포함한 다양한 정보로 구성돼 있다. 거래 정보는 보낸 사람 주소 $^{From\ Address}$, 받는 사람 주소$^{To\ Address}$, 금액^{Amount} 등 입출금과 관련한 여러 가지 정보를 가지고 있다. 블록 내에는 이 외에도 다양한 기타 정보를 담을 수도 있는데, 각 블록체인 특성과 목적에 따라서 다양한 정보들을 담고 있다. 일반적으로 블록 해시 계산에는 사용되지 않는다.

위에서 설명한 비트코인이나 이더리움에서 사용하는 블록 헤더의 주요한 6가지 정보는 다음과 같다.

- **이전블록 해시**: 블록체인에서 바로 앞에 위치하는 블록의 블록 해시
- **버전**: 소프트웨어/프로토콜 버전
- **머클해시**: 개별 거래 정보의 거래 해시를 이진트리$^{Binary\ Tree}$ 형태로 구성할 때, 트리 루트에 위치하는 해시 값
- **비트**: 난이도 조절용 수치
- **시간**: 블록이 생성된 시간
- **논스**: 최초 0에서 시작해 조건을 만족하는 해시값을 찾아낼 때까지 1씩 증가하는 계산 횟수

블록의 식별자 역할을 하는 블록 해시는 일반적으로 블록 헤더 정보를 입력 값으로 하고, SHA256[5] 해시 함수를 2회 적용해서 계산되는 값으로, 32바이트의 숫자 값이다. 이름은 블록 해시이지만 그 값은 블록 전체를 해싱한 값이 아니라, 블록 헤더를 해싱한 값이다.

지금까지의 내용을 바탕으로 블록 해시를 구하는 과정은 그림 1-4와 같다.

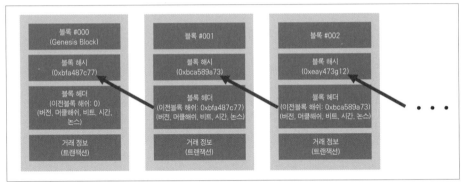

그림 1-4 블록체인 구조

1.2.3 블록체인 개발 플랫폼의 변화

블록체인 기술은 본래 비트코인[Bitcoin]이라는 전자화폐를 안전하게 저장하고 사용하기 위해 고안된 보안 기술이다. 비트코인의 핵심 기술로써 디지털 통화[Digital Currency]의 발행·유통·거래가 주 기능이었던 기존의 블록체인 1.0은 기존 비트코인의 한계를 극복하고 다양한 영역으로의 확장을 목표로 하는 블록체인 2.0으로 발전했다.

블록체인 2.0의 대표적인 기술로는 이더리움[Ethereum]이 있다. 이더리움은 디지털 통화의 기능과 더불어 디지털 통화의 거래 스크립트를 다양한 형태로 프로그래밍할 수 있게 만든 스마트 컨트랙트[Smart Contract]를 처음으로 제공했다. 이를 통해 이더리움은

---

5 미국 국립표준기술연구소인 NIST(National Institute of Standards and Technology)가 표준으로 채택한 암호 해시 함수 (cryptographic hash function)로 256비트 출력값(해시값)을 생성하도록 설계됨

블록체인 기반 위에서 부동산 계약, 온라인 투표 등 다양한 분산 애플리케이션을 개발하고 구동할 수 있는 플랫폼으로 확장됐다.

스마트 컨트랙트의 개념은 1994년 미국의 전산학자인 닉 자보^{Nick Szabo}에 의해 처음으로 등장했다. 닉 자보는 프로그래밍 언어 등으로 계약서를 작성하면 조건에 따라 계약 내용이 자동으로 실행될 수 있다고 주장했고, 분산 환경에서 가상 머신인 이더리움의 등장으로 스마트 컨트랙트가 다시 조명을 받기 시작했다.

블록체인 기술 환경에서 스마트 컨트랙트는 일정한 조건을 만족하는 경우 거래가 자동으로 실행될 수 있도록 프로그래밍된 자동화 계약 시스템을 의미한다.

그러나 블록체인 2.0 시대에서도 다음과 같은 여러 가지 문제가 계속 대두됐다. 대표적으로 비트코인의 경우 블록체인에서 10분마다 거래의 유효성 검증이 이뤄진다. 이때 이미 네트워크가 포화된 상태에서 계속 확장되면서 검증에 더 많은 시간이 소요되고, 심지어는 거래 승인에 하루 이상이 걸리기도 한다. 블록체인 2.0의 대표 주자인 이더리움의 경우에도 가상화폐 공개^{ICO, Initial Coin Offering}의 숫자가 폭발적으로 증가하면서 이더리움 네트워크를 포화상태로 만들었다. 다른 투자자들보다 빠르게 투자에 들어가기 위해 네트워크 수수료를 과하게 지불하는 문제도 발생했다.

또한 페이스북, 구글과 같은 확실한 서비스 운영 주체가 없는 블록체인 생태계는 플랫폼 업그레이드를 위한 합의 도출이 어려우며, 운영 주체 간 대립으로 인한 하드포크^{Hard Fork6}도 발생하고 있다. 이러한 문제점들을 해결하기 위해 확장성과 신속성, 탈중앙화를 개선하고 플랫폼 내에 자체 의사결정 기능 등을 제공하는 블록체인 3.0을 표방하는 플랫폼들이 등장하고 있다. 대표적으로 BlockOne의 이오스^{EOS}, IOTA의 탱글^{Tangle}, ADA의 카르다노^{Cardano} 등이 있으며, 각자 다른 방식으로 기존 문제를 해결하려고 노력하고 있다. 이러한 기술 변화로 향후 블록체인 기술은 금융 분야보다는 정부 · 공공, 의료, 문화 · 예술, 공유경제 등 비 금융 분야에서 더욱 활발히 활용될 것으로 예상된다.

---

6   블록체인 프로토콜이 어느 한 시점에서 급격하게 변경돼 두 갈래로 나뉘는 것

1.3 블록체인 분류

블록체인은 블록체인 참여 네트워크의 성격, 범위 등에 따라 여러 가지 형태가 존재하고 사용 용도에 맞게 응용할 수도 있다. 블록체인을 유형별로 살펴보면 비트코인이나 이더리움처럼 이미 알고 있는 퍼블릭 블록체인 외에도 컨소시엄 블록체인 및 프라이빗 블록체인이 있다.

- **퍼블릭 블록체인**Public Blockchain: 비트코인, 이더리움과 같은 누구나 네트워크에 참여할 수 있는 블록체인
- **프라이빗 블록체인**Private Blockchain: 하나의 기관에서 독자적으로 사용하는 블록체인
- **컨소시엄 블록체인**Consortium Blockchain: 여러 기관들이 컨소시엄을 이뤄 구성하는 블록체인으로, 허가된 기관만 네트워크에 참여 가능

현재 거래소에서 거래되는 대다수의 블록체인은 퍼블릭 블록체인으로 누구나 블록체인 네트워크에 참여할 수 있고, 모든 내역을 볼 수 있으며, 트랜잭션을 검증할 수 있다. 프라이빗 블록체인이나 컨소시엄 블록체인은 참여자가 제한된 블록체인으로 내부 망을 구축하거나 별도의 인증 방식을 통해 참여가 제한된 블록체인을 이야기한다. 이러한 특징으로 인해 프라이빗 블록체인이나 컨소시엄 블록체인을 퍼미션드 블록체인Permissioned Blockchain이라고도 한다. 현재 일반적인 대기업이나 기관들이 관심을 갖고 있는 블록체인 기술은 퍼블릭 블록체인이 아닌 프라이빗 혹은 컨소시엄 블록체인이라고 볼 수 있다.

표 1-2 블록체인의 분류

요소	퍼블릭 블록체인	프라이빗 블록체인	컨소시엄 블록체인
관리주체	모든 거래 참여자(탈중앙화)	중앙기관이 모든 권한 보유	컨소시엄에 소속된 참여자
거버넌스	한 번 정해지면 변경이 어려움	중앙기관의 의사결정에 따라 유연하게 변경 가능	컨소시엄 참여자들의 합의에 따라 유연하게 변경 가능
거래속도	일반적으로 네트워크 확장이 어렵고 거래속도가 느림	네트워크 확장이 쉽고 거래속도가 빠름	네트워크 확장이 쉽고 거래속도가 빠름
데이터 접근	네트워크 참여자 누구나 가능	허가 받은 사용자만 가능	허가 받은 사용자만 가능

요소	퍼블릭 블록체인	프라이빗 블록체인	컨소시엄 블록체인
식별성	익명성	식별 가능	식별 가능
주요 합의 알고리즘	PoW(Proof-of-Work) PoS(Proof-of-Stake) DPoS(Delegated PoS)	오더링 서비스를 통한 합의 시스템 표현(SOLO, Kafka)	포크(fork)를 허용하지 않는 BFT 계열의 합의 알고리즘
예시	비트코인, 이더리움, 이오스	하이퍼레저 패브릭, EEA	R3CEV, CASPER

1.3.1 퍼블릭 블록체인

퍼블릭 블록체인은 공개형 블록체인으로 누구나 참여할 수 있는 블록체인이다. 따라서 모든 참여자는 자유로운 자료 열람과 거래를 할 수 있다. 하지만 검증되지 않은 다수의 사용자가 참여하므로 고도화된 암호화 검증이 필요해 네트워크 확장이 어렵고 속도가 느린 단점이 있다. 단점을 극복하기 위해 지속적으로 신규 퍼블릭 블록체인들이 출시되고 있다. 특히 DPoS[7] 합의 알고리즘을 기반으로 하는 이오스는 트랜잭션 처리속도를 획기적으로 올렸고, 사이드 체인 기술의 개발은 네트워크 확장성을 높이고 있다.

퍼블릭 블록체인은 분산형 구조를 이루고 있어 네트워크 참여자가 익명성을 띠기 때문에 중앙 시스템의 제어를 통해 권한 설정이 필요한 엔터프라이즈 영역의 서비스에는 적합하지 않다.

1.3.2 프라이빗 블록체인

프라이빗 블록체인은 익명성을 제공했던 퍼블릭 블록체인과 달리 주체를 식별할 수 있다. 또한 거래의 처리속도가 빠르고 네트워크 확장이 용이해 사용자가 원하는 대로 커스터마이징[8]할 수 있기 때문에 최근 기업과 은행권의 관심을 모으고 있다. 특히

---

7 위임지분증명방식(Delegated Proof of Stake)
8 이용자가 사용방법과 기호에 맞춰 하드웨어나 소프트웨어를 설정하거나 기능을 변경하는 것

하이퍼레저 패브릭을 중심으로 물류, 유통, 인증 등 다양한 엔터프라이즈 영역에서 빠르게 접목되고 있다.

프라이빗 블록체인은 원하는 참여자를 네트워크에 등록 또는 제외할 수 있으며, 각 참여자 별로 권한설정을 할 수 있다. 또한 서로 다른 블록체인 네트워크를 연결하거나 새롭게 구성할 수 있다.

1.3.3 컨소시엄 블록체인

컨소시엄 블록체인은 퍼블릭 블록체인과 프라이빗 블록체인의 중간 형태로 소유자가 모든 권한을 가지는 형태인 프라이빗 블록체인과 달리 미리 선정된 노드가 권한을 가지는 블록체인이라고 할 수 있다. 따라서 컨소시엄 블록체인은 분산형 구조를 유지하면서 제한된 참여를 통해 보안을 강화할 수 있고 퍼블릭 블록체인에서 제기된 느린 거래속도와 네트워크 확장성 문제도 해소할 수 있다.

1.4 블록체인의 활용

1.4.1 블록체인 활용 분야

블록체인은 분산성, 보안성 등 블록체인의 특징을 기반으로 금융, 보험, 공급망, 각종 정부기관을 비롯한 다양한 산업 분야의 기업들로부터 가능성을 인정받고 있다.

블록체인은 암호화폐, 장외시장에서의 주식거래, 스마트 컨트랙트, 사물인터넷 , 인증, 결제 및 송금, 유통 등 다양한 영역에서 활용되고 있다.

표 1-3 블록체인 활용 사례

구분	주요 내용
암호화폐	− 블록체인의 특징을 기반으로 암호화폐의 거래내역을 기록하는 데 활용 − 비트코인, 이더리움, EOS 등 다양한 암호화폐 존재
주식거래	− 블록체인을 활용해 주식거래 시 증권등록, 거래처리, 결제대금 청산 등 후처리 과정의 효율성 높임
스마트 컨트랙트	− 블록체인에 계약 문서를 등록해 위·변조 방지 − 조건 만족에 따른 자동 문서 이행 보장
사물인터넷	− 블록체인 기반으로 한 스마트 컨트랙트 기술 연계 − 제품 스스로 소모성 품목을 재주문하거나 자동 결제 등으로 활용 가능

1.4.2 인증 분야

개인 정보, 생산이력 등 보안이 중요한 인증 영역의 경우 블록체인을 활용해 인증서 발급 비용을 줄이고, 사용자 PC 또는 스마트폰에 저장돼 유출 위험성이 높은 개인 키, 인증서 등을 안전하게 관리하는 형태로 블록체인 기술이 적용되고 있다. 블록체인을 활용한 인증방식은 PIN 코드나 생체인증만으로 간편하고 안전하게 인증할 수 있으며 복제 및 변조, 메모리 해킹 등을 방지할 수 있다. 기존 인증시스템의 불편사항인 ActiveX 문제, 인증서 컴퓨터 저장 문제, 생성 비용 과다 문제 등을 해결할 것으로 기대된다.

특히 DID$^{Decentralized\ ID}$는 블록체인 기반의 전자신원증명 기술로 널리 연구되고 있으며, 기존의 인증 문제를 해결할 수 있는 대표적인 기술이다. DID는 개인키나 인증서를 중앙 서버가 아닌 사용자의 단말에 저장하고 인증 시 필요한 정보만 선택해서 제출하도록 하는데, 이를 통해 개인이 자신의 데이터에 대한 주권을 갖고 중앙화된 기관을 거치지 않으면서도 원하는 제공 범위를 지정해 편리하게 인증이 가능한 것이 주요 기술적 특징이다. 국내에서는 정부를 중심으로 주요 기업들이 DID 기술을 개발해 상용화를 추진 중이며, 모바일 신분증이나 자율주행차량의 차량 및 이용자 정보 인증 등 다양한 분야에 적용되고 있다.

1.4.3 결제 및 송금 분야

대표적 블록체인 기업 중 하나인 리플Ripple의 경우 블록체인 기술을 기반으로 한 지급결제 및 송금서비스로 거래시간을 단축시켰으며, 수수료 비용이 저렴하다는 강점을 보여주고 있다.

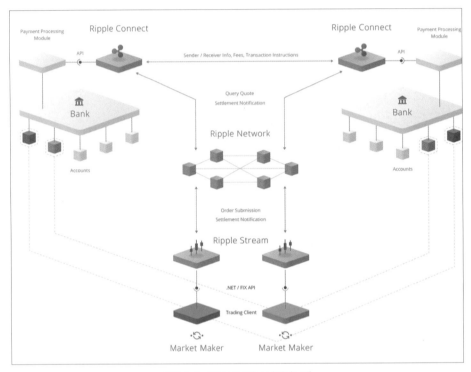

그림 1-5 리플 네트워크 다이어그램

리플의 시스템은 국제 통화 결제와 외환시장 분야에서도 활용되고 있다. 개인 고객용 송금 서비스나 국제 결제 서비스, 은행 내부 외환시장 조성 등 실질적인 통화 결제 시스템의 개선과 시장 조성을 시도하고 있다.

이 외에도 다양한 글로벌 스타트업에서 블록체인을 활용한 송금 서비스를 개발해 제공하는 시도가 이뤄지고 있다.

1.4.4 유통 분야

세계 최대 규모의 소매업체인 월마트는 IBM의 하이퍼레저 패브릭을 활용해 농산물 공급망의 모든 단계를 추적할 수 있게 하는 프로젝트를 진행 중이다. 이 아이디어는 기술이 식품 공급망을 효율적으로 만들고, 신선한 농산물을 더 빨리 소비자에게 제공하기 위해 시작됐다. 현재 Food Trust라는 솔루션으로 출시됐고, 월마트를 포함해 네슬레, 유니레버, 까르푸 등 글로벌 유통기업이 해당 솔루션 도입을 추진 중이다.

그림 1-6 IBM-월마트 생산이력 추적 시스템 사례(출처: IBM)

2

하이퍼레저 패브릭 개요

2.1 하이퍼레저 프로젝트란?

하이퍼레저 프로젝트는 리눅스 재단에서 주관하는 블록체인 오픈소스 프로젝트로 금융, IoT, 물류, 제조, 기술 산업 등 여러 산업에 걸쳐 응용 가능한 블록체인 기술을 만드는 것이 목표다.

하이퍼레저 프로젝트^{Hyperledger Project}는 리눅스 재단^{Linux Foundation}에서 주관해 세계 여러 기업들이 공동으로 참여하고 있는 '범산업용 분산원장 표준화 프로젝트^{Cross-Industry open standard for distributed ledgers}'다. 주로 기업결제, 상품추적 및 관리 등을 위한 엔터프라이즈 플랫폼으로서 블록체인 기술이 갖춰야 할 기능들에 집중하고 있다. 대표적인 참가 기업으로는 액센츄어^{Accenture}, 시스코, IBM, 인텔, J.P.Morgan 등이 있고, 블록체인 유관 기업으로는 R3, DA^{Digital Asset}, ConsenSys, Blockstream 등이 있다. 국내 기업으로는 한국예탁결제원, 삼성SDS, 코스콤, 블로코, 코인플러그 등이 있다.

그림 2-1 하이퍼레저 로고

현재 하이퍼레저 산하에는 12가지 블록체인 프로젝트가 진행되고 있으며, 분산원장을 위한 6개의 프레임워크Framework와 6개의 블록체인 툴Tools로 구성돼 있다.

이 책에서는 그 중에서도 하이퍼레저 패브릭 프레임워크를 기반으로 블록체인 네트워크를 구성하고 개발하는 방법을 다룰 예정이다.

그림 2-2 하이퍼레저 6가지 프레임워크

2.1.1 하이퍼레저 소투스

인텔사의 'Intel Distributed Ledger' 기반 하이퍼레저 소투스Hyperledger Sawtooth는 PoETProof of Elapsed Time 합의 알고리즘이 적용된 분산원장 프레임워크로 인텔의 SGXSecure Guard Extensions 기술을 기반으로 구현됐다.

하이퍼레저 패브릭에 이어 등장한 리눅스 재단의 두 번째 하이퍼레저 프로젝트인 소투스는 온 체인 거버넌스On-Chain Governance와 같은 기능을 제공하도록 설계돼 있다. 온 체인 거버넌스는 권한이 부여된 사용자에게 누가 허락을 받았는지와 같은 블록 구성 설정에 투표할 수 있도록 자체 스마트 컨트랙트를 구현할 수 있는 환경을 제공하며, 거버넌스를 통제, 운영할 수 있다. 또한 퍼미션드Permissioned 블록체인과 퍼미션리스 Permissionless 블록체인을 모두 지원해 다양한 거버넌스 환경을 구성할 수 있다.

기술적으로는 블록 생성과 검증을 가속화하기 위해 트랜잭션을 병렬로 처리Parallel Transaction Processing할 수 있는 트랜잭션 실행 엔진을 제공해, 블록체인 네트워크 전반의 높은 확장성과 모듈화를 추구한다.

또한 PoET라는 PoWProof of Work 계열의 차별화된 합의 알고리즘을 제공해, 블록체인 네트워크 상의 효율성과 합리성을 강화한다. 참여한 노드 중 가장 효율적으로 작업 할 수 있는 노드를 리더로 선정하는 방식이다. 예를 들면 2개의 노드를 네트워크로 구성했을 때 A의 CPU 파워가 80이고 B의 CPU 파워가 20이면 PoET에 의해 80:20 으로 각 노드가 리더가 될 확률이 정해진다. 인텔사에서 개발한 SGX라는 기술로 인 해 전력소모의 효율이 좋다는 것도 장점이다.

개발자는 기존 이더리움 개발 도구를 통해 동일한 환경에서 개발할 수 있는데, 이는 하이퍼레저 소투스가 이더리움 기반 스마트 컨트랙트 서비스를 제공하기 때문이다.

현재 하이퍼레저 소투스를 활용해 음악 및 미디어 콘텐츠 저작권 분배, 헬스케어 거 래 기록, 금융 서비스 내 KYCKnow Your Customer 등 여러 사업 분야에서 개념증명(POC) 파일럿 프로젝트가 진행되고 있다.

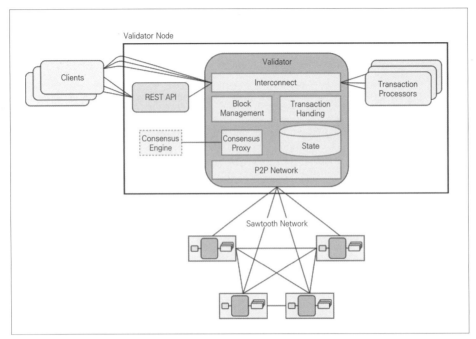

그림 2-3 하이퍼레저 소투스 구성도

2.1.2 하이퍼레저 이로하

하이퍼레저 이로하[Hyperledger Iroha]는 모바일 애플리케이션 개발에 초점을 둔 분산 원장 개발 프로젝트다. C++ 디자인 기반, BFT[Byzantine Fault Tolerant] 합의 알고리즘을 이용하고 있으며. 소라미츠, 히타치, NTT 데이터 등 일본 기업이 주도하고 있다.

하이퍼레저 이로하는 디지털 자산, ID[Identification], 일련 번호가 지정된 데이터를 관리하는 데 최적화됐으며, 접근 및 통제 권한도 잘 설계돼 있는 블록체인 시스템이다. 하이퍼레저 이로하를 활용하면 은행 간 결제, 중앙 은행 디지털 통화, 지불 시스템, 국가 ID 및 물류 등과 같은 애플리케이션을 쉽고 편리하게 개발하고, 다양한 서비스 개발에 활용할 수 있도록 한다. 또한 iOS, 안드로이드[Android], 자바스크립트[JavaScript] 등 모바일과 웹 기술을 동시에 지원해 실제 블록체인 프로젝트를 추진할 때 어려움을 겪는 부분 중 하나인 모바일 인터페이스와 같은 UI/UX에도 많은 기능을 제공한다.

하이퍼레저 이로하는 고성능이며, 낮은 대기 시간을 가진 YAC^{Yet Another Consensus} 알고리즘을 가지고 있다. 디지털 자산 생성, 계정 등록 및 계정 간 자산 전송과 같은 일반적인 작업을 매우 간단하게 수행할 수 있는 내장 명령어를 보유해 다른 플랫폼과 차별화된 기능을 제공한다. 또한 하이퍼레저 이로하는 차별화된 보안 서비스를 제공한다. 전체 시스템에 대한 접근 및 통제를 강화해 불순한 외부 공격으로부터 공격 범위를 좁히기 때문에, 블록체인 시스템의 전반적인 보안을 향상시킨다. 이처럼 강력한 권한 시스템을 갖춘 원장을 통해 모든 명령 및 쿼리, 네트워크 참여 권한을 설정할 수 있다.

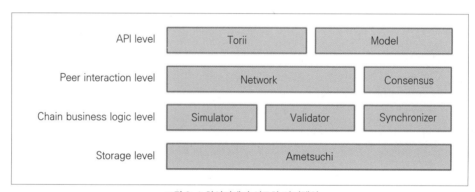

그림 2-4 하이퍼레저 이로하 아키텍처

2.1.3 하이퍼레저 패브릭

하이퍼레저 패브릭^{Hyperledger Fabric}은 모듈러 아키텍처 기반의 애플리케이션/솔루션 개발 프레임워크로 합의 알고리즘이나 멤버십 서비스 등 핵심 기술 요소를 플러그 앤 플레이^{Plug-and-Play} 방식으로 구현할 수 있도록 지원한다.

하이퍼레저 패브릭은 컨테이너 기술을 활용해 시스템의 애플리케이션 로직을 구성할 수 있도록 체인코드^{Chaincode}라는 서비스를 제공한다. 일반 개발자는 이 체인코드를 구현해 원하는 응용 블록체인 프로그램을 만들 수 있다. 즉, 체인코드는 이더리움의 스마트 컨트랙트와 같은 역할을 한다고 이해하면 쉽다.

또한 하이퍼레저 패브릭은 여러 가지 플러그 가능 옵션을 제공한다. 원장 데이터는 다양한 형식으로 저장할 수 있으며, 합의 알고리즘 또한 다양한 방식으로 전환할 수 있도록 설계됐다. 즉, 현재 합의 알고리즘인 카프카^{Kafka} 기반 오더링 서비스로 합의 알고리즘을 구현하거나 Raft 알고리즘으로 변경할 수 있다. 이외에 블록체인 네트워크에 대한 참여 및 권한 관리를 위한 서명, 확인, 인증 방법도 MSP^{Membership Service Provider} 서비스를 통해 다양한 확장성을 제공할 수 있다.

하이퍼레저 패브릭 프로젝트는 다음과 같은 3가지 목표가 있다.

- 허가된 참여자를 대상으로 하는 비즈니스 응용 환경에 맞는 블록체인
- 다양한 요구사항을 가진 분산 응용 서비스를 효율적으로 지원할 수 있는 개발 플랫폼
- 모듈러 아키텍처^{Modular architecture[1]} 기반 분산 응용 플랫폼(합의 알고리즘, 멤버십 서비스 등의 모듈을 필요에 따라 교체 가능)

이러한 목표를 실현하기 위한 하이퍼레저 패브릭의 5가지 주요 특징은 다음과 같다.

하나. 퍼미션드^{Permissioned} 블록체인

하이퍼레저 패브릭은 MSP^{Membership Service Provider}를 통해 허가된 참여자만 접근을 허용하고, 접근 권한을 제어할 수 있다. 이를 통해 폐쇄망 형태의 프라이빗 블록체인을 구성하는 데 최적화돼 있다. 이와 달리 퍼블릭 블록체인의 대표 주자인 비트코인과 이더리움의 경우 네트워크에 참여를 원하는 누구나 참여할 수 있다.

둘. 일반 프로그래밍 언어 사용

하이퍼레저 패브릭은 별도의 전용 프로그래밍 언어를 사용하지 않고, Go나 자바

---

1   신규 기능에 쉽게 대응하기 위해 각 기능을 패키지화한 아키텍처

와 같은 일반적으로 많이 사용되는 언어로 개발할 수 있다. 이더리움의 경우 스마트 컨트랙트를 개발하기 위해서는 전용 프로그램인 솔리디티^{Solidity}를 사용해야 한다. 그 이유는 하이퍼레저 패브릭이 이더리움과 달리 비 결정적 프로그래밍 언어$^{Non-deterministic\ Programming\ Language}$를 사용하기 때문이다. 이더리움의 솔리디티는 결정적 프로그래밍 언어$^{Deterministic\ Programming\ Language}$로 모든 노드들의 블록체인에서 실행된 스마트 컨트랙트의 결과를 항상 동일하게 보장한다. 하이퍼레저 패브릭의 경우는 스마트 컨트랙트의 결과가 항상 동일하다고 보장할 수는 없지만 내부 키의 상태 변환 값에 의해 비 결정적 오류를 해결해 준다.

셋. 높은 성능

하이퍼레저 패브릭은 서로 다른 엔도싱 피어 노드$^{Peer\ Node}$에게 체인코드를 실행시키도록 할 수 있다. 이 과정에서 하이퍼레저 패브릭은 키에 대한 버전 관리를 통해 동시 처리에 따른 비 결정적$^{Non-deterministic}$ 실행 문제점을 해결해 높은 성능을 낼 수 있다. 기존 비트코인이나 이더리움과 같은 블록체인은 채굴자들이 채굴하고 네트워크상에 있는 풀노드에게 채굴된 블록을 보내 검증해야 한다. 또한 이런 작업 뒤에 스마트 컨트랙트를 실행하기 때문에 속도가 느리다.

넷. 교체 가능한 모듈러 아키텍처

하이퍼레저 패브릭은 모듈형 구조로 돼 있어 오더링 서비스 노드에서 순서화를 통해 3가지 합의 알고리즘을 선택할 수 있다. 선택 가능한 합의 알고리즘은 Solo, 카프카, PBFT$^{Practical\ Byzantine\ Fault\ Tolerant}$다. 각각의 내용은 이 책의 2.2.1절에서 자세히 살펴보겠다.

다섯. 멀티 블록체인 지원

하이퍼레저 패브릭은 채널이라는 분할된 네트워크로 멀티 블록체인$^{Multi-blockchain}$을 지원한다. 하나의 블록체인 네트워크를 논리적으로 독립된 여러 개의 블록체인으로 분할할 수 있다.

이와 같은 특징으로 인해 하이퍼레저 패브릭은 엔터프라이즈 환경에서 가장 범용적인 블록체인 기술로 채택돼 사용되고 있다. 특정 기업이나 정부 기관이 지정한 참여자만 블록체인 네트워크에 참여할 수 있다. 하이퍼레저 패브릭은 엔터프라이즈 환경에서 가장 많이 사용되는 자바 개발 환경을 지원해 기존 레거시Legacy 시스템을 쉽게 연결할 수 있다. 또한 기업이 요구하는 높은 성능도 제공하고 있는 등 엔터프라이즈 환경에 필요한 기술 요소들을 제공하고 있다. 국내에서도 다양한 기업과 정부 기관이 하이퍼레저 패브릭으로 블록체인 프로젝트를 수행하고 있으며, 많은 프라이빗 블록체인 프레임워크 및 솔루션들이 하이퍼레저 패브릭을 코드 베이스로 활용하기도 한다.

표 2-1은 비트코인, 이더리움, 하이퍼레저 패브릭을 간단히 비교한 것이니 참고하기 바란다.

표 2-1 비트코인, 이더리움, 하이퍼레저 패브릭 비교표

요소	비트코인	이더리움	하이퍼레저 패브릭
암호화폐	비트코인	이더	없음
네트워크	퍼블릭	퍼블릭 또는 퍼미션드	퍼미션드
트랜잭션	공개	공개 또는 비공개	공개 또는 비공개
합의 알고리즘	PoW	PoW	Solo, Kafka, Raft
스마트 컨트랙트	없음	솔리디티	체인코드
상태	UTXO	Account 기반	Key-Value 기반

2.1.4 하이퍼레저 버로우

하이퍼레저 버로우Hyperledger Burrow는 프레임워크 분야의 다섯 번째 프로젝트다. EVMEthereum Virtual Machine에 기반한 스마트 컨트랙트 인터프리터Interpreter를 내장Built-in해 블록체인 클라이언트 서비스를 제공하는 것이 특징이다. 블록체인 전문기업인 모닥스Monax가 핵심 기여자이며 인텔이 공동 스폰서로 참여하고 있다. 블록체인으로 서비

스를 제공하려는 사람들의 큰 고민 중 하나가 퍼블릭 블록체인 플랫폼에 프라이빗 블록체인을 통합해 상호 보완이 가능한 플랫폼을 구현할 수 없느냐는 것이다. 그런 점에서 하이퍼레저의 확장성을 끌어올리는 하이퍼레저 버로우는 단연 가장 기대되는 프로젝트 중 하나다.

2.1.5 하이퍼레저 인디

하이퍼레저 인디^{Hyperledger Indy}는 인증에 특화된 프로젝트다. 블록체인에 기반한 독립적인 디지털 아이덴티티 레코드(개인 식별자)를 생성하고 사용할 수 있도록, 각종 툴 및 라이브러리, 재사용 컴포넌트를 제공한다. 하이퍼레저 인디의 장점은 관리 도메인, 애플리케이션 등 서로 구분된 시스템 영역을 넘나들면서 사용할 수 있다는 점이다.

블록체인에서 개인 식별자 및 신원 확인 서비스를 다룰 때는 대단히 신중해야 한다. 개인 정보보호 기술들을 충분히 고려해야 하는 데다가, 일단 한 번 트랜잭션이 발생하면 수정할 수 없다는 문제가 있기 때문이다. 하이퍼레저 인디 프로젝트는 탈중앙화된 개인 식별자(신원확인 서비스)가 하이퍼레저 컨소시엄 내외에서 문제 없이 통용되도록 하기 위한 스펙, 용어, 디자인 패턴 등을 연구하고 있다.

2.1.6 하이퍼레저 그리드

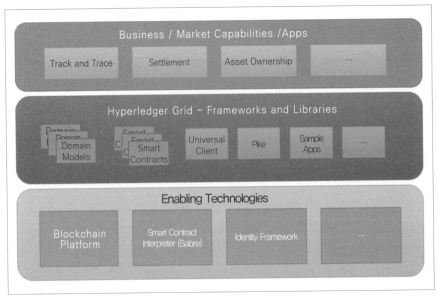

그림 2-5 하이퍼레저 그리드 아키텍처

하이퍼레저 그리드^{Hyperledger Grid} 프로젝트는 기업용 모듈러 소프트웨어와 스마트 컨
트랙트 구성 요소를 제공해 선적된 상품의 추적이나 전자 제품의 인증, 선하증권^{Bill of}
^{Landing} 거래 등의 문제를 해결하고자 시작됐다. 가장 최근에 하이퍼레저 프레임워크
로 공식 등록됐고, 라이브러리 세트와 데이터 모델, SDK^{Software Development Kit}가 포함돼
있어 공급망의 스마트 컨트랙트와 클라이언트 인터페이스 개발을 가속화할 것으로
예상된다.

그림 2-6 하이퍼레저 6가지 툴

2.1.7 하이퍼레저 컴포저

하이퍼레저 컴포저Hyperledger Composer는 개발자가 블록체인 애플리케이션을 쉽게 개발할 수 있도록, 간편한 개발 도구를 제공한다. 이 프로젝트의 주요 목표는 개발 효율성을 강화해 개발 소요 시간을 줄이고 블록체인 애플리케이션을 기존 비즈니스 시스템보다 쉽게 통합하는 것이다. 즉, 하이퍼레저 컴포저를 사용하면 비즈니스 유스케이스Use Case를 신속하게 개발할 수 있으며, 개발된 블록체인 네트워크와 애플리케이션도 쉽고 간편하게 배포할 수 있다. 또한 하이퍼레저 컴포저를 사용하면 비즈니스 네트워크를 모델링해, 기존 시스템 및 데이터를 블록체인 애플리케이션과 쉽게 통합할 수 있다.

하이퍼레저 컴포저는 앞서 살펴본 하이퍼레저 패브릭의 블록체인 인프라 및 런타임을 지원하며, 비즈니스 네트워크 참여자의 정책에 따라 트랜잭션의 유효성을 확인하기 위해 블록체인 합의 프로토콜도 지원한다. 이를 통해 일반 사용자에게는 필요한 애플리케이션을 비즈니스 네트워크 상에서 간단하고 쉽게 사용할 수 있는 인터페이스 환경을 제공한다.

결론적으로 하이퍼레저 컴포저를 사용하면 기존 자산 및 관련 트랜잭션이 포함된 현재 비즈니스 네트워크를 블록체인 네트워크 상으로 신속하게 구현할 수 있다.

하이퍼레저 컴포저가 실제로 어떻게 작동하는지 확인하기 위해, 간단한 비즈니스 네트워크 예제를 살펴보자. 다음은 부동산 중개에 대한 비즈니스 네트워크 모델로, 비즈니스 네트워크를 구성하는 3가지 요소(자산, 참여자, 트랜잭션)는 각각 다음과 같다.

- **자산**Asset: 주택 및 주택 공개 목록
- **참여자**: 구매자, 판매자(주택 소유자), 부동산 중개인
- **트랜잭션**: 주택 구매 및 판매, 목록 작성 등

이 비즈니스 네트워크의 참여자는 구매자, 판매자 또는 부동산 중개인으로, 각 역할에 따라 트랜잭션에 대한 접근 권한을 서로 다르게 정의할 수 있다. 부동산 중개인은 주택 공개 목록을 보고 거래 제안을 한다. 결과적으로는 구매자와 판매자를 연결

할 수 있는 사용자 인터페이스와 애플리케이션이 필요하다. 하이퍼레저 컴포저는 이를 위한 간단한 사용자 인터페이스와 애플리케이션을 블록체인 네트워크 기반으로 쉽게 제공해, 비즈니스 네트워크를 활성화활 것이다. 더 나아가 기존 재고 시스템과 통합해 새로운 주택을 자산으로 추가하고 판매된 부동산을 제거할 수 있도록 할 수 있다. 또한 국토교통부나 국세청 등 정부 토지 관리 기관도 토지 소유권의 이전이나 변경 정보를 전달받을 수 있도록, 비즈니스 네트워크의 참여자로 등록할 수도 있다.

2.1.8 하이퍼레저 캘리퍼

하이퍼레저 캘리퍼Hyperledger Caliper는 블록체인 프레임워크를 위한 벤치마크 도구로, 다양한 블록체인 인프라를 진단하는 데 사용된다.

하이퍼레저 캘리퍼는 TPSTransactions Per Second, 트랜잭션 대기 시간, 리소스 사용률 등과 같은 다양한 성능 지표를 포함하는 보고서를 생성한다. 하이퍼레저 캘리퍼가 리포팅한 결과는 다양한 블록체인 프로젝트의 개발 산출물을 검증할 때 사용되며, 사용자가 요구하는 다양한 품질 속성(비기능 요구사항)을 진단해 블록체인 인프라의 성능을 최적화하는 데 많은 도움을 준다.

하이퍼레저 캘리퍼 프로젝트는 하이퍼레저 PSWGPerformance & Scalability Working Group에서 정의한 정의, 지표 그리고 용어를 참조해 진행되고 있다.

2.1.9 하이퍼레저 기타 도구

하이퍼레저 첼로Hyperledger Cello는 맞춤형 서비스 배포 모델을 블록체인 생태계에 적용해 블록체인 생성, 관리 및 종료 시간을 최소화하는 것이 목표인 프로젝트다.

하이퍼레저 익스플로러Hyperledger Explorer는 블록체인 네트워크에 저장된 각종 정보를 수집하고 분석한 모니터링 도구다. 블록 및 네트워크 정보, 체인코드, 트랜잭션, 원장

내 각종 데이터 등을 열람, 호출, 배포, 검색할 수 있다.

하이퍼레저 퀼트Hyperledger Quilt는 주로 지급 프로토콜인 분산원장과 비 분산원장 사이의 연결을 목적으로 설계된 ILPInter Ledger Protocol를 구현해, 서로 다른 블록체인 간의 상호호환성Interoperability을 제공하는 것이 목표인 프로젝트다.

가장 최근에 출시된 하이퍼레저 우르사Hyperledger Ursa는 모듈식 크립토 개발 툴박스로 개발자들이 손쉽게 블록체인을 응용할 수 있고, 오픈소스로 기술 공유가 가능해 중복되는 기술 개발 가능성을 최소화할 수 있다.

2.2 하이퍼레저 패브릭 아키텍처

하이퍼레저 패브릭에서 제공하는 레퍼런스 아키텍처는 그림 2-7처럼 컴포넌트 단위로 표현돼 있다. 레퍼런스 아키텍처는 프로젝트 관리자, 소프트웨어 개발자, 엔터프라이즈 설계자 등 모두 보기 쉽도록 설계됐으며, 처음 하이퍼레저 패브릭을 이해하는 데 큰 도움을 준다. 아키텍처 구성은 크게 신원확인, 분산 원장, 트랜잭션, 체인코드 4가지 컴포넌트로 분류했다. 그럼 이제 각 컴포넌트의 기능들을 살펴보자.

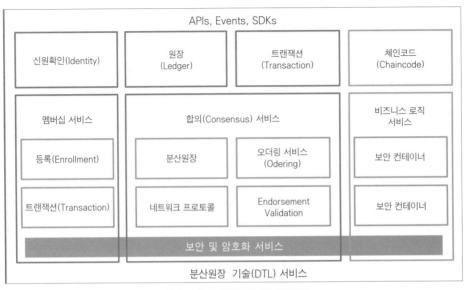

그림 2-7 하이퍼레저 패브릭 아키텍처

- **신원확인**: 사용자가 하이퍼레저 패브릭의 네트워크에 접속하려면 신원확인 Identity을 가장 먼저 해야 한다. 그 이유는 하이퍼레저 패브릭은 폐쇄형 구조 인 프라이빗 블록체인을 지향하고 있으며 권한을 가진 참여자만이 분산원장 에 데이터를 기록, 수정, 삭제할 수 있기 때문이다. 신원확인은 MSP Membership Service Provider를 통해 이뤄지며, MSP에 관한 자세한 내용은 2.2.1장에서 확인할 수 있다.

- **원장**: 원장 Ledger은 블록에 트랜잭션(거래) 정보가 실제로 저장되는 공간이다. 블록체인의 데이터를 관리하는 분산원장 데이터베이스를 가리키며, 이를 관 리 및 처리하기 위한 기능으로 구성돼 있다. 참고로 이더리움은 스테이트 트 리 State Tree에 저장하는데 하이퍼레저 패브릭은 월드 스테이트 World State라는 저 장소에 저장한다. 하이퍼레저 패브릭에서는 한 채널이 한 원장을 가지며, 한 채널 안에 속한 피어 노드는 동일한 원장의 복사본을 가진다. 원장은 업데이 트되며 채널 안에서 합의를 통해 일관성을 유지한다.

- **트랜잭션**: 트랜잭션^{Transaction}은 스마트 컨트랙트인 체인코드의 실행을 의미한다. 대용량 트랜잭션을 처리하기 위해 버전 1.0부터 기존 버전 0.6의 아키텍처 구조를 획기적으로 변경한 새로운 아키텍처를 제공하고 있는데, 엔도싱 ^{Endorsing} 피어 노드와 오더링 서비스^{Ordering Service} 노드가 그 역할을 수행한다. 엔도싱 피어 노드를 통해 보증 검증^{Endorsement Validation}과 트랜잭션을 배치 처리하고, 오더링 서비스 노드를 통해 프라이빗 블록체인 네트워크에 참여하고 있는 모든 피어 노드들에 분기하는 역할을 수행하고 있다.

- **체인코드**: 이더리움에서 솔리디티^{Solidity}와 비슷한 개념을 가진 체인코드^{Chaincode}는 하이퍼레저 패브릭의 스마트 컨트랙트다. 체인코드를 통해 프라이빗 블록체인에서 기업 및 컨소시엄으로 구성된 서비스에 맞게 블록체인을 활용할 수 있도록 비즈니스 로직을 구현할 수 있다. 하이퍼레저 패브릭은 이와 같은 비즈니스 로직을 구현할 수 있도록 다양한 개발 언어를 지원하고 있는데, 버전 1.1부터 Go, Node.js, 자바 등을 지원하기 시작했다. 더 나아가 개발 언어의 장벽을 없애기 위해 위에서도 살펴 본 '하이퍼레저 컴포저'라는 별도의 간단한 UI 기반 개발 도구도 제공하고 있다.

2.2.1 하이퍼레저 패브릭 핵심 용어

이제 하이퍼레저 패브릭에서 주로 사용하는 핵심 용어를 알아보자. 이 책에서 계속 사용하는 용어이므로 꼭 확인하기 바란다. 먼저 하이퍼레저 패브릭 네트워크를 구성하는 주요 구성 요소를 설명하겠다.

- **채널**^{Channel}: 네트워크에서 구성 요소 간 그룹을 나눠 트랜잭션을 수행해야 할 때 사용한다. 트랜잭션의 접근 권한을 그룹별로 설정하고 관리하는 중요한 프라이빗 블록체인 기술 요소다.

- **조직**^{Organization}: 네트워크는 조직 단위로 구성되는데, 조직 별로 피어 노드 관리

및 권한 부여, 보증 정책 등을 수행하며, 클라이언트^{Client}, 즉 네트워크 참여자의 접근 권한도 관리한다.

- **피어 노드**$^{Peer Node}$: 가장 기본적인 네트워크 구성 요소로, 블록체인 네트워크를 유지하고 트랜잭션의 제안 및 응답을 처리하며, 원장과 체인코드를 관리하고 저장하는 역할을 수행한다. 피어 노드는 역할에 따라 다음과 같은 4가지로 세분화될 수 있다.
  - **엔도싱**^{Endorsing} **피어 노드**: 보증 정책$^{Endorsing Policy}$에 따라 요청된 트랜잭션을 먼저 실행해보는 검토 역할을 수행한 후 트랜잭션에 트랜잭션 보증 사인을 첨부하는 역할을 한다.
  - **커미팅**^{Committing} **피어 노드**: 엔도싱 피어 노드가 실행한 트랜잭션 결과를 검증 문제가 없으면 트랜잭션을 확정하고 그 내용을 블록체인에 업데이트하는 역할을 한다.
  - **앵커**^{Anchor} **피어 노드**: 채널 내에서 대표 역할을 수행하는 피어 노드다.
  - **리더**^{Leader} **피어 노드**: 조직에서 모든 피어 노드를 대표한다.

앞에서 피어 노드를 설명했는데, 여기에서 언급한 노드^{Node}란 일종의 물리적인 시스템 단위로 블록체인 네트워크를 구성하는 서버다. 블록체인은 중앙에서 관리하는 서버는 없지만 블록체인 네트워크에 참여해 이를 활성화시키는 수많은 서버들이 있는데 바로 이 서버들이 노드다. 하이퍼레저 패브릭에는 피어 노드에게 트랜잭션을 전달해 전체 블록체인 네트워크가 작동하도록 컨트롤하는 오더링 서비스 노드가 존재한다.

오더링 서비스 노드는 네트워크에 참여하고 있는 모든 피어 노드의 분기 및 정렬 역할을 한다. 오더링 서비스 노드는 오더러^{Orderer}라고도 부르며, 네트워크 내의 채널에 대한 구성 정보를 소유하고 이를 기반으로 전체 시스템의 관리자 역할을 수행한다. 클라이언트로부터 트랜잭션을 제안 받으면, 시간 순서에 따라 차례로 정리해 피어 노드에게 전달한다. 또한 트랜잭션 정보를 네트워크에 반영해 새로운 블록을 추가하고 업데이트하며 관리한다. 오더링 서비스의 알고리즘은 다음과 같이 총 3가지가 있다.

- **Solo 오더링 서비스**: 가장 기본적인 알고리즘으로 하나의 중앙집중형 오더링 서비스가 모든 트랜잭션의 순서를 결정한다. 즉, 개발자가 블록체인 네트워크를 구성할 때 쉽고 간단하게 이용할 수 있도록 만들어진 오더링 서비스로, 상용화가 아닌 테스트 용도로 사용하는 것이 적합하다. 싱글 프로세스로 구성돼 있으며, 프로세스 하나가 모든 클라이언트에게 서비스를 제공하기 때문에 가용성^{Availability}이나 확장성^{Scalability}을 전혀 고려하고 있지 않다.

- **카프카 기반 오더링 서비스**: Pub/Sub 구조의 메시지큐 미들웨어인 카프카 기반의 오더링 서비스로, 시스템의 결함으로 인해 피어 노드가 멈췄을 때 다른 분산 오더링 서비스를 제공할 수 있다. 즉, 높은 처리량과 고가용성을 제공하지만, 비잔티움^{Byzantine} 문제[2]에 노출돼 있는 한계를 가지고 있다.

- **RAFT**$^{Reliable, Replicated, Redundant, And Fault-Tolerant}$ **오더링 서비스**: 하이퍼레저 패브릭 1.4.1 버전부터 추가된 CFT$^{Crash Fault Tolerant}$ 알고리즘 기반 오더링 서비스다. 채널당 선출된 리더 노드(정확히는 채널 내 오더링 서비스 노드들 중에 하나)가 모든 트랜잭션을 처리하고 그 결과가 나머지 노드에게 복제되는 '리더 및 팔로워' 모델에 기반한다. 비잔티움^{Byzantine} 문제를 해결하기 위해 하이퍼레저 패브릭이 출시한 첫 번째 BFT 계열 알고리즘이다. 하이퍼레저 패브릭 자체에 내장된 기술이기 때문에 카프카 기반 오더링 서비스보다 구축이나 관리가 쉽다.

다음으로 하이퍼레저 패브릭에 신원확인을 요청하기 위해 참여자의 멤버십 서비스를 제공하는 과정부터 살펴본다. 앞으로 배울 주요 용어는 다음과 같다.

- **MSP**: 단어에서 유추할 수 있듯이 멤버십 서비스 제공자, 즉 블록체인 네트워크에 인증 서비스를 제공하는 역할을 한다. 모든 참여자에게 해당하는 책임을

---

2   블록체인 기술에서 매 순간 새로운 블록들이 생성되는 과정에서 각 노드는 서로를 신뢰하지 않으며, 악의를 가진 노드에 의해 모순된 거래가 생성될 수 있다는 문제

부여하고, 행위를 추적하는 책임성^{Accountability}을 보장하며, 트랜잭션 익명성 및 트랜잭션 비연결성^{Connectionlessness}을 보장하는 프라이버시도 보장한다. 다시 말해 MSP$^{Membership\ Service\ Provider}$는 블록체인 네트워크에 참여하는 피어 노드, 오더링 서비스 노드 등 각 노드의 신원, 역할, 소속, 권한을 관리하고 조직 구조를 설계하는 역할을 한다. 또한 블록체인 네트워크에 접속하려는 클라이언트의 신원을 확인하고 접근 권한을 제공한다.

- CA$^{Certification\ Authority}$: MSP에서 암호화 인증을 위해 필요한 인증기관이며, 공개 키 인증서 및 이에 대응하는 개인 키를 발급한다. 블록체인 네트워크를 구성하는 조직에게는 루트 인증서$^{Root\ Certificate}$를, 블록체인 네트워크에 접속하는 사용자에게는 신원등록 인증서$^{Enrollment\ Certificate,\ Ecert}$를 발급한다. 1.1 버전까지 PKI 방식을 적용한 X.509 인증서 방식을 제공했고, 1.2 버전 이후로 아이덴티티 믹서$^{Identity\ Mixer}$가 추가돼 익명성을 보장하는 암호화 기법으로 신원을 증명하는 방법도 제공하고 있다.

2.2.2 하이퍼레저 패브릭 시스템 플로우

지금까지 하이퍼레저 패브릭의 개념을 설명했다면 2장에서는 시스템 측면에서 하이퍼레저가 어떻게 동작하는지 기술적으로 살펴보겠다. 그림 2-8는 지금까지 나왔던 그림보다 복잡해 보이지만, 하이퍼레저 패브릭 시스템을 동작시키는 개별 노드 단위로 작성해 전체 시스템 플로우를 이해하는 데 도움이 될 것이다. 이제 노드 관점에서 전체 시스템 플로우를 설명하고, 이때 각 노드들의 역할에 대해서도 설명하겠다.

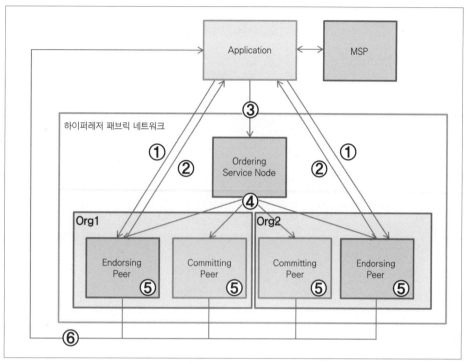

그림 2-8 하이퍼레저 패브릭 시스템 플로우 예제

MSP로부터 접근을 승인 받은 애플리케이션은 하이퍼레저 패브릭 네트워크에 트랜 잭션을 발생시킬 수 있다. 트랜잭션이 원장에 기록될 때 네트워크에서 많은 일이 일 어난다. 이 과정은 위의 하이퍼레저 패브릭 시스템 플로우로 표현돼 있다. 그림 2-8 에 나와있는 번호 순서대로 설명해보겠다.

① 애플리케이션에서 스마트 컨트랙트를 위한 트랜잭션을 시작할 때, 먼저 트랜 잭션 제안서를 엔도싱 피어 노드에게 보낸다. 트랜잭션 제안서에는 클라이언 트의 ID, 트랜잭션을 제출하는 클라이언트의 서명 등이 내용으로 포함돼 있다.

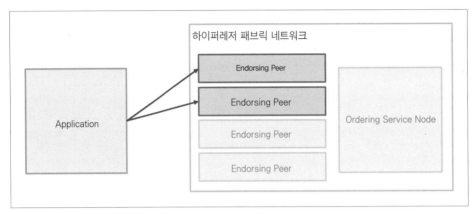

그림 2-9 트랜잭션 제안서를 엔도싱 피어 노드에 전달

② 제안을 받은 엔도싱 피어 노드는 보증 정책에 따라 트랜잭션 제안서가 잘 구성
돼 있는지 확인하고 서명이 유효한지를 체크한 후 체인코드를 실행한다. 이후
RW 세트$^{Read \& Write data sets}$를 포함하는 트랜잭션 결과를 생성해 반환한다. Read
세트에는 시뮬레이션 중에 트랜잭션이 읽는 고유 키 및 커밋된 버전의 목록을
포함하며, Write 세트에는 고유 키 목록과 트랜잭션이 작성하는 새 값 목록을
포함한다. 애플리케이션은 엔도싱 피어 노드 서명을 확인하고, 각 엔도싱 피어
노드로부터 받은 응답 값이 동일한지 대조해 해당 트랜잭션에 대한 보증을 확
보한다.

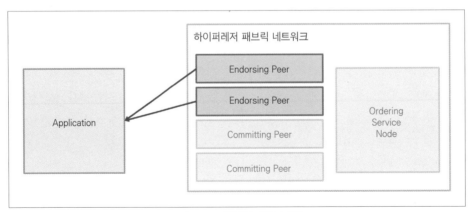

그림 2-10 트랜잭션 제안서 반환

③ 전체 엔도싱 피어 노드들로부터 반환된 보증 요청의 결과 값들이 동일함을 확인해 해당 트랜잭션의 신뢰성을 확보했으면, 클라이언트 애플리케이션은 트랜잭션을 RW 세트와 함께 엔도싱 피어 노드들의 서명, 채널 ID를 오더링 서비스 노드에 전송한다. 오더링 서비스 노드는 이미 앞에서 검증이 마무리됐기 때문에 트랜잭션 수행을 위해 전체 내용을 검사하지 않고 트랜잭션이 들어오는 순서만 정렬한다.

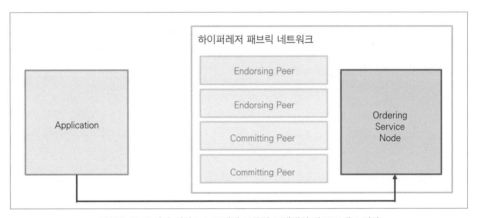

그림 2-11 오더링 서비스 노드에게 보증된 트랜잭션 및 RW 세트 전달

④ 오더링 서비스 노드에서 생성된 트랜잭션 블록을 엔도싱 피어 노드와 커미팅 피어 노드에게 전달한다. 각 피어 노드는 보증 정책이 충족됐는지 확인한 후에 원장 상태가 변경됐는지 확인한다.

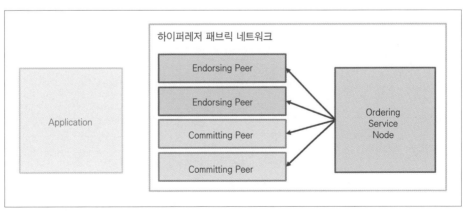

그림 2-12 보증된 트랜잭션 및 RW 세트를 피어 노드에 전달

⑤ 엔도싱 피어 노드와 커미팅 피어 노드는 RW 세트가 현재 월드 스테이트 상태와 여전히 일치하는지 확인해 트랜잭션의 유효성을 검사한다. 트랜잭션이 유효성 검사에 실패하면, 피어 노드는 RW 세트가 현재 월드 스테이트 상태와 일치하지 않는다는 것을 알린다. 블록에 기록된 트랜잭션은 무효로 기록하고, 월드 스테이트를 업데이트하지 않는다.

그림 2-13 유효성 검사

⑥ 유효성이 검증된 트랜잭션은 모든 피어 노드의 데이터베이스에 기록된다. 이후 트랜잭션의 성공 또는 실패 이벤트를 클라이언트 애플리케이션에 알린다.

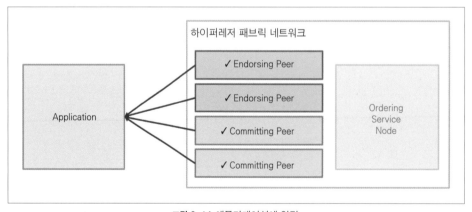

그림 2-14 애플리케이션에 알림

위와 같이 총 6단계를 거쳐 트랜잭션이 하이퍼레저 패브릭 네트워크 안의 전체 원장에 업데이트된다. 트랜잭션은 체인코드의 실행이며, 체인코드는 개발자가 특정 기능을 구현해 채널 안의 피어 노드에 설치된다. 이와 같은 체인코드를 사용자 체인코드라 하는데, 체인코드는 크게 사용자 체인코드와 시스템 체인코드, 2가지로 구분할 수 있다. 일반적으로 개발자가 다루는 체인코드가 사용자 체인코드이며, 이와 같은 체인코드가 실제로 동작될 수 있도록 처리 흐름을 제어하는 것이 시스템 체인코드다. 시스템 체인코드는 개발자가 직접 다루지는 않고 하이퍼레저 패브릭 자체에서 제공하고 있지만, 체인코드를 제대로 이해하기 위해서는 시스템 체인코드가 무엇인지 이해해야 한다.

2.2.3 하이퍼레저 패브릭 시스템 체인코드

시스템 체인코드는 일반적인 체인코드와 동일한 프로그래밍 모델을 가지고 있지만, 별도의 격리된 컨테이너에서 실행되는 일반적인 체인코드와 달리 시스템 체인코드는 피어 노드 프로세스 내에서 실행된다. 따라서 시스템 체인코드는 피어 노드의 자원에 더 많은 접근을 할 수 있고 일반적인 체인코드를 통해 구현하기 어렵거나 불가능한 기능을 구현하는 데 사용될 수 있다.

하이퍼레저 패브릭은 다음과 같은 5가지 시스템 체인코드를 제공한다.

- LSCC^{Lifecycle System ChainCode}는 체인코드의 라이프사이클을 관리하기 위해 사용된다.
  - Install: 피어 시스템에 체인코드를 저장하는 데 사용한다.
  - deploy: 채널에서 체인코드를 인스턴스화하는 데 사용한다.
  - upgrade: 체인코드를 업그레이드하는 데 사용한다.
  - getid: 채널에 설치된 체인코드의 ID를 가져온다.
  - getdepspec: 피어에 설치된 체인코드의 배포사양을 가져온다.
  - getccdata: 채널에 설치된 체인코드로 저장된 데이터를 가져온다.
  - getchaincodes: 채널에 배포된 체인코드 목록을 가져온다.
  - getinstalledchaincode: 피어에 설치된 체인코드 목록을 가져온다.

- CSCC^{Configuration System ChainCode}는 피어 노드 및 프로세스 채널 구성, 트랜잭션에 대한 채널 관련 정보를 관리하기 위해 사용한다.
  - JoinChain: 피어를 채널에 가입시킨다.
  - GetConfigBlock: 지정된 채널에 대한 구성블록을 가져온다.
  - GetConfigTree: 체인코드 ID에 대해 현재 채널 및 자원 구성을 확인한다.
  - SimulateConfigTreeUpdate: 체인코드 ID에 대해 현재 채널 및 자원 구성을 업데이트한다.
  - GetChannels.: 피어가 가입한 채널 목록을 가져온다.
- QSCC^{Query System ChainCode}는 블록 저장소에 저장된 블록 및 트랜잭션을 조회하기 위해 사용된다.
  - GetChainInfo: 블록체인에 대한 정보를 조회하는 데 사용한다.
  - GetBlockByNumber: 채널의 특정 블록을 조회하는 데 사용한다.
  - GetBlockByHash: 블록 해쉬 값으로 특정 블록을 조회하는 데 사용한다.
  - GetTransactionByID: ID로 트랜잭션을 조회하는 데 사용한다.
  - GetBlockByTxID: 트랜잭션 아이디로 특정 블록을 조회하는 데 사용한다.
- ESCC^{Endorser System ChainCode}는 트랜잭션을 실행한 후 트랜잭션 상태, 체인코드 이벤트, read/write set 등 트랜잭션 결과를 포함한 응답 메시지에 서명을 넣기 위해 엔도싱 피어 노드에 의해 호출된다.
- VSCC^{Validation System Chaincode}는 커미팅 피어 노드에 의해 호출돼 보증 정책 및 다중 버전 동시성 제어 검사와 같은 트랜잭션 유효성 검사를 처리한다.

전체 시스템 운영 관점에서 시스템 체인코드를 수정하거나 교체할 수도 있다. 특히 LSCC, ESCC 및 VSCC는 트랜잭션이 실행될 때 시스템에 의해 자동으로 수행되는 체인코드이므로, 수정하거나 교체할 때는 주의해야 한다. VSCC는 원장에 커밋하기 전에 블록에 대한 유효성 검사를 수행하기 때문에, 채널의 모든 피어 노드가 동일한 유효성 검사를 수행해 원장의 차이가 발생하지 않도록 하는 중요한 역할을 수행한다. 따라서 VSCC를 수정하거나 교체할 때는 특별한 주의가 필요하다.

3

하이퍼레저 패브릭 환경 설정

3.1 하이퍼레저 패브릭 개발환경 구성

본격적으로 하이퍼레저 패브릭 기반의 블록체인 네트워크를 구축하고 관련 애플리케이션을 개발해보자. 먼저 하이퍼레저 패브릭 기반 블록체인 네트워크를 구축하기 위해 사전에 필요한 소프트웨어를 살펴보겠다.

이 책에서는 하이퍼레저 패브릭을 설치하기 위해 다음과 같은 소프트웨어를 사용해 하이퍼레저 패브릭 운영환경을 구성한다.

- 가상화 환경 소프트웨어
  - 버추얼박스^{VirtualBox} 6.0(https://www.virtualbox.org/)
- 리눅스 게스트 OS(가상화 환경에 설치될 OS)
  - 우분투^{Ubuntu} 16.04.x(https://www.ubuntu.com/)
- 필요한 도구 및 소프트웨어(게스트 OS에 설치)
  - cURL
  - 도커^{Docker} Community Edition^{CE} 17.06.2-ce 이상
  - 도커 Compose 1.14.0 이상

- Go 언어 1.11.x
- Git 2.9.x 이상
- Python 2.7
- Node.js 8.x(https://nodejs.org/)
- npm 5.6.0
- VSCode v1.28
- 자바 JDK 8
- Gradle 2.12 이상
- Intellij IDEA Community Edition

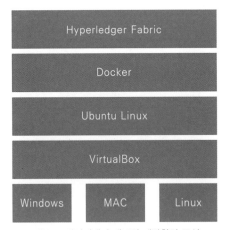

그림 3-1 하이퍼레저 패브릭 개발환경 구성

일반적으로 개발자가 사용하는 윈도우, 맥, 리눅스 OS 위에 가상화 소프트웨어인 버추얼박스로 우분투 리눅스 기반의 가상 환경을 구축하고, 구축된 버추얼박스에 도커를 이용해 하이퍼레저 패브릭 프레임워크 및 각종 애플리케이션을 도커 컨테이너 기반으로 구성한다.

이 책에서는 하이퍼레저 패브릭을 리눅스 OS 기반으로 구축하기 때문에, 리눅스 OS의 기초적인 지식이 전혀 없다면, 사전에 기초적인 내용을 미리 학습하기를 추천한다.

이제 버추얼박스를 설치해 본격적으로 하이퍼레저 패브릭 개발환경을 구성해보자.

3.1.1 버추얼박스 설치

버추얼박스는 오라클^{Oracle}이 개발한 대표적인 가상화 소프트웨어 중 하나로, 다양한
OS(Windows, OS X, Linux, Solaris 등) 기반에서 동작할 수 있다. 버추얼박스를 설치하
기 위해서 다음의 URL에 접속해, 자신의 OS에 맞는 버전을 다운로드한다.

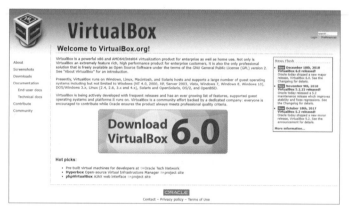

그림 3-2 버추얼박스 다운로드(https://www.virtualbox.org/)

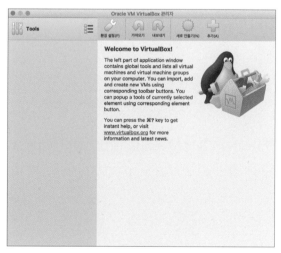

그림 3-3 버추얼박스 실행

버추얼박스 설치를 완료한 후, 그림 3-4와 같이 버추얼박스를 실행한다.

버추얼박스 내에 우분투 리눅스를 설치하기 위해서 먼저 가상머신을 생성해야 한다.
이 책에서는 다음과 같이 설정해 새로운 가상머신을 생성해 보겠다.

- **가상머신 이름**: Hyperledger
- **종류**: Linux
- **버전**: Ubuntu(64- bit)

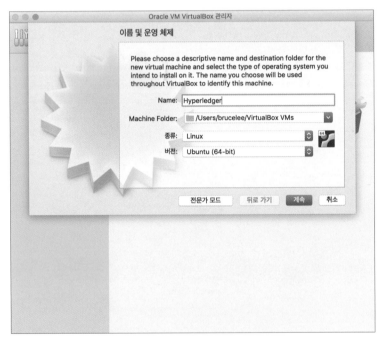

그림 3-4 버추얼박스 내 새로운 가상머신 생성

하이퍼레저 컴포저와 하이퍼레저 패브릭을 실행하려면 최소 4GB의 메모리가 필
요하므로, 그림 3-5와 같이 최소 4GB 이상으로 가상머신의 메모리 크기를 설정
한다.

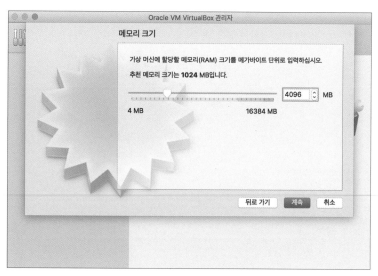

그림 3-5 가상머신 메모리 크기 설정

메모리 크기 설정이 완료되면, 다음으로 가상머신의 하드디스크를 설정해야 한다.

하이퍼레저 패브릭을 설치하기 위해서 최소 50GB 이상의 하드디스크 용량이 필요하므로, 이 점에 유의해 설치를 진행한다.

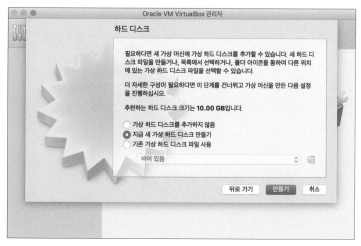

그림 3-6 하드디스크 설정 시작

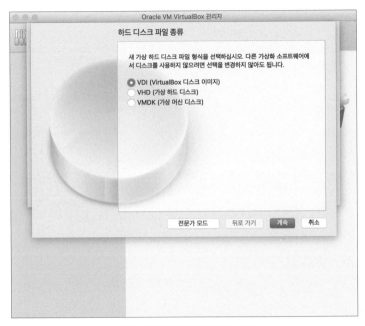

그림 3-7 하드디스크 파일 종류 선택

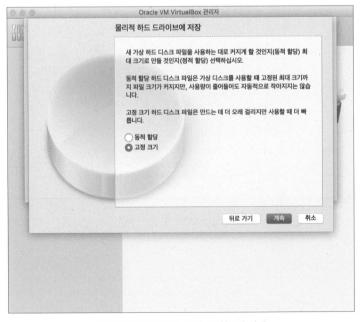

그림 3-8 하드디스크 크기 동적/고정 선택

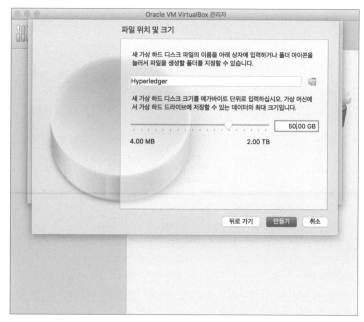

그림 3-9 하드디스크 용량 설정

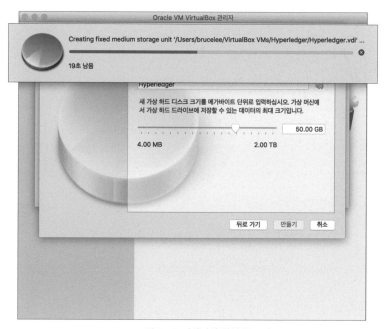

그림 3-10 가상머신 생성 중

하드디스크 용량 설정까지 끝나면 그림 3-11과 같이 가상머신이 생성된다.

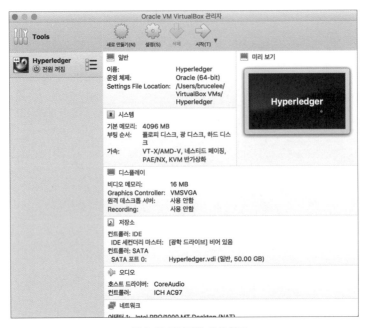

그림 3-11 가상머신 생성 완료

버추얼박스 상에 Hyperledger라는 가상머신이 새로 생긴 것을 확인할 수 있다. 이제 이 가상머신에 우분투 리눅스를 설치해보겠다.

3.1.2 우분투 리눅스 설치

우분투^{Ubuntu} 리눅스 버전은 해당 배포판이 나온 연도와 달로 표시된다. 예를 들어, 우분투 리눅스 18.04 버전은 2018년 4월에 배포된 버전이다.

다음 URL 주소에서 Download를 클릭해 설치 파일을 다운로드한다.

https://www.ubuntu.com/download/desktop

그림 3-12 우분투 리눅스 다운로드

우분투 리눅스 다운로드를 완료한 후에 Hyperledger 가상머신에서 이를 선택해 가상머신을 실행한다.

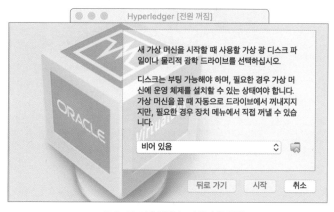

그림 3-13 버추얼박스 가상머신 선택

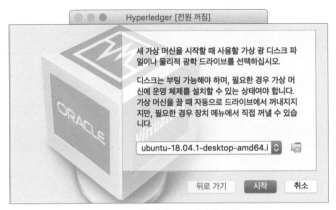

그림 3-14 버추얼박스 가상머신 실행

그림 3-15와 같이 우분투 리눅스를 설치할 수 있다.

그림 3-15 우분투 리눅스 설치

우분투 리눅스 설치가 완료되면, 도커를 설치해야 한다. 도커를 간단히 설치하기 위해서는 cURL이라는 도구가 필요하기 때문에, cURL을 설치하고 도커를 설치해 보겠다.

3.1.3 cURL 설치

cURL$^{Client for URLs}$은 URL을 통해 데이터를 전송할 수 있는 도구로, 리눅스나 유닉스 상에서 빈번히 사용되고 있는 무료 오픈소스다. cURL의 특징은 HTTP, HTTPS뿐만 아니라 FTP, LDAP, IMAP, SMTP 등 무수히 많은 프로토콜을 지원하며, 해당 서버에 데이터를 전송하기 위한 라이브러리와 커맨드라인 인터페이스를 제공한다.

이제 cURL을 앞서 설치한 우분투 리눅스 상에서 sudo apt install curl 커맨드 명령어를 통해 설치해보겠다. cURL이 제대로 설치됐는지 확인하기 위해서, 다음과 같이 커맨드라인에서 버전을 확인한다.

```
$ sudo apt install curl
$ curl -V
curl 7.58.0 (x86_64-pc-linux-gnu) libcurl/7.58.0 OpenSSL/1.1.0g zlib/1.2.11
libidn2/2.0.4 libpsl/0.19.1 (+libidn2/2.0.4) nghttp2/1.30.0 librtmp/2.3
Release-Date: 2018-01-24
Protocols: dict file ftp ftps gopher http https imap imaps ldap ldaps pop3 pop3s rtmp
rtsp smb smbs smtp smtps telnet tftp
Features: AsynchDNS IDN IPv6 Largefile GSS-API Kerberos SPNEGO NTLM NTLM_WB SSL libz
TLS-SRP HTTP2 UnixSockets HTTPS-proxy PSL
```

cURL 설치를 완료했으므로, 도커를 설치해보자.

3.1.4 도커와 도커 컴포즈 설치

도커는 컨테이너 기반의 오픈 소스 가상화 플랫폼이다. 애플리케이션을 컨테이너라는 계층으로 격리시켜 OS에 관계없이 컨테이너 안에서 개발, 배포, 운영할 수 있도록 제공하고, 어느 환경에서도 동일하게 실행한다.

현재 도커는 다양한 분야의 많은 프로젝트와 회사에 도입돼 실제 개발/운영 환경에 사용되고 있다. 이 책에서도 도커의 간단한 설명을 부록으로 다루니, 참고하길 바란다.

이제 도커를 직접 설치해보자. 다음과 같이 cURL 커맨드 명령어로 도커를 간단히 설치할 수 있다.

```
$ curl -fsSL https://get.docker.com/ | sudo sh
```

도커는 기본적으로 root 권한이 필요하다. 리눅스 시스템의 현재 사용자를 도커 그룹에 추가해 관리자 이외의 권한으로도 도커 서버/클라이언트를 수행할 수 있도록 변경한다. 사용자 계정이 root 권한이 있다면 생략해도 된다.

```
$ sudo usermod -aG docker $USER
$ sudo reboot
```

도커가 제대로 설치됐는지 확인하기 위해서, 다음과 같이 커맨드라인에서 버전을 확인한다.

```
$ docker -v
Docker version 19.03.13, build 4484c46d9d
```

도커 설치를 완료했으니, 이제 도커 컴포즈^{Docker Compose}를 설치해 보겠다. 도커 컴포즈는 여러 개의 도커 컨테이너를 정의하고 실행하는 개발자 편의 도구다. YAML 파일을 사용해 각 컨테이너들의 설정 정보를 쉽게 정의할 수 있으며, 정의한 모든 컨테이너를 하나의 명령어로 간단히 생성하고 시작할 수 있다.

다음 URL에 접속하면, 도커 컴포즈의 각 OS별 설치 가이드를 자세히 확인할 수 있다.

```
https://docs.docker.com/compose/install/#install-compose
```

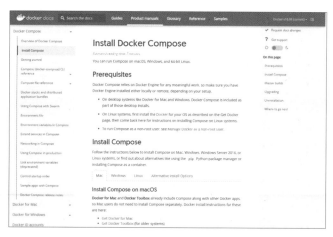

그림 3-16 도커 컴포즈 공식 홈페이지의 설치 가이드

여기에서는 우분투 리눅스에서의 설치 방법만 다룬다. 도커와 마찬가지로 cURL 커맨드 명령어로 간단히 설치할 수 있다.

```
$ sudo curl -L "https://github.com/docker/compose/releases/download/1.22.0/docker-compose-$(uname -s)-$(uname -m)" -o /usr/local/bin/docker-compose
```

설치가 완료되면 다음 2가지 커맨드 명령어로 도커 컴포즈 라이브러리에게 실행 권한을 주고, 버전을 확인해 설치가 잘 완료됐는지 확인한다.

```
$ sudo chmod +x /usr/local/bin/docker-compose
```

제대로 설치됐는지 확인하기 위해서, 다음과 같이 커맨드라인에서 버전을 확인한다.

```
$ docker-compose --version
docker-compose version 1.22.0, build f46880fe
```

3.1.5 Go 언어 설치

Go는 2009년 구글이 개발한 프로그래밍 언어로, 병행성 처리를 지원하고 가비지 컬

렉션 기능을 제공하는 컴파일 언어다.

2007년 9월 21일 로버트 그리즈머, 롭 파이크, 켄 톰슨이 인페르노 분산 운영체제와 관련된 작업을 하던 중, 이에 걸맞은 새로운 언어의 필요성을 공감해 Go의 초기 설계가 시작됐다. 2008년 1월부터 켄 톰슨이 관련 컴파일러를 연구하기 시작했고, 2008년 중반부터 본격적으로 Go 언어 개발이 시작됐다. 2008년 5월 이안 테일러가 Go 스펙의 초안을 이용해서 GCC 프론트엔드를 개발하기 시작했으며, 2008년 말 러스 콕스가 참여하면서 실질적인 Go 스펙과 라이브러리를 개발하기 시작했다. 2009년 11월 10일에 드디어 Go가 세상에 공개됐고, 2010년 5월에 구글에서 실제로 Go 개발 언어를 사용하는 부분이 있다고 롭 파이크가 발표하면서 점차 대중화됐다.

현재 Go는 견고하고 효율적인 소프트웨어를 만들기 적합한 대표적인 오픈소스 프로그래밍 언어이며, 다른 개발 언어와는 표 3-1과 같은 차이점이 있다.

표 3-1 타 개발 언어와의 비교

개발 언어	언어 처리 방식	개발 난이도	코드 양	배포 난이도
자바(Java)	인터프리터	보통	많음	어려움
파이썬(Python)	인터프리터	매우 쉬움	적음	어려움
고(Go)	컴파일	매우 쉬움	적음	쉬움

다음 URL에 접속해, Go 언어의 최신 버전을 확인할 수 있다.

https://golang.org/dl/

Go 언어를 설치할 /use/local 디렉터리로 이동한 후 wget 및 tar 커맨드 명령어로 간단히 설치할 수 있다.

```
$ cd /usr/local
$ sudo wget https://storage.googleapis.com/golang/go1.11.1.linux-amd64.tar.gz
$ sudo tar -C /usr/local -xzf go1.11.1.linux-amd64.tar.gz
```

설치를 완료했으면 환경변수를 설정해야 한다. GOPATH는 Go 프로그래밍 개발 시 필요한 작업 공간과 같은 개념으로, 외부 라이브러리나 패키지, 툴, 소스 등을 받아오는 위치를 지정한다.

```
$ echo 'export PATH=$PATH:/usr/local/go/bin' | sudo tee -a /etc/profile && \
> echo 'export GOPATH=$HOME/go' | tee -a $HOME/.bashrc && \
> echo 'export PATH=$PATH:$GOROOT/bin:$GOPATH/bin' | tee -a $HOME/.bashrc && \
> mkdir -p $HOME/go/{src,pkg,bin}
```

우분투를 재부팅한다.

```
$ sudo reboot
```

Go가 제대로 설치됐는지 확인하기 위해서, 다음과 같이 커맨드라인에서 버전을 확인한다.

```
$ go version
go version go1.11.1 linux/amd64
```

3.1.6 Git 설치

깃Git은 컴퓨터 파일의 변경사항을 추적하고 여러 명의 사용자 간에 해당 파일의 작업을 조율하기 위한 분산 버전관리 시스템이다. 주로 소프트웨어 개발에서 소스 코드 관리에 사용하고 일반 문서나 파일의 변경사항을 지속적으로 추적하기 위해 사용할 수 있다. 기하학적 불변 이론을 바탕으로 설계됐고, 분산 버전관리 시스템으로서 빠른 수행 속도에 중점을 두고 있는 것이 특징이며 데이터 무결성, 분산, 비선형 워크플로우를 지원한다.

깃은 2005년에 리누스 토발즈Linus Benedict Torvalds가 리눅스 커널 개발을 위해 처음 개발한 것으로 초기 개발에 기여한 다른 커널 개발자와 함께 개발했다. 2005년부터 지금까지 주니오 하마노^{Junio Hamano}가 소프트웨어의 유지보수를 맡고 있다.

그럼 이제 깃을 직접 설치해보자. 다음과 같이 커맨드 명령어로 간단히 설치할 수 있다.

```
$ sudo apt update
$ sudo apt install git
```

깃이 제대로 설치됐는지 확인하기 위해서, 다음과 같이 커맨드라인에서 버전을 확인한다.

```
$ git --version
git version 2.17.1
```

3.1.7 파이썬 설치

기본적으로 우분투 16.04 버전에는 파이썬 3.5.1 버전이 설치돼 있다. 뒤에 나올 Node.js 설치를 위해서 npm을 설치해야 한다. 먼저 파이썬 2.7 버전을 설치해야 한다.

이제 파이썬을 앞서 설치한 우분투 리눅스 상에서 다음과 같은 커맨드 명령어로 설치해 보겠다.

```
$ sudo apt install -y python
```

파이썬 2.7 버전이 제대로 설치됐는지 확인하기 위해서, 다음과 같이 커맨드라인에서 버전을 확인한다.

```
$ python --version
Python 2.7.17
```

3.1.8 Node.js, npm 설치

하이퍼레저 패브릭에서는 Node.js를 하이퍼레저 컴포저, Node.js Hyperledger Fabric SDK에서 사용한다. Node.js는 확장성 있는 네트워크 애플리케이션(특히 서버사이드) 개발에 사용되는 소프트웨어 플랫폼이다. 작성 언어로 자바스크립트를 사용하며, Non-blocking I/O와 단일 스레드 이벤트 루프라는 기술적 특징을 통해 엄청난 처리 성능을 자랑한다.

Node.js는 자체적으로 HTTP 서버 라이브러리를 포함하고 있기 때문에, 아파치와 같은 별도의 웹 서버가 없어도 웹 서비스를 제공할 수 있다. 이와 같은 자체 라이브러리를 통해 충분히 통제, 관리할 수 있으므로 더 다양한 형태의 웹 서비스를 제공할 수 있는 것도 Node.js의 특징이다.

Node.js는 커뮤니티 개발을 위주로 자주 업그레이드 된다. 개발 중인 관련 모듈이 업그레이드를 따라가지 못하는 경우가 자주 발생할 수 있다. 그래서 실제 개발할 때 Node.js 버전의 변경을 자유롭게 하기 위해서 NVM^{Node Version Manager} 환경에서 개발할 것을 권장한다.

이제 다음과 같은 curl 커맨드 명령어로 NVM으로 Node.js를 설치해보겠다.

```
$ curl -o- https://raw.githubusercontent.com/creationix/nvm/v0.33.2/install.sh | bash
```

우분투를 재부팅한다.

```
$ sudo reboot
```

이제 nvm 커맨드 명령어로 설치해보겠다(현재 8.x 시리즈 이외의 버전은 지원되지 않는다).

```
$ nvm install 8
```

다음은 위에서 설명한 커맨드 명령어를 실제 커맨드라인 상에서 실행한 화면 결과다.

```
$ nvm install 8
Downloading and installing node v8.17.0...
Downloading https://nodejs.org/dist/v8.17.0/node-v8.17.0-linux-x64.tar.xz...
########################################################################## 100.0%
Computing checksum with sha256sum
Checksums matched!
Now using node v8.17.0 (npm v6.13.4)
Creating default alias: default -> 8 (-> v8.17.0)
```

nvm use 커맨드 명령어로 Node.js 버전을 지정한다. Node.js 8 버전을 사용하기 위해서 다음의 명령어를 사용한다.

```
$ nvm use 8
```

다음은 위에서 설명한 커맨드 명령어를 실제 커맨드라인 상에서 실행한 화면 결과다.

```
$ nvm use 8
Now using node v8.17.0 (npm v6.13.4)
```

npm^{Node Package Manager}은 자바스크립트 프로그래밍 언어를 위한 패키지 관리자다. Node.js를 설치하면 npm이 설치된다. 설치된 npm의 버전을 확인하는 것이 좋다. 다음 명령어로 npm 5.6.0 버전을 설치한다.

```
$ npm install npm@5.6.0 -g
```

다음은 위에서 설명한 커맨드 명령어를 실제 커맨드라인 상에서 실행한 화면 결과다.

```
$ npm install npm@5.6.0 -g
/home/ubuntu/.nvm/versions/node/v8.17.0/bin/npx ->
/home/ubuntu/.nvm/versions/node/v8.17.0/lib/node_modules/npm/bin/npx-cli.js
/home/ubuntu/.nvm/versions/node/v8.17.0/bin/npm ->
```

```
/home/ubuntu/.nvm/versions/node/v8.17.0/lib/node_modules/npm/bin/npm-cli.js
+ npm@5.6.0
added 366 packages from 147 contributors, removed 320 packages and updated 59
packages in 20.197s
```

Node.js, npm이 제대로 설치됐는지 확인하기 위해서, 다음과 같이 커맨드라인에서
버전을 확인한다.

```
$ node -v
v8.17.0
```

```
$ npm -v
5.6.0
```

3.1.9 VSCode 설치

Vi, Atom 등 많은 IDE가 있지만 이 책에서는 하이퍼레저 컴포저 확장 기능을 사용
할 수 있기 때문에 VSCode를 설치하고 사용한다.

https://code.visualstudio.com/download에서 VSCode를 다운로드해 설치하고
실행한다.

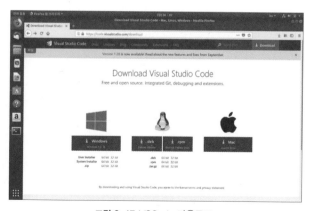

그림 3-17 VSCode 다운로드

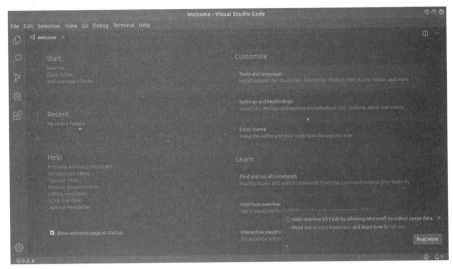

그림 3-18 VSCode 실행

3.1.10 자바 JDK 설치

하이퍼레저 패브릭에서 자바로 체인코드를 개발하기 위해서 자바를 설치해야 한다.
먼저 PPA를 추가한다.

```
$ sudo add-apt-repository ppa:openjdk-r/ppa
```

그리고 apt 업데이트를 진행한다.

```
$ sudo apt update
```

이제 자바 버전 8을 설치한다.

```
$ sudo apt install openjdk-8-jdk openjdk-8-jre
```

자바가 제대로 설치됐는지 확인하기 위해서, 다음과 같이 커맨드라인에서 버전을 확
인한다.

```
$ javac -version
javac 1.8.0_275
$ java -version
openjdk version "1.8.0_275"
OpenJDK Runtime Environment (build 1.8.0_275-8u275-b01-0ubuntu1~18.04-b01)
OpenJDK 64-Bit Server VM (build 25.275-b01, mixed mode)
```

3.1.11 Gradle 설치

Gradle은 자바 진영에서 예전부터 사용하던 Ant와 Maven 같은 빌드 툴이다. Ant와 같이 Build 및 Deploy에 자유도를 주면서, Maven의 Repository와 Dependency를 같이 취하고 있다. 자바를 빌드하기 위해 설치한다. Gradle은 자바 버전 8 이상이 설치돼 있어야 된다.

다음 명령어로 Gradle를 설치한다.

```
$ sudo apt install gradle
```

Gradle이 제대로 설치됐는지 확인하기 위해서, 다음과 같이 커맨드라인에서 버전을 확인한다.

```
$ gradle -v

------------------------------------------------------------
Gradle 4.4.1
------------------------------------------------------------


Build time:   2012-12-21 00:00:00 UTC
Revision:     none

Groovy:       2.4.16
Ant:          Apache Ant(TM) version 1.10.5 compiled on March 28 2019
JVM:          1.8.0_275 (Private Build 25.275-b01)
```

3.1.12 Intellij IDEA 설치

Intellj IDEA는 젯브레인^{JetBrains}사에서 제작한 상용 자바 통합개발환경이다. 줄여서 IntelliJ 혹은 IDEA로도 불린다. 이클립스 재단의 이클립스와 썬마이크로시스템즈의 넷빈즈로 대표되는 무료 자바 통합개발환경에서 볼랜드의 제이빌더와 함께 얼마 안 되는 상용 개발 도구 가운데 하나다. IntelliJ IDEA는 Ultimate Edition으로 불리는 상용 버전과 Community Edition으로 불리는 무료 버전이 있으며, 상용 버전은 30 일간 무료로 사용해 보고 계속 사용할지 여부를 결정할 수 있다.

이제 Intellj IDEA를 우분투에 설치한다. 자바 버전 8 이상이 설치돼 있어야 한다(위에서 이미 자바 버전 8을 설치했으니 참고한다).

그림 3-19와 같이 http://www.jetbrains.com/idea/에 방문해 Intellj IDEA를 다운로드해 압축을 해제한다.

그림 3-19 Intellij 홈페이지

압축을 풀고 bin 디렉터리의 idea.sh를 실행하면 그림 3-20과 같이 설치된다.

그림 3-20 Intellij 실행

3.2 하이퍼레저 패브릭 설치 및 실행

이제 하이퍼레저 패브릭를 시작하기 위한 기본적인 환경 구성을 완료했으므로, 본격적으로 하이퍼레저 패브릭을 설치하고 간단한 예제를 실행해본다.

3.2.1 하이퍼레저 패브릭 설치

하이퍼레저 패브릭을 설치하고자 하는 디렉터리로 이동해 다음과 같이 설치를 시작한다.

```
$ cd $GOPATH/src
$ curl -sSL http://bit.ly/2ysbOFE | bash -s
```

특정 버전을 설치하려면 다음과 같이 입력한다. (버전을 지정하기를 추천한다. 버전이 바뀌면 호환성이 떨어지는 경우가 많다.)

```
curl -sSL http://bit.ly/2ysbOFE | bash -s -- <fabric_version> <fabric-ca_version> <thirdparty_
version>
$ curl -sSL http://bit.ly/2ysbOFE | bash -s -- 1.4.3 1.4.3 0.4.15
```

"curl -sSL http://bit.ly/2ysbOFE | bash -s -- 1.4.3 1.4.3 0.4.15"는 하이퍼레저
패브릭에서 제공하는 쉘 스크립트 파일 주소다. 1.4.3 버전인 하이퍼레저 패브릭 샘
플 파일을 다운로드하고 바이너리 툴, 하이퍼레저 패브릭의 도커 이미지까지 한 번
에 src 디렉터리에 다운로드한다. 정상적으로 다운로드가 시작되면 다음과 같이 리
스트가 출력되는 것을 확인할 수 있다.

다음은 위에서 설명한 커맨드 명령어를 실제 커맨드라인 상에서 실행한 화면 결
과다.

```
$ curl -sSL http://bit.ly/2ysbOFE | bash -s -- 1.4.3 1.4.3 0.4.15
Installing hyperledger/fabric-samples repo
- - - - - - - - - - -
생략
- - - - - - - - - - -

===> List out hyperledger docker images
hyperledger/fabric-tools       1.4.3     18ed4db0cd57     6 weeks ago      1.55GB
hyperledger/fabric-tools       latest    18ed4db0cd57     6 weeks ago      1.55GB
hyperledger/fabric-ca          1.4.3     c18a0d3cc958     6 weeks ago      253MB
hyperledger/fabric-ca          latest    c18a0d3cc958     6 weeks ago      253MB
hyperledger/fabric-ccenv       1.4.3     3d31661a812a     6 weeks ago      1.45GB
hyperledger/fabric-ccenv       latest    3d31661a812a     6 weeks ago      1.45GB
hyperledger/fabric-orderer     1.4.3     b666a6ebbe09     6 weeks ago      173MB
hyperledger/fabric-orderer     latest    b666a6ebbe09     6 weeks ago      173MB
hyperledger/fabric-peer        1.4.3     fa87ccaed0ef     6 weeks ago      179MB
hyperledger/fabric-peer        latest    fa87ccaed0ef     6 weeks ago      179MB
hyperledger/fabric-javaenv     1.4.3     5ba5ba09db8f     2 months ago     1.76GB
hyperledger/fabric-javaenv     latest    5ba5ba09db8f     2 months ago     1.76GB
hyperledger/fabric-zookeeper   0.4.15    20c6045930c8     6 months ago     1.43GB
hyperledger/fabric-zookeeper   latest    20c6045930c8     6 months ago     1.43GB
hyperledger/fabric-kafka       0.4.15    b4ab82bbaf2f     6 months ago     1.44GB
```

```
hyperledger/fabric-kafka        latest      b4ab82bbaf2f    6 months ago    1.44GB
hyperledger/fabric-couchdb      0.4.15      8de128a55539    6 months ago    1.5GB
hyperledger/fabric-couchdb      latest      8de128a55539    6 months ago    1.5GB
```

이제 하이퍼레저 패브릭 개발을 위해 필요한 모든 것을 설치 완료했다.

3.2.2 하이퍼레저 패브릭 동작 확인

하이퍼레저 패브릭 네트워크를 구성해 실제로 동작하는지 확인하기 위해, fabric-samples 디렉터리에 있는 first-network 예제를 통해 간단하게 블록체인 네트워크를 생성하고 시작, 종료해본다. first-network 자세한 내용은 4장에서 설명한다.

먼저 하이퍼레저 패브릭이 설치된 $GOPATH/src/fabric-samples/first-network 디렉터리로 이동한다.

```
$ cd $GOPATH/src/fabric-samples/first-network
```

byfn.sh라는 셸 스크립트 파일을 통해 네트워크를 시작할 수 있다. 옵션에 대한 도움말을 확인하고 싶으면 -h 옵션으로 확인할 수 있다.

```
$ ./byfn.sh -h
```

다음은 위에서 설명한 커맨드 명령어를 실제 커맨드라인 상에서 실행한 화면 결과다.

```
$ ./byfn.sh -h
Usage:
  byfn.sh <mode> [-c <channel name>] [-t <timeout>] [-d <delay>] [-f <docker-
compose-file>] [-s <dbtype>] [-l <language>] [-o <consensus-type>] [-i <imagetag>] [-a]
[-n] [-v]
    <mode> - one of 'up', 'down', 'restart', 'generate' or 'upgrade'
```

```
          - 'up' - bring up the network with docker-compose up
          - 'down' - clear the network with docker-compose down
          - 'restart' - restart the network
          - 'generate' - generate required certificates and genesis block
          - 'upgrade' - upgrade the network from version 1.3.x to 1.4.0
      -c <channel name> - channel name to use (defaults to "mychannel")
      -t <timeout> - CLI timeout duration in seconds (defaults to 10)
      -d <delay> - delay duration in seconds (defaults to 3)
      -f <docker-compose-file> - specify which docker-compose file use (defaults to
docker-compose-cli.yaml)
      -s <dbtype> - the database backend to use: goleveldb (default) or couchdb
      -l <language> - the chaincode language: golang (default) or node
      -o <consensus-type> - the consensus-type of the ordering service: solo (default),
 kafka, or etcdraft
      -i <imagetag> - the tag to be used to launch the network (defaults to "latest")
      -a - launch certificate authorities (no certificate authorities are launched by
default)
      -n - do not deploy chaincode (abstore chaincode is deployed by default)
      -v - verbose mode
  byfn.sh -h (print this message)

Typically, one would first generate the required certificates and
genesis block, then bring up the network. e.g.:

      byfn.sh generate -c mychannel
      byfn.sh up -c mychannel -s couchdb
        byfn.sh up -c mychannel -s couchdb -i 1.4.0
      byfn.sh up -l node
      byfn.sh down -c mychannel
        byfn.sh upgrade -c mychannel


Taking all defaults:
      byfn.sh generate
      byfn.sh up
      byfn.sh down
```

이 옵션 중에 여기에서 살펴볼 대표적인 옵션은 다음 3가지다.

- **generate**: 각종 필요한 인증서들을 생성하고 제네시스 블록을 생성
- **up**: First Network를 시작
- **down**: First Network를 종료

byfn.sh generate를 이용해 제네시스 블록 및 인증서를 생성한다.

```
$ ./byfn.sh generate
```

다음은 위에서 설명한 커맨드 명령어를 실제 커맨드라인 상에서 실행한 화면 결과다.

```
$ ./byfn.sh generate
Generating certs and genesis block for channel 'mychannel' with CLI timeout of '10'
seconds and CLI delay of '3' seconds
Continue? [Y/n] y
proceeding ...
/home/ubuntu/go/src/fabric-samples/first-network/../bin/cryptogen


##########################################################
##### Generate certificates using cryptogen tool #########
##########################################################
+ cryptogen generate --config=./crypto-config.yaml
org1.example.com
org2.example.com
+ res=0
+ set +x


Generate CCP files for Org1 and Org2
/home/ubuntu/go/src/fabric-samples/first-network/../bin/configtxgen
##########################################################
#########  Generating Orderer Genesis block ##############
##########################################################
CONSENSUS_TYPE=solo
+ '[' solo == solo ']'
```

```
+ configtxgen -profile TwoOrgsOrdererGenesis -channelID byfn-sys-channel -outputBlock
./channel-artifacts/genesis.block
2020-01-01 16:33:29.060 KST [common.tools.configtxgen] main -> INFO 001 Loading
configuration
2020-01-01 16:33:29.158 KST [common.tools.configtxgen.localconfig]
completeInitialization -> INFO 002 orderer type: solo
2020-01-01 16:33:29.159 KST [common.tools.configtxgen.localconfig] Load -> INFO 003
Loaded configuration: /home/ubuntu/go/src/fabric-samples/first-network/configtx.yaml
2020-01-01 16:33:29.257 KST [common.tools.configtxgen.localconfig]
completeInitialization -> INFO 004 orderer type: solo
2020-01-01 16:33:29.257 KST [common.tools.configtxgen.localconfig] LoadTopLevel ->
INFO 005 Loaded configuration: /home/ubuntu/go/src/fabric-samples/first-network/
configtx.yaml
2020-01-01 16:33:29.259 KST [common.tools.configtxgen] doOutputBlock -> INFO 006
Generating genesis block
2020-01-01 16:33:29.260 KST [common.tools.configtxgen] doOutputBlock -> INFO 007
Writing genesis block
+ res=0
+ set +x

##################################################################
### Generating channel configuration transaction 'channel.tx' ###
##################################################################
+ configtxgen -profile TwoOrgsChannel -outputCreateChannelTx ./channel-artifacts/
channel.tx -channelID mychannel
2020-01-01 16:33:29.296 KST [common.tools.configtxgen] main -> INFO 001 Loading
configuration
2020-01-01 16:33:29.394 KST [common.tools.configtxgen.localconfig] Load -> INFO 002
Loaded configuration: /home/ubuntu/go/src/fabric-samples/first-network/configtx.yaml
2020-01-01 16:33:29.494 KST [common.tools.configtxgen.localconfig]
completeInitialization -> INFO 003 orderer type: solo
2020-01-01 16:33:29.494 KST [common.tools.configtxgen.localconfig] LoadTopLevel ->
INFO 004 Loaded configuration: /home/ubuntu/go/src/fabric-samples/first-network/
configtx.yaml
2020-01-01 16:33:29.494 KST [common.tools.configtxgen] doOutputChannelCreateTx ->
INFO 005 Generating new channel configtx
2020-01-01 16:33:29.496 KST [common.tools.configtxgen] doOutputChannelCreateTx ->
```

```
INFO 006 Writing new channel tx
+ res=0
+ set +x


##############################################################
#######    Generating anchor peer update for Org1MSP    ##########
##############################################################
+ configtxgen -profile TwoOrgsChannel -outputAnchorPeersUpdate ./channel-artifacts/
Org1MSPanchors.tx -channelID mychannel -asOrg Org1MSP
2020-01-01 16:33:29.533 KST [common.tools.configtxgen] main -> INFO 001 Loading
configuration
2020-01-01 16:33:29.632 KST [common.tools.configtxgen.localconfig] Load -> INFO 002
Loaded configuration: /home/ubuntu/go/src/fabric-samples/first-network/configtx.yaml
2020-01-01 16:33:29.731 KST [common.tools.configtxgen.localconfig]
completeInitialization -> INFO 003 orderer type: solo
2020-01-01 16:33:29.731 KST [common.tools.configtxgen.localconfig] LoadTopLevel ->
INFO 004 Loaded configuration: /home/ubuntu/go/src/fabric-samples/first-network/
configtx.yaml
2020-01-01 16:33:29.731 KST [common.tools.configtxgen] doOutputAnchorPeersUpdate ->
INFO 005 Generating anchor peer update
2020-01-01 16:33:29.732 KST [common.tools.configtxgen] doOutputAnchorPeersUpdate ->
INFO 006 Writing anchor peer update
+ res=0
+ set +x


##############################################################
#######    Generating anchor peer update for Org2MSP    ##########
##############################################################
+ configtxgen -profile TwoOrgsChannel -outputAnchorPeersUpdate ./channel-artifacts/
Org2MSPanchors.tx -channelID mychannel -asOrg Org2MSP
2020-01-01 16:33:29.774 KST [common.tools.configtxgen] main -> INFO 001 Loading
configuration
2020-01-01 16:33:29.873 KST [common.tools.configtxgen.localconfig] Load -> INFO 002
Loaded configuration: /home/ubuntu/go/src/fabric-samples/first-network/configtx.yaml
2020-01-01 16:33:29.981 KST [common.tools.configtxgen.localconfig]
completeInitialization -> INFO 003 orderer type: solo
2020-01-01 16:33:29.981 KST [common.tools.configtxgen.localconfig] LoadTopLevel ->
```

```
 INFO 004 Loaded configuration: /home/ubuntu/go/src/fabric-samples/first-network/
configtx.yaml
2020-01-01 16:33:29.981 KST [common.tools.configtxgen] doOutputAnchorPeersUpdate ->
INFO 005 Generating anchor peer update
2020-01-01 16:33:29.981 KST [common.tools.configtxgen] doOutputAnchorPeersUpdate ->
INFO 006 Writing anchor peer update
+ res=0
+ set +x
```

다음 명령어를 사용해 네트워크를 가동시킬 수 있다.

```
$ ./byfn.sh up
```

다음은 위에서 설명한 커맨드 명령어를 실제 커맨드라인 상에서 실행한 화면 결과다.

```
$ ./byfn.sh up
Starting for channel 'mychannel' with CLI timeout of '10' seconds and CLI delay of
'3' seconds
Continue? [Y/n] y
proceeding ...
LOCAL_VERSION=1.4.3
DOCKER_IMAGE_VERSION=1.4.3
Creating network "net_byfn" with the default driver
Creating volume "net_orderer.example.com" with default driver
Creating volume "net_peer0.org1.example.com" with default driver
Creating volume "net_peer1.org1.example.com" with default driver
Creating volume "net_peer0.org2.example.com" with default driver
Creating volume "net_peer1.org2.example.com" with default driver
Creating orderer.example.com    ... done
Creating peer1.org1.example.com ... done
Creating peer1.org2.example.com ... done
Creating peer0.org1.example.com ... done
Creating peer0.org2.example.com ... done
Creating cli                    ... done
```

```
CONTAINER ID          IMAGE                             COMMAND            CREATED
    STATUS                       PORTS                  NAMES
ec264ea99b44          hyperledger/fabric-tools:latest   "/bin/bash"         Less
than a second ago    Up Less than a second                                cli
0fabf1d2085f          hyperledger/fabric-peer:latest    "peer node start"   5
seconds ago           Up 2 seconds            0.0.0.0:9051->9051/tcp     peer0.
org2.example.com
43db1d3179a7          hyperledger/fabric-peer:latest    "peer node start"   5
seconds ago           Up 1 second             0.0.0.0:7051->7051/tcp     peer0.
org1.example.com
7cba5e141876          hyperledger/fabric-peer:latest    "peer node start"   5
seconds ago           Up 2 seconds            0.0.0.0:8051->8051/tcp     peer1.
org1.example.com
15655fed66d4          hyperledger/fabric-orderer:latest "orderer"           5
seconds ago           Up Less than a second   0.0.0.0:7050->7050/tcp     orderer.
example.com
c5ea4299c4ca          hyperledger/fabric-peer:latest    "peer node start"   6
seconds ago           Up 2 seconds            0.0.0.0:10051->10051/tcp   peer1.
org2.example.com


 ___    ____    _    ____   ____
/ ___|  |_   _|  / \   |  _ \ |_   _|
\___ \   | |   / _ \  | |_) | | |
 ___) |  | |  / ___ \ |  _ <  | |
|____/   |_| /_/   \_\|_| \_\ |_|


Build your first network (BYFN) end-to-end test


Channel name : mychannel
Creating channel...
+ peer channel create -o orderer.example.com:7050 -c mychannel -f ./channel-
artifacts/channel.tx --tls true --cafile /opt/gopath/src/github.com/hyperledger/
fabric/peer/crypto/ordererOrganizations/example.com/orderers/orderer.example.com/
msp/tlscacerts/tlsca.example.com-cert.pem
+ res=0
+ set +x
```

```
2020-01-01 07:34:34.272 UTC [channelCmd] InitCmdFactory -> INFO 001 Endorser and
orderer connections initialized
2020-01-01 07:34:34.300 UTC [cli.common] readBlock -> INFO 002 Received block: 0
===================== Channel 'mychannel' created =====================
- - - - - - - - - - -
생략
- - - - - - - - - - -
+ peer chaincode query -C mychannel -n mycc -c '{"Args":["query","a"]}'
+ res=0
+ set +x

90
===================== Query successful on peer1.org2 on channel 'mychannel'
=====================

========= All GOOD, BYFN execution completed ===========

 _____   _   _  _____
|  ___| | \ | ||  _  \
| |_    |  \| || | | |
|  _|   | |\  || | | |
|_____  |_| \_||_| |_/
```

다음 명령어를 사용해 네트워크를 종료할 수 있다.

```
$ ./byfn.sh down
```

다음은 위에서 설명한 커맨드 명령어를 실제 커맨드라인 상에서 실행한 화면 결과다.

```
$ ./byfn.sh down
Stopping for channel 'mychannel' with CLI timeout of '10' seconds and CLI delay of
'3' seconds
Continue? [Y/n] y
```

```
proceeding ...
Stopping cli                    ... done
Stopping peer1.org1.example.com ... done
Stopping peer0.org2.example.com ... done
Stopping peer1.org2.example.com ... done
Stopping peer0.org1.example.com ... done
Stopping orderer.example.com    ... done
Removing cli                    ... done
Removing peer1.org1.example.com ... done
Removing peer0.org2.example.com ... done
Removing peer1.org2.example.com ... done
Removing peer0.org1.example.com ... done
Removing orderer.example.com    ... done
Removing network net_byfn
Removing volume net_orderer.example.com
Removing volume net_peer0.org1.example.com
Removing volume net_peer1.org1.example.com
Removing volume net_peer0.org2.example.com
Removing volume net_peer1.org2.example.com
Removing volume net_peer0.org3.example.com
WARNING: Volume net_peer0.org3.example.com not found.
Removing volume net_peer1.org3.example.com
WARNING: Volume net_peer1.org3.example.com not found.
a2e80485d8d7
afe5c8a3a915
2737b0cea1ab
Untagged: dev-peer1.org2.example.com-mycc-1.0-26c2ef32838554aac4f7ad6f100aca865e8795
9c9a126e86d764c8d01f8346ab:latest
Deleted: sha256:17231b940fe16fab07243caadf0ea4b586eb3ce5fd4bf37cc3ee40eab497051b
Deleted: sha256:cb06725293bc459e8bc28a54973348a1a55c33c350a3c2a4a1f7c55f7443d815
Deleted: sha256:853b6f92631ebf04c6d360787826c48d4ea8ed189d68fd93a5b4bbbb78c2ca1d
Deleted: sha256:90f30f92ccbf78542577b681389200014d62fb369672c445a3dfb9017f440e38
Untagged: dev-peer0.org1.example.com-mycc-1.0-384f11f484b9302df90b453200cfb25174305f
ce8f53f4e94d45ee3b6cab0ce9:latest
Deleted: sha256:5070f56b24712dd3e68e4498ebc9ea8f538b907cea05d490ba1131c3a7a26b02
Deleted: sha256:99f162a56b30dcad17272a41a939a667893c97f7bc6b50eda96525c19c94500b
```

```
Deleted: sha256:d6babaecb93c438dc06fbb3c5f18f13ee6a77a689b2b31ab5893490f2778d1c3
Deleted: sha256:8f0ea8c02c590f0318be27b7eec7ee67037a16353f61c4013414ad7ca13bc2df
Untagged: dev-peer0.org2.example.com-mycc-1.0-15b571b3ce849066b7ec74497da3b27e54e0df
1345daff3951b94245ce09c42b:latest
Deleted: sha256:abd5b81a4b284a34235ca77d18634e2042525bc4a0ecfce7f58c8ebb96982e69
Deleted: sha256:efaf8112f7e0951219c97b64af17d11ada456db6372c802812e7e797b0c2c361
Deleted: sha256:c7d632ed0b5496adc59fef63bbaef1bef7ac9873fd1ad6c0198fdce47517d656
Deleted: sha256:a148c39aeefbecc01a3e723f82140f398b825f6390bc04844687f55341c06b13
```

3.3 하이퍼레저 컴포저 맛보기

하이퍼레저 컴포저는 하이퍼레저 패브릭 기반에서 개발환경을 제공하는 개발 툴로, 개발 언어의 장벽 없이 블록체인 네트워크를 쉽고 간단히 구축할 수 있게 한다. 또한 분산원장 환경에서 스마트 컨트랙트의 개발뿐만 아니라 배포도 손쉽게 할 수 있도록 다양한 기능을 제공하기도 한다.

3장에서는 로컬 환경에서 하이퍼레저 컴포저를 설치하고 샘플 블록체인 네트워크를 구축할 뿐만 아니라, 네트워크 내에서 두 트레이더 간에 자산을 이동하는 간단한 예제도 수행해 볼 것이다.

하이퍼레저 컴포저는 3장을 마지막으로 더 이상 다루지 않을 것이기 때문에, 실제 애플리케이션 구현까지 모두 다뤄보도록 하겠다. 하이퍼레저 컴포저가 아닌 하이퍼레저 패브릭만을 이용해 개발하고자 하는 분도 전체 흐름상 3장을 참고하면 좋다.

그림 3-21 사용자 친화적 GUI 기반 개발 툴, 하이퍼레저 컴포저

3.3.1 하이퍼레저 컴포저 개발환경 구성

하이퍼레저 컴포저를 사용하기 위해선 하이퍼레저 패브릭이 설치돼 있어야 하며, 앞에서 살펴봤던 다양한 소프트웨어도 설치돼 있어야 한다.

하이퍼레저에서는 하이퍼레저 컴포저를 쉽게 설치할 수 있도록 쉘 스크립트를 제공하는데, 개발 환경 설치를 위한 필수 구성 요소를 한 번에 쉽게 설치할 수 있다.

다음과 같이 cURL 커맨드 명령어를 사용해 다운로드 및 설치를 진행한다. prereqs-ubuntu.sh 실행 중에 sudo를 잠깐 사용하기 때문에 암호를 입력하라는 메시지가 나타난다.

```
$ curl -O https://hyperledger.github.io/composer/latest/prereqs-ubuntu.sh
$ chmod u+x prereqs-ubuntu.sh
$ ./prereqs-ubuntu.sh
```

다음은 위에서 설명한 커맨드 명령어를 실제 커맨드라인 상에서 실행한 화면 결과다.

```
$ curl -O https://hyperledger.github.io/composer/latest/prereqs-ubuntu.sh
```

```
   % Total    % Received % Xferd  Average Speed   Time     Time     Time  Current
                                   Dload  Upload   Total    Spent    Left  Speed
100  4001  100  4001      0      0   7986       0 --:--:-- --:--:-- --:--:--   7970
$ chmod u+x prereqs-ubuntu.sh
$ ./prereqs-ubuntu.sh
# Updating package lists
[sudo] hyperledger의 암호:
------------
생략
------------


Installation completed, versions installed are:


Node:          v8.17.0
npm:           5.6.0
Docker:        Docker version 19.03.13, build 4484c46d9d
Docker Compose: docker-compose version 1.13.0, build 1719ceb
Python:        Python 2.7.17


Please logout then login before continuing.
```

3.3.2 하이퍼레저 컴포저 설치

이제 본격적인 하이퍼레저 컴포저 설치를 위한 기본적인 개발환경이 구성됐다. 이어서 하이퍼레저 컴포저의 가장 기본인 커맨드라인 인터페이스를 제공하는 소프트웨어인 composer-cli부터 설치해보자. composer-cli는 하이퍼레저 컴포저 기반으로 블록체인 네트워크를 개발할 수 있는 모든 명령어를 포함하고 있다.

다음과 같이 npm 커맨드 명령어로 composer-cli를 설치한다.

```
$ npm install -g composer-cli@0.20
```

다음은 위에서 설명한 커맨드 명령어를 실제 커맨드라인 상에서 실행한 화면 결과다.

```
$ npm install -g composer-cli@0.20
------------
생략
------------
+ composer-cli@0.20.9
added 707 packages in 53.771s
```

다음으로 composer-rest-server를 설치한다. composer-rest-server는 블록체인 네트워크를 외부 애플리케이션과 쉽게 연결하게 하기 위한 REST API를 제공하는 역할을 담당하며, 루프백^{LoopBack}이라는 Node.js 기반 Open API 프레임워크 기반으로 구성돼 있다.

다음과 같이 npm 커맨드 명령어로 composer-rest-server를 설치한다.

```
$ npm install -g composer-rest-server@0.20
```

다음은 위에서 설명한 커맨드 명령어를 실제 커맨드라인 상에서 실행한 화면 결과이다.

```
$ npm install -g composer-rest-server@0.20
------------
생략
------------
+ composer-rest-server@0.20.9
added 933 packages in 57.843s
```

generator-hyperledger-composer를 설치한다. generator-hyperledger-composer는 요맨^{Yeoman} 플러그인으로 블록체인 네트워크를 위한 애플리케이션을 쉽게 생성할 수 있도록, 코드 자동 생성^{Code Generation} 기능을 제공한다. 이는 요맨이라는 모던 웹 개발을 위한 관리 도구 기반으로 동작하며 프론트엔드^{Front-End} 웹 개발을 위한 자동화 관리 기능이 그 핵심이다.

다음과 같이 npm 커맨드 명령어를 통해 generator-hyperledger-composer를 먼

저 설치한다.

```
$ npm install -g generator-hyperledger-composer@0.20
```

다음은 위에서 설명한 커맨드 명령어를 실제 커맨드라인 상에서 실행한 화면 결과다.

```
$ npm install -g generator-hyperledger-composer@0.20
------------
생략
------------

+ generator-hyperledger-composer@0.20.9
added 827 packages in 47.959s
```

앞서 설명한 요맨을 설치한다. 다음과 같이 npm 커맨드 명령어로 Yeoman을 설치한다.

```
$ npm install -g yo
```

다음은 위에서 설명한 커맨드 명령어를 실제 커맨드라인 상에서 실행한 화면 결과다.

```
$ npm install -g yo
------------
생략
------------

Yeoman Doctor
Running sanity checks on your system

   No .bowerrc file in home directory
   Global configuration file is valid
   NODE_PATH matches the npm root
```

```
No .yo-rc.json file in home directory
Node.js version
npm version
yo version

Everything looks all right!
+ yo@3.1.1
added 555 packages in 23.648s
```

다음으로 플레이그라운드^{Playground}를 설치한다. 플레이그라운드는 하이퍼레저 컴포저의 꽃으로, 누구라도 쉽게 블록체인 네트워크 개발과 관리, 테스트 등을 할 수 있는 웹 기반 개발, 운영 관리 도구다. 즉, GUI 기반의 쉽고 간편한 개발, 운영 환경을 하이퍼레저 패브릭 네트워크 기반으로 제공하는 툴이라고 보면 된다. 웹 상으로 공개된 플레이그라운드(https://composer-playground.mybluemix.net)를 이용할 수도 있지만, 로컬 환경에서 설치하도록 한다.

다음과 같이 npm 커맨드 명령어를 통해 플레이그라운드를 설치한다.

```
$ npm install -g composer-playground
```

다음은 위에서 설명한 커맨드 명령어를 실제 커맨드라인 상에서 실행한 화면 결과다.

```
$ npm install -g composer-playground
------------
생략
------------
+ composer-playground@0.20.9
added 789 packages in 51.55s
```

이제 하이퍼레저 컴포저 설치를 모두 완료했다. 하이퍼레저 컴포저를 통해 실제 블록체인 네트워크를 구축하고 간단한 애플리케이션 예제를 구현해보자.

3.3.3 하이퍼레저 컴포저 기반 애플리케이션 구현

다음과 같은 명령어로, 하이퍼레저 컴포저 플레이그라운드를 실행한다.

```
$ composer-playground
```

위 명령어 실행의 결과로, 그림 3-22와 같이 브라우저에서 http://localhost:8080/login 페이지가 자동으로 열린다.

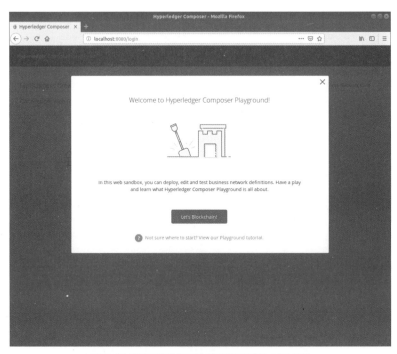

그림 3-22 하이퍼레저 컴포저 플레이그라운드 실행 화면

하이퍼레저 패브릭 기반으로 블록체인 네트워크를 만들고 그 위에 애플리케이션을 개발할 모든 준비가 끝났다.

블록체인 네트워크를 만들기 위해서는 기존 템플릿을 기반으로 새 블록체인 네트워크를 선택하거나 직접 템플릿을 가져올 수도 있다. 하이퍼레저 컴포저 플레이그라운드의 My Business Networks 첫 페이지에 보면 Connection: Web Browser가 보이는데, 이 Web Browser 커넥션을 통해 블록체인 네트워크를 만들어 볼 것이다. 커넥션Connection은 블록체인 네트워크에 접속할 때 필요한 정보를 모아 놓은 연결 정보이며 Web Browser는 브라우저 로컬 스토리지에서 동작하는 커넥션으로 테스트 용도로 많이 사용된다.

화면 왼쪽 가운데에 있는 **Deploy a new business network** 박스를 클릭해 새로운 블록체인 네트워크 구축을 시작한다.

그림 3-23 초기 My Business Networks 화면

가장 위 기본 정보(1. BASIC INFORMATION)에는 새로운 블록체인 네트워크의 이름과 설명을 입력할 수 있다. 블록체인 네크워크 이름을 'tutorial-network' 등 원하는 대로 입력해야 하고, 필요하면 이 블록체인 네트워크에 대한 설명도 입력할 수 있다. 두 번째로 블록체인 모델의 템플릿(2. MODEL NETWORKS STARTER TEMPLATE)을 설정할 수 있는데, 구축하려는 블록체인 네트워크의 성격에 따라 원하는 템플릿을 선택해 쉽게 블록체인 네트워크를 구축할 수 있도록 한다. 처음부터 블록체인 네트워

크를 구축하기 위해서 **empty-business-network**를 선택한다. 기본적인 블록체인 네트워크가 설정이 완료됐으면 우측 하단의 **Deploy** 버튼을 클릭한다.

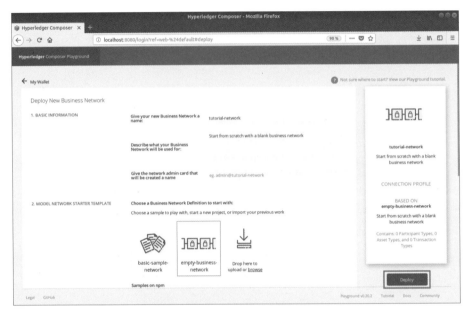

그림 3-24 블록체인 네트워크 기본 설정 화면

My Business Networks 화면에 tutorial-network라는 새 블록체인 네트워크가 생성됐다. 이제 블록체인 네트워크에 연결해 세부적인 환경을 구성해본다. tutorial-network 블록체인 네트워크 아래의 **Connect now** 링크를 클릭한다.

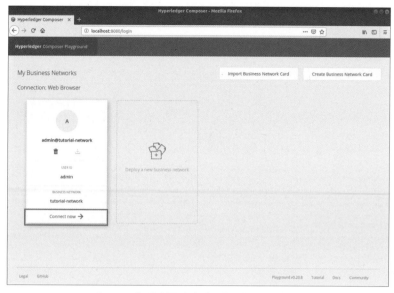

그림 3-25 새로운 블록체인 네트워크 생성 및 접속 화면

이제 앞서 만든 블록체인 네트워크에 접속해 내부 설정 정보를 수정하고 테스트할 수 있다. 상세 화면 위쪽의 **Define** 구성해본다. 탭을 통해, 블록체인 네트워크 정의를 구성하는 파일을 만들고 편집할 수 있다.

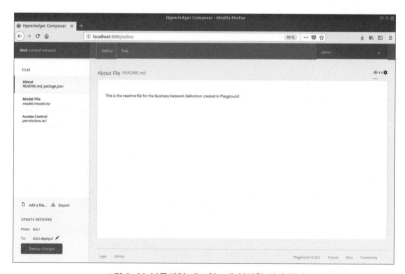

그림 3-26 블록체인 네트워크에 연결한 상세 화면

empty-business-network 템플릿을 선택했으므로, 제공된 템플릿 파일에는 별 내용이 없이 구조만 잡혀 있을 것이다.

① 모델 파일 작성

몇 가지 사항을 수정, 추가해 블록체인 네트워크를 완성할 수 있는데, 첫 번째는 모델 파일Model File을 업데이트하는 것이다. 모델 파일은 블록체인 네트워크에서 자산, 참여자, 트랜잭션 및 이벤트를 정의한다. 이를 정의하는 모델링 언어는 하이퍼레저 컴포저 자체 객체지향Object-Oriented 언어로, 블록체인 네트워크를 정의하기 위한 도메인 모델을 쉽게 기술할 수 있도록 하며, CTO라는 파일 확장자를 사용한다.

My commodity trading network라는 블록체인 네트워크 모델을 하이퍼레저 컴포저 모델링 언어로 작성해보면 다음과 같다.

```
/**
 * My commodity trading network
 */
namespace org.example.mynetwork
asset Commodity identified by tradingSymbol {
    o String tradingSymbol
    o String description
    o String mainExchange
    o Double quantity
    --> Trader owner
}
participant Trader identified by tradeId {
    o String tradeId
    o String firstName
    o String lastName
}
transaction Trade {
    --> Commodity commodity
    --> Trader newOwner
}
```

이 코드는 자산, 참가자, 트랜잭션을 정의하고 있는데, Commodity라는 자산과 Trader라는 참가자, 그리고 Trade라는 트랜잭션을 정의한다. 하이퍼레저 컴포저 플레이그라운드에서는 블록체인 네트워크 상세 화면의 왼쪽 중간에 Model File을 클릭해 위 코드를 작성할 수 있다.

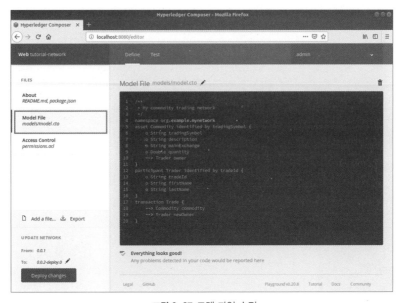

그림 3-27 모델 파일 수정

② 트랜잭션 실행 스크립트 파일(Script File) 추가

다음으로 블록체인 네트워크에 트랜잭션 실행 로직을 정의한다. 하이퍼레저 컴포저는 자바스크립트를 사용해 트랜잭션 실행 로직을 개발할 수 있는데, 일종의 스마트 컨트랙트라고 이해해도 된다. 여기에서 정의된 함수는 트랜잭션 처리 시에 자동으로 실행된다.

앞서 모델 파일에서 정의했던 Trade 트랜잭션 실행 스크립트를 자바스크립트로 작성해 보면 다음과 같다.

```
/**
 * Track the trade of a commodity from one trader to another
```

```
 * @param {org.example.mynetwork.Trade} trade - the trade to be processed
 * @transaction
 */
async function tradeCommodity(trade) {
    trade.commodity.owner = trade.newOwner;
    let assetRegistry = await getAssetRegistry('org.example.mynetwork.Commodity');
    await assetRegistry.update(trade.commodity);
}
```

이 함수는 자산에 대한 소유자를 간단히 변경하는 기능을 한다. 하이퍼레저 컴포저 플레이그라운드에서는 블록체인 네트워크 상세 화면의 왼쪽 아래에 **Add a file**…을 클릭하고 Script File (.js)을 선택해, 위 코드를 작성할 수 있다.

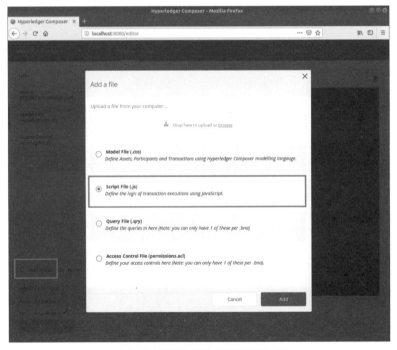

그림 3-28 트랜잭션 실행 스크립트 파일 추가

③ 접근 제어 설정

접근 제어Access Control는 블록체인 네트워크에 대한 접근 제어 규칙을 정의한다. 기본

적으로 제공되는 접근 제어 파일의 내용은 현재 참가자들에게 블록체인 네트워크의 모든 접근 권한을 제공한다. 여기서는 별도의 복잡한 접근 권한이 필요 없기 때문에, 기본 접근 제어 파일을 편집하지 않고 진행하기로 한다. 접근 제어에 대한 자세한 내용은 하이퍼레저 컴포저의 설명서(https://hyperledger.github.io/composer/latest/reference/acl_language.html)를 확인하길 바란다.

이제 모델 및 트랜잭션 실행 스크립트, 접근 제어 파일을 모두 수정했으므로 My commodity trading network 블록체인 네트워크를 배포하고 테스트를 진행한다. 화면 왼쪽 하단의 **Deploy changes** 버튼을 클릭해 블록체인 네트워크를 업데이트한다.

④ 네트워크 참가자(Participants) 등록

테스트를 진행하기 위해, 네트워크 참가자를 등록하고 자산을 생성한 다음 위에서 작성한 트랜잭션을 실행시켜 자산 소유권을 변경함으로써 블록체인 네트워크를 테스트해 보도록 한다. 이를 위해 상세 화면 위쪽의 **Test** 탭을 클릭하면, 왼쪽 상단의 PARTICIPANTS에 생성돼 있는 **Trader**를 확인할 수 있다.

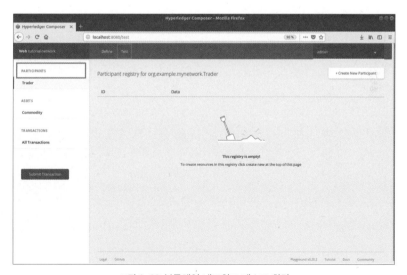

그림 3-29 블록체인 네트워크 테스트 화면

'My commodity trading network' 블록체인 네트워크에 두 명의 Trader를 생성해 보겠다. 왼쪽 상단에 있는 **Trader**를 선택하고 오른쪽 상단의 **Create New Participant** 버튼을 클릭하면 Trader의 데이터 구조를 볼 수 있다. 먼저 다음과 같이 'TRADER1' 참가자를 등록해보자.

```
{
  "$class": "org.example.mynetwork.Trader",
  "tradeId": "TRADER1",
  "firstName": "Jenny",
  "lastName": "Jones"
}
```

Create New 버튼을 클릭하면 참가자 ID가 TRADER1인 새로운 참가자가 생성된 것을 확인할 수 있다. 다음 참가자인 TRADER2를 등록하기 위해서도 마찬가지로, 다음과 같이 코드를 작성해 등록한다.

```
{
  "$class": "org.example.mynetwork.Trader",
  "tradeId": "TRADER2",
  "firstName": "Amy",
  "lastName": "Williams"
}
```

다음은 TRADER1과 TRADER2 2명의 참가자를 등록한 화면 결과다. 이제 이 블록체인 네트워크에 2명의 Trader가 생성됐다.

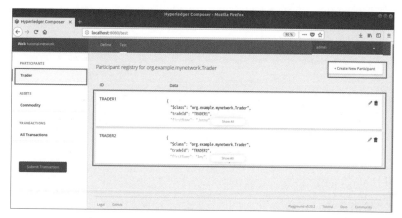

그림 3-30 블록체인 네트워크에 Trader 참가자 등록

⑤ 자산 등록

Trader들이 거래할 자산^{Assets}을 생성해보자. Commodity 데이터 구조의 자산을 하나 작성해 등록할 것이다. 다음과 같이 총 양이 72.297인 ABC라는 Commodity 자산을 생성해본다. 이 Commodity 자산의 소유자^{Owner}는 'TRADER1'로 설정한다.

```
{
  "$class": "org.example.mynetwork.Commodity",
  "tradingSymbol": "ABC",
  "description": "Test commodity",
  "mainExchange": "Euronext",
  "quantity": 72.297,
  "owner": "resource:org.example.mynetwork.Trader#TRADER1"
}
```

하이퍼레저 컴포저 플레이그라운드에서는 왼쪽 중간에 ASSETS에 있는 Commodity 를 선택하고 Create New Asset 버튼을 클릭해 위 코드를 작성할 수 있다.

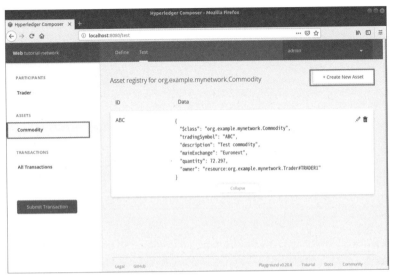

그림 3-31 블록체인 네트워크에 Commodity 자산 등록

이를 통해 2명의 Trader 참가자와 하나의 Commodity 자산을 생성 완료했다. 이제 트랜잭션을 발생시켜 Trader간 Commoditiy 자산이 이동하는 것을 확인해, 지금까지 구축한 블록체인 네트워크가 정상적으로 잘 동작하는지 확인해 보겠다.

⑥ 트랜잭션 제출(Submit Transaction)

위에서 개발한 Trade 트랜잭션을 실행시키기 위해, 이 트랜잭션을 발생시킬 데이터를 작성하면 다음과 같다. 위에서 정의한 'ABC'라는 Commodity 자산을 TRADER1에서 TRADER2로 이관하는 내용이다.

```
{
  "$class": "org.example.mynetwork.Trade",
  "commodity": "resource:org.example.mynetwork.Commodity#ABC",
  "newOwner": "resource:org.example.mynetwork.Trader#TRADER2"
}
```

하이퍼레저 컴포저 플레이그라운드에서 이를 작성하려면, 왼쪽 아래에 있는 **Submit Transaction** 버튼을 클릭해 위 코드를 작성할 수 있다. 'Submit Transaction'이라는 창이 뜨는데, 트랜잭션 유형^{Transaction Type}을 Trade라고 설정하고 작성해야 한다. 작성이 모두 완료되면 **Submit** 버튼을 클릭해 트랜잭션을 실행한다.

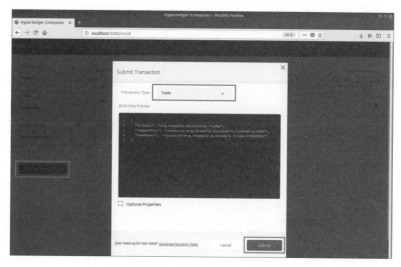

그림 3-32 Trader간 자산 이전 트랜잭션 제출

⑦ 트랜잭션 처리 결과 확인

위 트랜잭션이 블록체인 네트워크에 제출되면, 블록체인 네트워크 내 블록체인 원장을 업데이트해 해당 트랜잭션 실행 결과가 블록에 기록돼 영구히 저장될 것이다. 하이퍼레저 컴포저 플레이그라운드 화면에서도 이를 확인할 수 있는데, 그림 3-33처럼 왼쪽 상단에 **Submit Transaction Successful**이라는 팝업 화면이 나타나고, Transaction ID가 생성된 것을 통해 블록체인 네트워크 상에서 트랜잭션이 잘 처리됐음을 확인할 수 있다. 또한, Commodity 자산의 내용을 보면 Commodity 자산의 소유자^{Owner}가 'TRADER1'에서 'TRADER2'로 변경된 것을 확인할 수 있다.

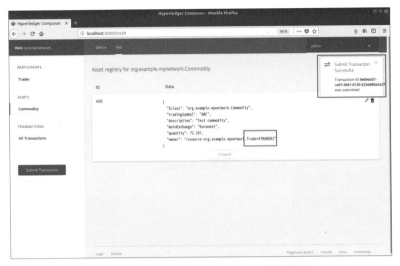

그림 3-33 트랜잭션 실행 결과에 따른 자산 이전 확인

블록체인 네트워크의 전체 트랜잭션 기록을 보려면, 왼쪽 아래에 있는 All Transactions을 클릭해 트랜잭션 목록을 확인할 수 있다. 그림 3-34처럼 참가자 및 자산 생성에서부터 Trade 트랜잭션 실행까지 모든 것이 기록된 것을 확인할 수 있다.

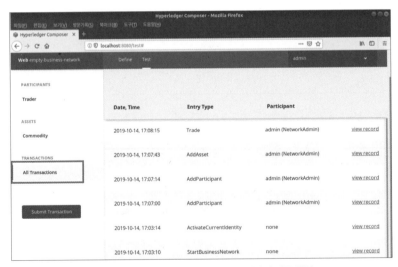

그림 3-34 블록체인 네트워크의 전체 트랜잭션 기록 확인

간략하게 하이퍼레저 컴포저 플레이그라운드를 통해 블록체인 네트워크를 구축하고 예제 애플리케이션까지 실행해봤다.

4

하이퍼레저 패브릭 개발

4.1 하이퍼레저 패브릭 시작하기

4장에서는 하이퍼레저 패브릭에서 제공하는 예제인 BYFN^{Building Your First Network}를 사용해 하이퍼레저 패브릭 블록체인 네트워크를 동작시켜 보려 한다. BYFN을 직역하면 '처음으로 만들어보는 네트워크'를 의미한다. 즉, 처음 접하는 개발자를 위한 샘플 프로젝트라고 할 수 있다. BYFN 프로젝트 안에는 하이퍼레저 패브릭에서 사용되는 다양한 기능들이 존재하지만, 여기서는 먼저 기본적인 블록체인 네트워크를 동작시킬 수 있는 기본 기능만 소개할 것이다.

3장에서 하이퍼레저 패브릭을 제대로 모두 설치했다면, BYFN 예제가 $GOPATH/ src/fabric-samples/first-network 디렉터리에 다운로드 돼 있을 것이다. 하이퍼레저 패브릭 예제는 BYFN의 실행을 위해 자동 스크립트 실행 파일과 설정 파일들을 제공하는데, 4장에서 다룰 중요한 파일을 먼저 간단히 살펴보겠다.

- byfn.sh: 간단한 하이퍼레저 패브릭 네트워크를 구축하고 이를 테스트할 수 있는 BYFN 예제를 위한 셸 스크립트 파일이다. byfn.sh를 실행해 하이퍼레저 패브릭 네트워크를 쉽게 구축할 수 있다.

- configtx.yaml: 네트워크의 채널과 제네시스 블록을 만들고 앵커 피어 노드 파일을 생성하기 위한 설정 파일이다.
- crypto-config.yaml: MSP에서 인증서를 발급하기 위한 설정 파일이다. cryptogen 툴로 인증서를 발급할 때 사용되는데, 이 파일을 이용해서 조직과 참가자들에게 각각의 인증서를 발급한다.
- docker-compose-cli.yaml, ./base/docker-compose-base.yaml, ./base/peer-base.yaml: 전체 네트워크 노드의 도커 컴포즈 설정 파일이다.

위에서 설명한 byfn.sh 쉘 스크립트 파일을 실행해 하이퍼레저 패브릭 네트워크를 구축할 수 있는데, byfn.sh는 하위 명령어와 옵션을 제공하고 있다. byfn.sh만을 하위 명령어 없이 단순히 실행하면, 하위 명령어와 옵션이 상세하게 출력된다. 가장 중요한 명령어는 3가지이며, 각각의 역할을 살펴보면 다음과 같다.

- generate: 네트워크 구성 및 환경 설정 파일을 생성한다.
- up: BYFN 네트워크에 관련된 도커 컨테이너를 생성하고 실행한다.
- down: 도커 컨테이너로 실행됐던 네트워크를 종료하고 관련 파일을 삭제해 설정을 초기화한다.

쉘 스크립트의 동작은 모든 커맨드 명령어의 진행을 자동으로 수행하게 돼 있다. 그러나 자동으로 실행될 경우 어떤 일이 일어나는지 이해하기 어렵기 때문에 같은 프로젝트의 디렉터리를 복사해 $GOPATH/src/fabric-samples/first-network-copy 디렉터리를 만들어 실제로 어떻게 만들어지는지 직접 커맨드 명령어를 실행하면서 이해해보자. 다음의 커맨드 명령어를 입력해 프로젝트를 복사한다.

```
$ cd $GOPATH/src/fabric-samples/
$ cp -r ./first-network ./first-network-copy
```

모든 준비가 마무리됐다. 이제 BYFN의 네트워크를 구축해보겠다.

4.1.1 BYFN 네트워크 구성

가장 먼저 해야 할 일은 네트워크를 구성하고 환경 설정 파일을 생성하는 작업이다. 먼저 ./byfn.sh generate 작업을 확인하기 위해 $GOPATH/src/fabric-samples/first-network 디렉터리로 돌아가 다음과 같이 쉘 스크립트를 실행한다.

```
$ cd $GOPATH/src/fabric-samples/first-network
$ ./byfn.sh generate
##########################################################
##### Generate certificates using cryptogen tool #########
##########################################################
+ cryptogen generate --config=./crypto-config.yaml
org1.example.com
org2.example.com
+ res=0
+ set +x

~/go/src/fabric-samples/first-network/../bin/configtxgen
##########################################################
#########   Generating Orderer Genesis block #############
##########################################################
+ configtxgen -profile TwoOrgsOrdererGenesis -outputBlock ./channel-artifacts/genesis.
block
----
생략
----
2020-01-01 22:04:15.990 KST [common/tools/configtxgen] doOutputBlock -> INFO 00a
Generating genesis block
2020-01-01 22:04:15.992 KST [common/tools/configtxgen] doOutputBlock -> INFO 00b
Writing genesis block
+ res=0
+ set +x

##########################################################
```

```
### Generating channel configuration transaction 'channel.tx' ###
####################################################################
+ configtxgen -profile TwoOrgsChannel -outputCreateChannelTx ./channel-artifacts/
channel.tx -channelID mychannel
----
생략
----
2020-01-01 22:04:16.072 KST [common/tools/configtxgen] doOutputChannelCreateTx ->
INFO 008 Writing new channel tx
+ res=0
+ set +x


####################################################################
#######     Generating anchor peer update for Org1MSP    ##########
####################################################################
+ configtxgen -profile TwoOrgsChannel -outputAnchorPeersUpdate ./channel-artifacts/
Org1MSPanchors.tx -channelID mychannel -asOrg Org1MSP
2020-01-01 22:04:16.102 KST [common/tools/configtxgen] main -> INFO 001 Loading
configuration
2020-01-01 22:04:16.107 KST [common/tools/configtxgen] doOutputAnchorPeersUpdate ->
INFO 002 Generating anchor peer update
2020-01-01 22:04:16.107 KST [common/tools/configtxgen] doOutputAnchorPeersUpdate ->
INFO 003 Writing anchor peer update
+ res=0
+ set +x


####################################################################
#######     Generating anchor peer update for Org2MSP    ##########
####################################################################
+ configtxgen -profile TwoOrgsChannel -outputAnchorPeersUpdate ./channel-artifacts/
Org2MSPanchors.tx -channelID mychannel -asOrg Org2MSP
2020-01-01 22:04:16.134 KST [common/tools/configtxgen] main -> INFO 001 Loading
configuration
2020-01-01 22:04:16.140 KST [common/tools/configtxgen] doOutputAnchorPeersUpdate ->
INFO 002 Generating anchor peer update
2020-01-01 22:04:16.140 KST [common/tools/configtxgen] doOutputAnchorPeersUpdate ->
INFO 003 Writing anchor peer update
```

```
+ res=0
+ set +x
```

byfn.sh 셸 스크립트의 generate 옵션을 실행해 총 5가지 작업이 진행됐다. 진행된 작업은 다음과 같다.

1. cryptogen 도구를 사용해 인증서를 생성한다.
2. configtxgen 도구를 사용해 오더링 서비스 노드의 제네시스 블록을 생성한다.
3. configtxgen 도구를 사용해 채널을 생성한다.
4. configtxgen 도구를 사용해 Org1MSP에 대한 앵커 피어 노드 트랜잭션 파일을 생성한다.
5. configtxgen 도구를 사용해 Org2MSP에 대한 앵커 피어 노드 트랜잭션 파일을 생성한다.

정상적으로 실행됐다면 first-network 디렉터리에 crypto-config 디렉터리가 각각 생성된다. crypto-config 디렉터리에는 ordererOrganizations, peerOrganizations 디렉터리가 각각 생성되고 channel-artifacts 디렉터리에는 channel.tx genesis. block Org1MSPanchors.tx Org2MSPanchors.tx 파일이 생성된다.

위와 같이 하이퍼레저 패브릭은 네트워크 구동에 앞서 제공되는 핵심 도구를 가지고 미리 인증서를 발급하고 제네시스 블록^{Genesis Block} 파일 및 채널에 대한 트랜잭션 파일을 생성한다. 요리와 빗대어 표현하자면, 현재 과정은 재료를 구하는 과정과 같다. 하이퍼레저 패브릭 기반으로 동작하는 블록체인 네트워크에 필요한 재료를 준비해 놓는 과정이다. 총 5가지의 재료를 만들기 위해 사용하는 도구는 cryptogen과 configtxgen이다. cryptogen은 인증서를 발급해주는 도구이고, configtxgen은 블록 및 트랜잭션 파일을 생성하는 도구다. 더 자세한 설명은 4.2장에서 하이퍼레저 패브릭 핵심 도구를 모아서 설명했으니 참고하길 바란다.

① cryptogen 도구를 사용해 인증서를 생성한다

재료를 준비하기 위한 과정을 분석하고 직접 재료들을 만들어 보기 위해, 미리 복사해뒀던 프로젝트 디렉터리인 $GOPATH/src/fabric-samples/first-network-copy로 이동한다. 이후 3.1.9장에서 설치했던 에디터인 VSCode를 커맨드 명령어로 실행해 $GOPATH/src/fabric-samples/first-network-copy에 있는 crypto-config.yaml 파일을 열어 보자.

```
$ cd $GOPATH/src/fabric-samples/first-network-copy
$ code  crypto-config.yaml
```

이 파일은 cryptogen 도구의 인증서 구성을 위한 설정 파일이며 아래 참가자에게 인증서를 발급해 주는 역할을 한다. 각 노드 및 관리자, 사용자는 생성 후에 자체 서명 키와 인증서를 만든다.

crypto-config.yaml 파일을 열어 보면 다음과 같다.

```
OrdererOrgs: # 정렬 노드의 조직적 정의
  - Name: Orderer  #orderer 노드 이름
    Domain: example.com  #orderer 노드 루트
    Specs:
      - Hostname: orderer # 호스트 이름
PeerOrgs: # 피어 노드 조직 정의

  - Name: Org1 # 조직1 이름
    Domain: org1.example.com # 조직1의 도메인
    Template:
      Count: 2 # 조직의 노드 수
    Users:
      Count: 1 # 조직의 사용자 수
  - Name: Org2
    Domain: org2.example.com
    EnableNodeOUs: true
    Template:
      Count: 2
```

```
Users:
    Count: 1
```

위 파일을 cryptogen 도구에서 불러와 BYFN에 관련된 인증서를 생성한다. 생성된 인증서 파일은 crypto-config 디렉터리에 생성되며 다음과 같이 확인할 수 있다. 이 디렉터리에 대한 전체 구성은 4.2.1장에서 설명하겠다.

```
$ ../bin/cryptogen generate --config=./crypto-config.yaml
org1.example.com
org2.example.com
$ ls crypto-config
ordererOrganizations  peerOrganizations
```

① configtxgen 도구를 사용해 오더링 서비스 노드의 제네시스 블록을 생성한다

configtxgen 도구를 사용해야 오더링 서비스 노드에 대한 제네시스 블록을 생성할 수 있다. configtxgen 도구의 설정 파일은 configtx.yaml 파일로 제공되며 제네시스 블록의 설정과 관련된 부분은 Profiles에 명시돼 있다.

configtx.yaml 파일을 열어 보면 다음과 같다.

```
~~~
Profiles:

    TwoOrgsOrdererGenesis:
        Capabilities:
            <<: *ChannelCapabilities
        Orderer:
            <<: *OrdererDefaults
            Organizations:
                - *OrdererOrg
            Capabilities:
                <<: *OrdererCapabilities
        Consortiums:
            SampleConsortium:
```

```
        Organizations:
            - *Org1
            - *Org2
~~~
```

configtx.yaml 파일 안에 'profiles'에서 TwoOrgsOrdererGenesis를 사용한다. TwoOrgsOrdererGenesis는 'Capabilities', 'Orderer', 'Consortiums'으로 구성된 다. 다음은 위의 파일 및 'profiles'를 가지고 -outputBlock 옵션을 사용해 제네시스 블록을 생성하는 명령어다.

```
$ export FABRIC_CFG_PATH=$PWD
$ ../bin/configtxgen -profile TwoOrgsOrdererGenesis -outputBlock ./channel-artifacts/
genesis.block
```

③ configtxgen 도구를 사용해 채널을 생성한다

지금부터 ③, ④, ⑤번은 configtx.yaml 파일의 profiles 섹션에서 TwoOrgsChannel 을 사용한다. 다음은 'TwoOrgsChannel'의 프로필을 사용하며 'Consortium', 'Application'으로 구성된다.

configtx.yaml 파일을 열어 보면 다음과 같다.

```
~~~
Profiles:
~~~
    TwoOrgsChannel:
        Consortium: SampleConsortium
        Application:
            <<: *ApplicationDefaults
            Organizations:
                - *Org1
                - *Org2
            Capabilities:
                <<: *ApplicationCapabilities
~~~
```

채널 트랜잭션을 생성하는 명령어다. 채널 이름은 자주 사용되기 때문에 export CHANNEL_NAME=mychannel을 이용해 환경변수로 지정한다. -outputCreateChannelTx 옵션을 사용해 트랜잭션 파일을 생성한다. 생성되는 채널에 대한 이름은 channelID에 앞에서 변수로 지정한 $CHANNEL_NAME을 이용해 mychannel로 지정했다.

```
$ export CHANNEL_NAME=mychannel
$ ../bin/configtxgen -profile TwoOrgsChannel -outputCreateChannelTx ./channel-
artifacts/channel.tx -channelID $CHANNEL_NAME
```

④ configtxgen 도구를 사용해 Org1MSP에 대한 앵커 피어 노드 트랜잭션 파일을 생성한다

③번에서 사용했던 프로파일 옵션으로 'TwoOrgsChannel'을 그대로 사용하고 앵커 피어 노드를 생성하는 트랜잭션 파일 이름으로 Org1MSPanchors.tx를 적어준다. 다음으로 -outputAnchorPeersUpdate 옵션을 사용해 저장될 앵커 피어 노드 지정 트랜잭션 파일 위치를 만들어 줬다. 채널은 환경변수로 지정해 줬던 'CHANNEL_NAME'을 사용한다. 다음은 Org1 조직에서 앵커 피어 노드에 대한 트랜잭션을 생성하는 전체 커맨드 명령어다.

```
$ ../bin/configtxgen -profile TwoOrgsChannel -outputAnchorPeersUpdate ./channel-
artifacts/Org1MSPanchors.tx -channelID $CHANNEL_NAME -asOrg Org1MSP
```

⑤ configtxgen 도구를 사용해 Org2MSP에 대한 앵커 피어 노드 트랜잭션 파일을 생성한다

마지막으로 ④번과 똑같은 옵션을 주어 2번째 조직에 대해 앵커 피어 노드를 설정해 준다. 다음은 Org2 조직에서 앵커 피어 노드에 대한 트랜잭션을 생성하는 커맨드 명령어다.

```
$ ../bin/configtxgen -profile TwoOrgsChannel -outputAnchorPeersUpdate ./channel-
artifacts/Org2MSPanchors.tx -channelID $CHANNEL_NAME -asOrg Org2MSP
```

4.1.2 BYFN 네트워크 실행

byfn.sh 쉘 스크립트의 'up' 옵션을 입력해 BYFN 네트워크를 시작해보자. first-network 디렉터리로 돌아가 byfn.sh up 명령어를 커맨드 라인 상에서 실행한다.

```
$ cd $GOPATH/src/fabric-samples/first-network
$ ./byfn.sh up
Starting for channel 'mychannel' with CLI timeout of '10' seconds and CLI delay of
'3' seconds
Continue? [Y/n] y
proceeding ...
LOCAL_VERSION=1.4.3
DOCKER_IMAGE_VERSION=1.4.3
/home/hyperledger/go/src/fabric-samples/first-network/../bin/cryptogen


##########################################################
##### Generate certificates using cryptogen tool #########
##########################################################
+ cryptogen generate --config=./crypto-config.yaml
org1.example.com
org2.example.com
+ res=0
+ set +x


/home/hyperledger/go/src/fabric-samples/first-network/../bin/configtxgen
##########################################################
#########   Generating Orderer Genesis block #############
##########################################################
CONSENSUS_TYPE=solo
+ '[' solo == solo ']'
+ configtxgen -profile TwoOrgsOrdererGenesis -channelID byfn-sys-channel -outputBlock
./channel-artifacts/genesis.block
2020-01-01 21:17:57.653 KST [common.tools.configtxgen] main -> INFO 001 Loading
configuration
2020-01-01 21:17:57.754 KST [common.tools.configtxgen.localconfig]
completeInitialization -> INFO 002 orderer type: solo
```

```
2020-01-01 21:17:57.754 KST [common.tools.configtxgen.localconfig] Load -> INFO 003
Loaded configuration: /home/hyperledger/go/src/fabric-samples/first-network/configtx.
yaml
2020-01-01 21:17:57.832 KST [common.tools.configtxgen.localconfig]
completeInitialization -> INFO 004 orderer type: solo
2020-01-01 21:17:57.832 KST [common.tools.configtxgen.localconfig] LoadTopLevel ->
 INFO 005 Loaded configuration: /home/hyperledger/go/src/fabric-samples/first-network/
configtx.yaml
2020-01-01 21:17:57.834 KST [common.tools.configtxgen] doOutputBlock -> INFO 006
Generating genesis block
2020-01-01 21:17:57.834 KST [common.tools.configtxgen] doOutputBlock -> INFO 007
Writing genesis block
+ res=0
+ set +x

#####################################################################
### Generating channel configuration transaction 'channel.tx' ###
#####################################################################
+ configtxgen -profile TwoOrgsChannel -outputCreateChannelTx ./channel-artifacts/
channel.tx -channelID mychannel
2020-01-01 21:17:57.863 KST [common.tools.configtxgen] main -> INFO 001 Loading
configuration
2020-01-01 21:17:57.937 KST [common.tools.configtxgen.localconfig] Load -> INFO 002
Loaded configuration: /home/hyperledger/go/src/fabric-samples/first-network/configtx.
yaml
2020-01-01 21:17:58.011 KST [common.tools.configtxgen.localconfig]
completeInitialization -> INFO 003 orderer type: solo
2020-01-01 21:17:58.011 KST [common.tools.configtxgen.localconfig] LoadTopLevel ->
INFO 004 Loaded configuration: /home/hyperledger/go/src/fabric-samples/first-network/
configtx.yaml
2020-01-01 21:17:58.011 KST [common.tools.configtxgen] doOutputChannelCreateTx ->
INFO 005 Generating new channel configtx
2020-01-01 21:17:58.013 KST [common.tools.configtxgen] doOutputChannelCreateTx ->
INFO 006 Writing new channel tx
+ res=0
+ set +x
```

```
#################################################################
#######        Generating anchor peer update for Org1MSP   ##########
#################################################################
+ configtxgen -profile TwoOrgsChannel -outputAnchorPeersUpdate ./channel-artifacts/
Org1MSPanchors.tx -channelID mychannel -asOrg Org1MSP
2020-01-01 21:17:58.066 KST [common.tools.configtxgen] main -> INFO 001 Loading
configuration
2020-01-01 21:17:58.143 KST [common.tools.configtxgen.localconfig] Load -> INFO 002
Loaded configuration: /home/hyperledger/go/src/fabric-samples/first-network/configtx.
yaml
2020-01-01 21:17:58.220 KST [common.tools.configtxgen.localconfig]
completeInitialization -> INFO 003 orderer type: solo
2020-01-01 21:17:58.220 KST [common.tools.configtxgen.localconfig] LoadTopLevel ->
INFO 004 Loaded configuration: /home/hyperledger/go/src/fabric-samples/first-network/
configtx.yaml
2020-01-01 21:17:58.220 KST [common.tools.configtxgen] doOutputAnchorPeersUpdate ->
INFO 005 Generating anchor peer update
2020-01-01 21:17:58.220 KST [common.tools.configtxgen] doOutputAnchorPeersUpdate ->
INFO 006 Writing anchor peer update
+ res=0
+ set +x


#################################################################
#######        Generating anchor peer update for Org2MSP   ##########
#################################################################
+ configtxgen -profile TwoOrgsChannel -outputAnchorPeersUpdate ./channel-artifacts/
Org2MSPanchors.tx -channelID mychannel  -asOrg Org2MSP
2020-01-01 21:17:58.251 KST [common.tools.configtxgen] main -> INFO 001 Loading
configuration
2020-01-01 21:17:58.329 KST [common.tools.configtxgen.localconfig] Load -> INFO 002
Loaded configuration: /home/hyperledger/go/src/fabric-samples/first-network/configtx.
yaml
2020-01-01 21:17:58.412 KST [common.tools.configtxgen.localconfig]
completeInitialization -> INFO 003 orderer type: solo
2020-01-01 21:17:58.412 KST [common.tools.configtxgen.localconfig] LoadTopLevel ->
INFO 004 Loaded configuration: /home/hyperledger/go/src/fabric-samples/first-network/
configtx.yaml
```

```
2020-01-01 21:17:58.412 KST [common.tools.configtxgen] doOutputAnchorPeersUpdate ->
INFO 005 Generating anchor peer update
2020-01-01 21:17:58.412 KST [common.tools.configtxgen] doOutputAnchorPeersUpdate ->
INFO 006 Writing anchor peer update
+ res=0
+ set +x

Creating peer0.org1.example.com ...
Creating peer1.org2.example.com ...
Creating orderer.example.com ...
Creating peer1.org1.example.com ...
Creating peer0.org2.example.com ...
Creating peer1.org2.example.com
Creating peer0.org2.example.com
Creating peer1.org1.example.com
Creating orderer.example.com
Creating peer0.org1.example.com ... done
Creating cli ...
Creating cli ... done
CONTAINER ID    IMAGE                           COMMAND
CREATED              STATUS               PORTS                       NAMES
022726470b8b    hyperledger/fabric-tools:latest      "/bin/bash"         1
second ago      Up Less than a second                         cli
b2fbfad2b3fa    hyperledger/fabric-peer:latest       "peer node start"   4
seconds ago     Up Less than a second    0.0.0.0:7051->7051/tcp  peer0.org1.
example.com
c3796e5dfeec    hyperledger/fabric-orderer:latest    "orderer"
4 seconds ago   Up 2 seconds             0.0.0.0:7050->7050/tcp
orderer.example.com
cd3ed8860b83    hyperledger/fabric-peer:latest       "peer node start"   4
seconds ago     Up 2 seconds             0.0.0.0:8051->8051/tcp     peer1.org1.
example.com
f443a92ef4bb    hyperledger/fabric-peer:latest       "peer node start"   4
seconds ago     Up 1 second              0.0.0.0:10051->10051/tcp   peer1.org2.
example.com
bd9ff9e1a14e    hyperledger/fabric-peer:latest       "peer node start"   4 seconds ago
       Up 2 seconds                0.0.0.0:9051->9051/tcp      peer0.org2.example.com
```

```
 ___ ___  _    ___   ___
/ __|   \_|/\   | _ \ \ _|
\__ \| |   / _ \ | _) | | |
 __) | | | / ___ \| _ < | |
|___/|_| /_/    \_\_|\_\ |_|
```

Build your first network (BYFN) end-to-end test

Channel name : mychannel
Creating channel...
+ peer channel create -o orderer.example.com:7050 -c mychannel -f ./channel-
artifacts/channel.tx --tls true --cafile /opt/gopath/src/github.com/hyperledger/
fabric/peer/crypto/ordererOrganizations/example.com/orderers/orderer.example.com/
msp/tlscacerts/tlsca.example.com-cert.pem
+ res=0
+ set +x
2020-01-01 12:18:03.761 UTC [channelCmd] InitCmdFactory -> INFO 001 Endorser and
orderer connections initialized
2020-01-01 12:18:03.787 UTC [cli.common] readBlock -> INFO 002 Received block: 0
===================== Channel 'mychannel' created =====================

Having all peers join the channel...
+ peer channel join -b mychannel.block
+ res=0
+ set +x
2020-01-01 12:18:03.834 UTC [channelCmd] InitCmdFactory -> INFO 001 Endorser and
orderer connections initialized
2020-01-01 12:18:03.861 UTC [channelCmd] executeJoin -> INFO 002 Successfully
submitted proposal to join channel
===================== peer0.org1 joined channel 'mychannel' =====================

+ peer channel join -b mychannel.block
+ res=0
+ set +x
2020-01-01 12:18:06.969 UTC [channelCmd] InitCmdFactory -> INFO 001 Endorser and
orderer connections initialized
```
```

```
2020-01-01 12:18:06.991 UTC [channelCmd] executeJoin -> INFO 002 Successfully
submitted proposal to join channel
===================== peer1.org1 joined channel 'mychannel' =====================

+ peer channel join -b mychannel.block
+ res=0
+ set +x
2020-01-01 12:18:10.135 UTC [channelCmd] InitCmdFactory -> INFO 001 Endorser and
orderer connections initialized
2020-01-01 12:18:10.157 UTC [channelCmd] executeJoin -> INFO 002 Successfully
submitted proposal to join channel
===================== peer0.org2 joined channel 'mychannel' =====================

+ peer channel join -b mychannel.block
+ res=0
+ set +x
2020-01-01 12:18:13.225 UTC [channelCmd] InitCmdFactory -> INFO 001 Endorser and
orderer connections initialized
2020-01-01 12:18:13.249 UTC [channelCmd] executeJoin -> INFO 002 Successfully
submitted proposal to join channel
===================== peer1.org2 joined channel 'mychannel' =====================

Updating anchor peers for org1...
+ peer channel update -o orderer.example.com:7050 -c mychannel -f ./channel-
artifacts/Org1MSPanchors.tx --tls true --cafile /opt/gopath/src/github.com/
hyperledger/fabric/peer/crypto/ordererOrganizations/example.com/orderers/orderer.
example.com/msp/tlscacerts/tlsca.example.com-cert.pem
+ res=0
+ set +x
2020-01-01 12:18:16.362 UTC [channelCmd] InitCmdFactory -> INFO 001 Endorser and
orderer connections initialized
2020-01-01 12:18:16.371 UTC [channelCmd] update -> INFO 002 Successfully submitted
channel update
===================== Anchor peers updated for org 'Org1MSP' on channel 'mychannel'
=====================

Updating anchor peers for org2...
```

```
+ peer channel update -o orderer.example.com:7050 -c mychannel -f ./channel-
artifacts/Org2MSPanchors.tx --tls true --cafile /opt/gopath/src/github.com/
hyperledger/fabric/peer/crypto/ordererOrganizations/example.com/orderers/orderer.
example.com/msp/tlscacerts/tlsca.example.com-cert.pem
+ res=0
+ set +x
2020-01-01 12:18:19.588 UTC [channelCmd] InitCmdFactory -> INFO 001 Endorser and
orderer connections initialized
2020-01-01 12:18:19.599 UTC [channelCmd] update -> INFO 002 Successfully submitted
channel update
====================== Anchor peers updated for org 'Org2MSP' on channel 'mychannel'
 ======================

Installing chaincode on peer0.org1...
+ peer chaincode install -n mycc -v 1.0 -l golang -p github.com/chaincode/chaincode_
example02/go/
+ res=0
+ set +x
2020-01-01 12:18:22.695 UTC [chaincodeCmd] checkChaincodeCmdParams -> INFO 001 Using
 default escc
2020-01-01 12:18:22.695 UTC [chaincodeCmd] checkChaincodeCmdParams -> INFO 002 Using
 default vscc
2020-01-01 12:18:23.111 UTC [chaincodeCmd] install -> INFO 003 Installed remotely
response:<status:200 payload:"OK" >
====================== Chaincode is installed on peer0.org1 ======================

Install chaincode on peer0.org2...
+ peer chaincode install -n mycc -v 1.0 -l golang -p github.com/chaincode/chaincode_
example02/go/
+ res=0
+ set +x
2020-01-01 12:18:23.166 UTC [chaincodeCmd] checkChaincodeCmdParams -> INFO 001 Using
 default escc
2020-01-01 12:18:23.166 UTC [chaincodeCmd] checkChaincodeCmdParams -> INFO 002 Usin
g default vscc
2020-01-01 12:18:24.774 UTC [chaincodeCmd] install -> INFO 003 Installed remotely
response:<status:200 payload:"OK" >
```

```
==================== Chaincode is installed on peer0.org2 ====================


Instantiating chaincode on peer0.org2...
+ peer chaincode instantiate -o orderer.example.com:7050 --tls true --cafile /opt/
gopath/src/github.com/hyperledger/fabric/peer/crypto/ordererOrganizations/example.
com/orderers/orderer.example.com/msp/tlscacerts/tlsca.example.com-cert.pem -C
mychannel -n mycc -l golang -v 1.0 -c '{"Args":["init","a","100","b","200"]}' -P
'AND ('\''Org1MSP.peer'\'','\''Org2MSP.peer'\'')'
+ res=0
+ set +x
2020-01-01 12:18:24.830 UTC [chaincodeCmd] checkChaincodeCmdParams -> INFO 001 Using
  default escc
2020-01-01 12:18:24.830 UTC [chaincodeCmd] checkChaincodeCmdParams -> INFO 002 Using
  default vscc
==================== Chaincode is instantiated on peer0.org2 on channel 'mychannel'
  ====================


Querying chaincode on peer0.org1...
==================== Querying on peer0.org1 on channel 'mychannel'...
====================
Attempting to Query peer0.org1 ...3 secs
+ peer chaincode query -C mychannel -n mycc -c '{"Args":["query","a"]}'
+ res=0
+ set +x


100
==================== Query successful on peer0.org1 on channel 'mychannel'
====================
Sending invoke transaction on peer0.org1 peer0.org2...
+ peer chaincode invoke -o orderer.example.com:7050 --tls true --cafile /opt/gopath/
src/github.com/hyperledger/fabric/peer/crypto/ordererOrganizations/example.com/
orderers/orderer.example.com/msp/tlscacerts/tlsca.example.com-cert.pem -C mychannel
-n mycc --peerAddresses peer0.org1.example.com:7051 --tlsRootCertFiles /opt/gopath/
src/github.com/hyperledger/fabric/peer/crypto/peerOrganizations/org1.example.com/
peers/peer0.org1.example.com/tls/ca.crt --peerAddresses peer0.org2.example.com:9051
--tlsRootCertFiles /opt/gopath/src/github.com/hyperledger/fabric/peer/crypto/
peerOrganizations/org2.example.com/peers/peer0.org2.example.com/tls/ca.crt -c '{"Arg
```

```
s":["invoke","a","b","10"]}'
+ res=0
+ set +x
2020-01-01 12:18:58.396 UTC [chaincodeCmd] chaincodeInvokeOrQuery -> INFO 001
Chaincode invoke successful. result: status:200
===================== Invoke transaction successful on peer0.org1 peer0.org2 on
channel 'mychannel' =====================

Installing chaincode on peer1.org2...
+ peer chaincode install -n mycc -v 1.0 -l golang -p github.com/chaincode/chaincode_
example02/go/
+ res=0
+ set +x
2020-01-01 12:18:58.457 UTC [chaincodeCmd] checkChaincodeCmdParams -> INFO 001 Using
 default escc
2020-01-01 12:18:58.457 UTC [chaincodeCmd] checkChaincodeCmdParams -> INFO 002 Using
 default vscc
2020-01-01 12:18:58.589 UTC [chaincodeCmd] install -> INFO 003 Installed remotely
response:<status:200 payload:"OK" >
===================== Chaincode is installed on peer1.org2 =====================

Querying chaincode on peer1.org2...
===================== Querying on peer1.org2 on channel 'mychannel'...
=====================
Attempting to Query peer1.org2 ...3 secs
+ peer chaincode query -C mychannel -n mycc -c '{"Args":["query","a"]}'
+ res-0
+ set +x

90
===================== Query successful on peer1.org2 on channel 'mychannel'
=====================

========= All GOOD, BYFN execution completed ==========
```

위에서 START부터 END까지 로그가 정상적으로 출력됐다면 BYFN 네트워크가 정상 작동됐음을 의미한다. 이제 쉘 스크립트로 'up' 옵션을 입력했을 때 실행되는 커맨드 명령어를 단계 별로 직접 입력해 보고 이때 하이퍼레저 패브릭 BYFN 네트워크에서 어떤 일이 일어나는지 분석해본다.

먼저 다음으로 docker ps 커맨드 명령어를 실행해 각종 BYFN 네트워크 관련 컨테이너가 도커 컨테이너에 제대로 올라갔는지 확인한다.

```
$ docker ps
CONTAINER ID        IMAGE
  COMMAND               CREATED           STATUS          PORTS
          NAMES
cf831226a4a9        dev-peer1.org2.example.com-mycc-1.0-26c2ef32838554aac4f7ad6f10
0aca865e87959c9a126e86d764c8d01f8346ab    "chaincode -peer.add..."    3 minutes ago
Up 3 minutes                                                        dev-peer1.
org2.example.com-mycc-1.0
f9d26232e90a        dev-peer0.org1.example.com-mycc-1.0-384f11f484b9302df90b453200
cfb25174305fce8f53f4e94d45ee3b6cab0ce9    "chaincode -peer.add..."    3 minutes ago
  Up 3 minutes                                                      dev-peer0.
org1.example.com-mycc-1.0
2a0f6ad282cf        dev-peer0.org2.example.com-mycc-1.0-15b571b3ce849066b7ec74497
da3b27e54e0df1345daff3951b94245ce09c42b    "chaincode -peer.add..."    4 minutes ago
  Up 4 minutes                                                      dev-peer0.
org2.example.com-mycc-1.0
cdb5c70e53eb        hyperledger/fabric-tools:latest
  "/bin/bash"              5 minutes ago      Up 5 minutes
cli
9d64e8fb525a        hyperledger/fabric-peer:latest
  "peer node start"        5 minutes ago      Up 5 minutes       0.0.0.0:9051->7051/
```

```
tcp, 0.0.0.0:9053->7053/tcp    peer0.org2.example.com
d00bb01049e4       hyperledger/fabric-orderer:latest
  "orderer"                    5 minutes ago        Up 5 minutes         0.0.0.0:7050->7050/
tcp                            orderer.example.com
2d8d1723dc93       hyperledger/fabric-peer:latest
  "peer node start"            5 minutes ago        Up 5 minutes         0.0.0.0:10051->7051/
tcp, 0.0.0.0:10053->7053/tcp   peer1.org2.example.com
46921cf5387f       hyperledger/fabric-peer:latest
  "peer node start"            5 minutes ago        Up 5 minutes         0.0.0.0:8051->7051/
tcp, 0.0.0.0:8053->7053/tcp    peer1.org1.example.com
405ca38bd621       hyperledger/fabric-peer:latest
  "peer node start"            5 minutes ago        Up 5 minutes         0.0.0.0:7051->7051/
tcp, 0.0.0.0:7053->7053/tcp    peer0.org1.example.com
```

실행된 컨테이너의 개수는 총 9개이며 테이블 형태로 보이는 것을 확인할 수 있다. 자세히 보면, 5개의 노드 컨테이너를 제외하고 cli와 체인코드가 컨테이너에 추가된 것을 확인할 수 있다. cli 컨테이너는 BYFN 외부에서 각종 컨트롤이나 실행을 위한 사용자 개발 환경 컨테이너이며, 3개의 체인코드 컨테이너는 Peer 도구로 설치할 때 만들어지는 각 피어 노드 컨테이너에 연결돼 실행되는 컨테이너다. 그림 4-1과 같이 이를 일목요연하게 보여주고자 전체 컨테이너 환경을 그림으로 표현했다.

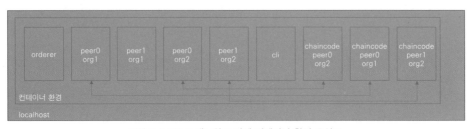

그림 4-1 BYFN 네트워크 전체 컨테이너 환경 구성도

단계별로 네트워크를 시작했을 때 구성되는 BYFN의 프로세스는 다음과 같다.

1. 5개의 노드(오더링 서비스 노드, 4개의 피어 노드) 컨테이너, CLI 컨테이너가 실행되며 총 6개의 컨테이너가 먼저 실행된다.

2. 네트워크 내부의 CLI 컨테이너에 접속해 생성된 채널 트랜잭션 파일인 channel.tx를 가지고 채널을 생성하고 채널 mychannel을 생성하고 모든 피어 노드(2개 조직, 4개 피어 노드)를 가입시킨다.

3. 두 조직의 peer0을 앵커로 가입한다.

4. 피어 노드에 체인코드를 설치하고 확인하는 단계다. 이 단계에서 해당 피어 노드의 체인코드를 담당하는 체인코드 컨테이너 3개가 실행된다.
   - 두 조직의 앵커 피어 노드(peer0.org1, peer0.org2)에 체인코드를 설치한다.
   - peer0.org2에 초깃값 a에 100을, b에 200을 설정한다.
   - peer0.org1에서 a의 값을 조회한다.
   - 트랜잭션 호출^{invoke}로 a에서 b로 10만큼 이동한다.
   - 체인코드를 갖고 있지 않은 peer1.org2에 체인코드를 설치한다.
   - peer1.org2에서 값 a를 조회한다. 초깃값인 100에서 전송한 10을 뺀 90이 조회된다.

이제 다소 복잡해 보이는 up 옵션을 이해하기 위해 네트워크를 내리고 단계별로 구축해 보겠다. 네트워크 충돌을 방지하기 위해 작업했던 파일을 삭제하는 쉘 스크립트의 'down' 옵션을 다음과 같이 입력해 실행한다.

```
$ ./byfn.sh down
```

이로써 모든 서비스가 종료됐다. 도커 컨테이너로 실행됐던 네트워크가 종료되며 4.1.1장에서 생성했던 인증서와 블록, 트랜잭션 파일 또한 지워진다. 쉘 스크립트를 다시 실행하려면 'generate', 'up' 옵션을 차례대로 입력해서 다시 구축해야 한다.

쉘 스크립트로 'up' 옵션을 입력했을 때 실행되는 커맨드 명령어를 단계별로 직접 입력해 보고 이때 하이퍼레저 패브릭 BYFN 네트워크에서 어떤 일이 일어나는지 분석해보자.

① 5개의 노드(오더링 서비스 노드, 4개의 피어 노드), CLI 컨테이너, 총 6개의 컨테이너를
실행한다

앞서 'generate' 옵션의 실행으로 요리를 하기 위한 재료를 준비했다고 표현했다. 이
번 작업은 'up' 옵션의 실행으로, 재료를 가지고 요리를 완성한 후 시식까지 했다고
표현할 수 있다. BYFN 네트워크는 도커 컨테이너에서 실행된다. 그림 4-2는 노드
단위로 동작하는 3개의 조직과 네임 스페이스를 의미한다.

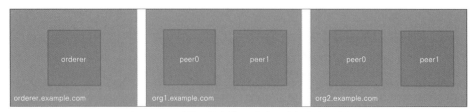

그림 4-2 노드 단위로 동작하는 3개의 조직과 네임 스페이스

BYFN 네트워크의 네임 스페이스는 example.com이며, 여기에는 3개의 조직인
orderer, org1, org2가 있다. 노드 레벨로 보면 하나의 orderer 노드가 있으며 org1
과 org2 조직마다 2개의 피어 노드를 가져서 총 4개의 피어 노드가 존재한다. 결론
적으로 BYFN 네트워크는 다음과 같은 총 5개의 노드로 구성된다.

- orderer.example.com
- peer0.org1.example.com
- peer1.org1.example.com
- peer0.org2.example.com
- peer1.org2.example.com

위와 같이 구성된 노드는 하이퍼레저 패브릭 네트워크에 배포될 때, 도커 이미지를
통해 도커 컨테이너로 구축된다. 결과적으로, 앞서 설명했던 5개의 노드는 그림 4-3
과 같이 로컬 환경에서 컨테이너 기반으로 동작하며 독립적으로 운영된다.

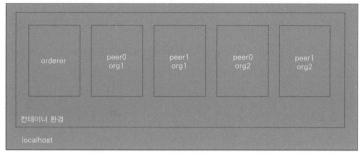

그림 4-3 BYFN 노드 구성을 위한 컨테이너 환경

위에서 생성된 작업을 직접 실행하기. 위해 $GOPATH/src/fabric-samples/first-network-copy 디렉터리로 이동한다. 그리고 crypto-config.yaml 파일을 열어 내용을 확인한다.

```
$ cd $GOPATH/src/fabric-samples/first-network-copy
$ code  docker-compose-cli.yaml
```

docker-compose-cli.yaml 파일을 열어 보면 다음과 같다.

```
1       version: '2'
2
3       volumes:
4         orderer.example.com:
5         peer0.org1.example.com:
6         peer1.org1.example.com:
7         peer0.org2.example.com:
8         peer1.org2.example.com:
9
10      networks:
11        byfn:
12
13      services:
14
```

```
15        orderer.example.com:
16          extends:
17            file:    base/docker-compose-base.yaml
18            service: orderer.example.com
19          container_name: orderer.example.com
20          networks:
21            - byfn
22
23        peer0.org1.example.com:
24          container_name: peer0.org1.example.com
25          extends:
26            file:    base/docker-compose-base.yaml
27            service: peer0.org1.example.com
28          networks:
29            - byfn
30
31        peer1.org1.example.com:
32          container_name: peer1.org1.example.com
33          extends:
34            file:    base/docker-compose-base.yaml
35            service: peer1.org1.example.com
36          networks:
37            - byfn
38
39        peer0.org2.example.com:
40          container_name: peer0.org2.example.com
41          extends:
42            file:    base/docker-compose-base.yaml
43            service: peer0.org2.example.com
44          networks:
45            - byfn
46
47        peer1.org2.example.com:
48          container_name: peer1.org2.example.com
49          extends:
50            file:    base/docker-compose-base.yaml
51            service: peer1.org2.example.com
```

```
52        networks:
53          - byfn
54    cli:
55        container_name: cli
56        image: hyperledger/fabric-tools:$IMAGE_TAG
57        tty: true
58        stdin_open: true
59        environment:
60          - GOPATH=/opt/gopath
61          - CORE_VM_ENDPOINT=unix:///host/var/run/docker.sock
62          #- CORE_LOGGING_LEVEL=DEBUG
63          - CORE_LOGGING_LEVEL=INFO
64          - CORE_PEER_ID=cli
65          - CORE_PEER_ADDRESS=peer0.org1.example.com:7051
66          - CORE_PEER_LOCALMSPID=Org1MSP
67          - CORE_PEER_TLS_ENABLED=true
68          -
69    CORE_PEER_TLS_CERT_FILE=/opt/gopath/src/github.com/hyperledger/fabric/peer/crypto/
70    peerOrganizations/org1.example.com/peers/peer0.org1.example.com/tls/server.crt
71          -
72    CORE_PEER_TLS_KEY_FILE=/opt/gopath/src/github.com/hyperledger/fabric/peer/crypto/
73    peerOrganizations/org1.example.com/peers/peer0.org1.example.com/tls/server.key
74          -
75    CORE_PEER_TLS_ROOTCERT_FILE=/opt/gopath/src/github.com/hyperledger/fabric/peer/
76    crypto/peerOrganizations/org1.example.com/peers/peer0.org1.example.com/tls/ca.crt
77          -
78    CORE_PEER_MSPCONFIGPATH=/opt/gopath/src/github.com/hyperledger/fabric/peer/crypto/
79    peerOrganizations/org1.example.com/users/Admin@org1.example.com/msp
80        working_dir: /opt/gopath/src/github.com/hyperledger/fabric/peer
81        command: /bin/bash
82        volumes:
83          - /var/run/:/host/var/run/
84          - ./../chaincode/:/opt/gopath/src/github.com/chaincode
85          - ./crypto-config:/opt/gopath/src/github.com/hyperledger/fabric/peer/crypto/
86          - ./scripts:/opt/gopath/src/github.com/hyperledger/fabric/peer/scripts/
87          - ./channel-artifacts:/opt/gopath/src/github.com/hyperledger/fabric/peer/channel-
88    artifacts
```

```
89        depends_on:
90          - orderer.example.com
91      - peer0.org1.example.com
92              - peer1.org1.example.com
93              - peer0.org2.example.com
94              - peer1.org2.example.com
95          networks:
96              - byfn
```

위의 구성을 확인해보면 총 6개의 컨테이너가 존재하는 것을 확인할 수 있다. 1개의 오더링 서비스 노드(orderer.example.com)와 4개의 피어 노드(peer0.org1.example.com, peer1.org1.example.com, peer0.org2.example.com, peer1.org2.example.com), 그리고 CLI 컨테이너다.

이 컨테이너는 하이퍼레저 패브릭 네트워크를 구축하고 컨테이너 내부에서 명령을 실행하기 위해 필요하다. 위의 구성대로 도커 컴포즈로 다음과 같이 컨테이너를 생성하고 실행한다.

```
$ docker-compose -f docker-compose-cli.yaml up -d
Creating network "net_byfn" with the default driver
Creating volume "net_peer0.org2.example.com" with default driver
Creating volume "net_peer1.org2.example.com" with default driver
Creating volume "net_peer1.org1.example.com" with default driver
Creating volume "net_peer0.org1.example.com" with default driver
Creating volume "net_orderer.example.com" with default driver
Creating peer1.org2.example.com ...
Creating peer1.org1.example.com ...
Creating peer0.org2.example.com ...
Creating peer0.org1.example.com ...
Creating orderer.example.com ...
Creating peer1.org2.example.com
Creating orderer.example.com
Creating peer0.org1.example.com
Creating peer0.org2.example.com
```

```
Creating peer0.org1.example.com ... done
Creating cli ...
Creating cli ... done
```

docker ps 커맨드 명령어를 실행해 실행중인 컨테이너를 확인하면 그림 4-4와 같이 6개의 컨테이너가 실행 중임을 알 수 있다.

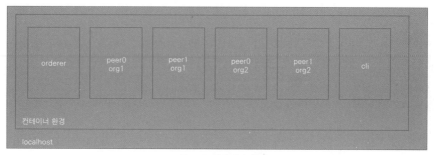

그림 4-4 컨테이너 환경

② CLI 컨테이너에 접속해 생성된 채널 트랜잭션 파일인 channel.tx를 가지고 채널을 생성하고 채널 mychannel을 생성하고 모든 피어(2조직 4개 피어)를 가입시킨다

이제부터는 BYFN을 구축하고 상호 작용할 것이다. BYFN의 모든 구성 요소는 CLI 컨테이너 내에서 커맨드 명령어를 사용해 트랜잭션으로 실행된다. 이제 localhost에서 CLI 컨테이너의 쉘에 액세스하기 위해 다음의 커맨드 명령어를 입력한다.

```
$ docker start cli
cli
$ docker exec -it cli bash
root@efeccb53347a:~/go/src/github.com/hyperledger/fabric/peer#
```

CLI 컨테이너 안으로 접근했다. CLI 컨테이너에서 각 피어 노드에게 명령어를 보내는 경우 4개의 환경변수(CORE_PEER_MSPCONFIGPATH, CORE_PEER_ADDRESS, CORE_PEER_LOCALMSPID, CORE_PEER_TLS_ROOTCERT_FILE)를 각각 변경해줘야 한다. peer0.org1에 명령어를 보내는 경우 다음과 같이 변경한다.

```
CORE_PEER_MSPCONFIGPATH=/opt/gopath/src/github.com/hyperledger/fabric/peer/crypto/
peerOrganizations/org1.example.com/users/Admin@org1.example.com/msp
CORE_PEER_ADDRESS=peer0.org1.example.com:7051
CORE_PEER_LOCALMSPID="Org1MSP"
CORE_PEER_TLS_ROOTCERT_FILE=/opt/gopath/src/github.com/hyperledger/fabric/peer/
crypto/peerOrganizations/org1.example.com/peers/peer0.org1.example.com/tls/ca.crt
```

위에서 각 도커 이미지의 포트는 docker ps 커맨드 명령어를 통해 확인한다.

```
$ docker ps
CONTAINER ID        IMAGE                                COMMAND              CREATED
    STATUS                 PORTS                    NAMES
33b1a50305f4        hyperledger/fabric-tools:latest     "/bin/bash"          About a
minute ago    Up About a minute                          cli
61250d0cfc58        hyperledger/fabric-peer:latest      "peer node start"    About a
 minute ago   Up About a minute    0.0.0.0:7051->7051/tcp    peer0.org1.example.com
e420c985e7c9        hyperledger/fabric-peer:latest      "peer node start"    About a
 minute ago   Up About a minute    0.0.0.0:9051->9051/tcp    peer0.org2.example.com
cd78856785fe        hyperledger/fabric-orderer:latest   "orderer"            About a
minute ago    Up About a minute    0.0.0.0:7050->7050/tcp    orderer.example.com
70f7595aeef2        hyperledger/fabric-peer:latest      "peer node start"    About a
minute ago    Up About a minute    0.0.0.0:8051->8051/tcp    peer1.org1.example.com
3c15ec5f24ea        hyperledger/fabric-peer:latest      "peer node start"    About a
 minute ago   Up About a minute    0.0.0.0:10051->10051/tcp  peer1.org2.example.com
```

각 피어 노드의 환경변수는 다음과 같다.

Org	peer	CORE_PEER_ MSPCONFIGPATH	CORE_PEER_ ADDRESS	CORE_PEER_ LOCALMSPID	CORE_PEER_TLS_ ROOTCERT_FILE
Org1 MSP	peer0	org1	peer0.org1.example. com:7051	Org1MSP	peer0.org1
	peer1	org1	peer1.org1.example. com:9051	Org1MSP	peer1.org1
Org2 MSP	peer0	org2	peer0.org2.example. com:8051	Org2MSP	peer0.org2
	peer1	org2	peer1.org2.example. com:10051	Org2MSP	peer1.org2

채널 이름은 4.1.1의 BYFN 네트워크 구성에서 환경변수로 지정했던 'CHANNEL_ NAME'을 컨테이너 내부 환경에서도 적용한다. 다음으로 peer channel create 커맨 드 명령어를 사용해 채널을 생성한다.

```
# export CHANNEL_NAME=mychannel
# peer channel
create -o orderer.example.com:7050 -c $CHANNEL_NAME -f ./channel-artifacts/channel.
tx --tls --cafile /opt/gopath/src/github.com/hyperledger/fabric/peer/crypto/
ordererOrganizations/example.com/orderers/orderer.example.com/msp/tlscacerts/tlsca.
example.com-cert.pem
2020-01-01 03:47:15.151 UTC [channelCmd] InitCmdFactory -> INFO 001 Endorser and
orderer connections initialized
2020-01-01 03:47:15.192 UTC [cli.common] readBlock -> INFO 002 Received block: 0
```

채널 이름을 틀리지 않도록 CHANNEL_NAME 환경변수로, 채널 이름을 mychannel 로 설정했다. peer channel create 커맨드 명령어를 사용해 채널이 제대로 생성되면 다음과 같이 mychannel.block 파일이 생성될 것이다.

```
# ls
channel-artifacts  crypto  mychannel.block  scripts
```

채널이 생성됐으면 이제 피어를 채널에 참여시킬 수 있는데, 채널에 피어를 추가하기 위해서 CLI에서 peer channel join 커맨드 명령어를 다음과 같이 실행한다. 변수를 변경하지 않고 명령어를 실행하면 Org1의 peer0에 적용된다. 다음과 같이 실행해 Org1의 peer0을 mychannel 채널에 가입시킨다.

```
# peer channel join -b mychannel.block
2020-01-01 04:14:44.997 UTC [channelCmd] InitCmdFactory -> INFO 001 Endorser and
orderer connections initialized
2020-01-01 04:14:45.078 UTC [channelCmd] executeJoin -> INFO 002 Successfully
submitted proposal to join channel
```

peer1.org1을 채널에 가입시킨다.

```
# CORE_PEER_MSPCONFIGPATH=/opt/gopath/src/github.com/hyperledger/fabric/peer/crypto/
peerOrganizations/org1.example.com/users/Admin@org1.example.com/msp
# CORE_PEER_ADDRESS=peer1.org1.example.com:8051
# CORE_PEER_LOCALMSPID="Org1MSP"
# CORE_PEER_TLS_ROOTCERT_FILE=/opt/gopath/src/github.com/hyperledger/fabric/peer/
crypto/peerOrganizations/org1.example.com/peers/peer1.org1.example.com/tls/ca.crt
peer channel join -b mychannel.block
2020-01-01 05:17:55.833 UTC [channelCmd] InitCmdFactory -> INFO 001 Endorser and
orderer connections initialized
2020-01-01 05:17:55.887 UTC [channelCmd] executeJoin -> INFO 002 Successfully
submitted proposal to join channel
```

다음은 Org2의 peer0을 mychannel 채널에 가입시킨다. CLI 컨테이너의 기본 환경
변수를 Org2로 바꾸기 위해 peer0.org2의 환경변수를 지정한 후 위와 같은 커맨드
명령어를 실행한다.

먼저 다음과 같이 peer0.org2를 채널에 가입시킨다.

```
# CORE_PEER_MSPCONFIGPATH=/opt/gopath/src/github.com/hyperledger/fabric/peer/
crypto/peerOrganizations/org2.example.com/users/Admin@org2.example.com/msp
# CORE_PEER_ADDRESS=peer0.org2.example.com:9051
# CORE_PEER_LOCALMSPID="Org2MSP"
# CORE_PEER_TLS_ROOTCERT_FILE=/opt/gopath/src/github.com/hyperledger/fabric/peer/
crypto/peerOrganizations/org2.example.com/peers/peer0.org2.example.com/tls/ca.crt
# peer channel join -b mychannel.block
2020-01-01 05:19:49.580 UTC [channelCmd] InitCmdFactory -> INFO 001 Endorser and
orderer connections initialized
2020-01-01 05:19:49.641 UTC [channelCmd] executeJoin -> INFO 002 Successfully
submitted proposal to join channel
```

peer1.org2를 채널에 가입시킨다.

```
# CORE_PEER_MSPCONFIGPATH=/opt/gopath/src/github.com/hyperledger/fabric/peer/crypto/
peerOrganizations/org2.example.com/users/Admin@org2.example.com/msp
# CORE_PEER_ADDRESS=peer1.org2.example.com:10051
# CORE_PEER_LOCALMSPID="Org2MSP"
```

```
# CORE_PEER_TLS_ROOTCERT_FILE=/opt/gopath/src/github.com/hyperledger/fabric/peer/
crypto/peerOrganizations/org2.example.com/peers/peer1.org2.example.com/tls/ca.crt
# peer channel join -b mychannel.block
2020-01-01 05:20:40.263 UTC [channelCmd] InitCmdFactory -> INFO 001 Endorser and
orderer connections initialized
2020-01-01 05:20:40.342 UTC [channelCmd] executeJoin -> INFO 002 Successfully
submitted proposal to join channel
```

③ 두 조직의 peer0을 앵커로 가입한다

org1, org2의 peer0을 앵커 피어 노드로 가입하는 방법으로 채널을 업데이트한다.

peer0.org1을 앵커 피어 노드로 업데이트한다.

```
# CORE_PEER_MSPCONFIGPATH=/opt/gopath/src/github.com/hyperledger/fabric/peer/
crypto/\peerOrganizations/org1.example.com/users/Admin@org1.example.com/msp
# CORE_PEER_ADDRESS=peer0.org1.example.com:7051
# CORE_PEER_LOCALMSPID="Org1MSP"
# CORE_PEER_TLS_ROOTCERT_FILE=/opt/gopath/src/github.com/hyperledger/fabric/peer/
crypto/peerOrganizations/org1.example.com/peers/peer0.org1.example.com/tls/ca.crt
# peer channel update -o orderer.example.com:7050 -c $CHANNEL_NAME -f ./channel-
artifacts/Org1MSPanchors.tx --tls --cafile /opt/gopath/src/github.com/hyperledger/
fabric/peer/crypto/ordererOrganizations/example.com/orderers/orderer.example.com/
msp/tlscacerts/tlsca.example.com-cert.pem
2020-01-01 05:32:45.246 UTC [channelCmd] InitCmdFactory -> INFO 001 Endorser and
orderer connections initialized
2020-01-01 05:32:45.259 UTC [channelCmd] update -> INFO 002 Successfully submitted
channel update
```

peer0.org2를 앵커 피어 노드로 업데이트한다.

```
# CORE_PEER_MSPCONFIGPATH=/opt/gopath/src/github.com/hyperledger/fabric/peer/
crypto/peerOrganizations/org2.example.com/users/Admin@org2.example.com/msp
# CORE_PEER_ADDRESS=peer0.org2.example.com:9051
# CORE_PEER_LOCALMSPID="Org2MSP"
# CORE_PEER_TLS_ROOTCERT_FILE=/opt/gopath/src/github.com/hyperledger/fabric/peer/
crypto/peerOrganizations/org2.example.com/peers/peer0.org2.example.com/tls/ca.crt
```

```
# peer channel update -o orderer.example.com:7050 -c $CHANNEL_NAME -f ./channel-
artifacts/Org2MSPanchors.tx --tls --cafile /opt/gopath/src/github.com/hyperledger/
fabric/peer/crypto/ordererOrganizations/example.com/orderers/orderer.example.com/
msp/tlscacerts/tlsca.example.com-cert.pem
2020-01-01 05:32:59.248 UTC [channelCmd] InitCmdFactory -> INFO 001 Endorser and
orderer connections initialized
2020-01-01 05:32:59.261 UTC [channelCmd] update -> INFO 002 Successfully submitted
channel update
```

④ 피어 노드에 체인코드를 설치하고 확인하는 단계다

여기서는 총3개(peer0.org1, peer0.org2, peer1.org2)의 체인코드 컨테이너를 추가한다.

- 두 조직의 앵커 피어 노드(peer0.org1, peer0.org2)에 체인코드를 설치한다.
- peer0.org2에 초깃값 a에 100을, b에 200을 설정한다.
- peer0.org1에서 a의 값을 조회한다.
- 트랜잭션 호출invoke로 a에서 b로 10만큼 이동한다.
- 체인코드를 갖고 있지 않은 peer1.org2에 체인코드를 설치한다.
- peer1.org2에서 값 a를 조회한다. 초깃값인 100에서 전송한 10을 뺀 90이 조회된다.

peer0.org1, peer0.org2에 체인코드를 설치한다.

```
# CORE_PEER_MSPCONFIGPATH=/opt/gopath/src/github.com/hyperledger/fabric/peer/crypto/
peerOrganizations/org1.example.com/users/Admin@org1.example.com/msp
# CORE_PEER_ADDRESS=peer0.org1.example.com:7051
# CORE_PEER_LOCALMSPID="Org1MSP"
# CORE_PEER_TLS_ROOTCERT_FILE=/opt/gopath/src/github.com/hyperledger/fabric/peer/
crypto/peerOrganizations/org1.example.com/peers/peer0.org1.example.com/tls/ca.crt
# peer chaincode install -n mycc -v 1.0 -p github.com/chaincode/chaincode_example02/
go/
2020-01-01 06:53:25.951 UTC [chaincodeCmd] checkChaincodeCmdParams -> INFO 001 Using
default escc
2020-01-01 06:53:25.951 UTC [chaincodeCmd] checkChaincodeCmdParams -> INFO 002 Using
default vscc
```

```
2020-01-01 06:53:26.090 UTC [chaincodeCmd] install -> INFO 003 Installed remotely
response:<status:200 payload:"OK" >
# CORE_PEER_MSPCONFIGPATH=/opt/gopath/src/github.com/hyperledger/fabric/peer/crypto/
peerOrganizations/org2.example.com/users/Admin@org2.example.com/msp
# CORE_PEER_ADDRESS=peer0.org2.example.com:9051
# CORE_PEER_LOCALMSPID="Org2MSP"
# CORE_PEER_TLS_ROOTCERT_FILE=/opt/gopath/src/github.com/hyperledger/fabric/peer/
crypto/peerOrganizations/org2.example.com/peers/peer0.org2.example.com/tls/ca.crt
root@28f55168f105:/opt/gopath/src/github.com/hyperledger/fabric/peer
# peer chaincode install -n mycc -v 1.0 -p github.com/chaincode/chaincode_example02/go/
2020-01-01 06:53:32.064 UTC [chaincodeCmd] checkChaincodeCmdParams -> INFO 002 Using
default vscc
2020-01-01 06:53:32.200 UTC [chaincodeCmd] install -> INFO 003 Installed remotely
response:<status:200 payload:"OK" >
```

채널에서 체인코드를 인스턴스화하고 peer0.org2의 초깃값 a에 100을, b에 200을
설정한다. 그러면 채널의 체인코드가 초기화되고, 체인코드 승인 정책이 실행되며,
대상 피어에 대한 체인 노드 컨테이너가 실행된다.

```
# peer chaincode instantiate -o orderer.example.com:7050 --tls --cafile /opt/
gopathsrc/github.com/hyperledger/fabric/peer/crypto/ordererOrganizations/example.
com/orderers/orderer.example.com/msp/tlscacerts/tlsca.example.com-cert.pem -C
$CHANNEL_NAME -n mycc -v 1.0 -c '{"Args":["init","a", "100", "b","200"]}' -P "OR
('Org1MSP.peer','Org2MSP.peer')"
2020-01-01 06:53:40.599 UTC [chaincodeCmd] checkChaincodeCmdParams -> INFO 001 Using
default escc
2020-01-01 06:53:40.599 UTC [chaincodeCmd] checkChaincodeCmdParams -> INFO 002 Using
default vscc
```

query 명령어를 이용해 체인코드를 확인해보자. peer0.org1에서 a의 값을 조
회한다.

```
# CORE_PEER_MSPCONFIGPATH=/opt/gopath/src/github.com/hyperledger/fabric/peer/crypto/
peerOrganizations/org1.example.com/users/Admin@org1.example.com/msp
# CORE_PEER_ADDRESS=peer0.org1.example.com:7051
```

```
# CORE_PEER_LOCALMSPID="Org1MSP"
# CORE_PEER_TLS_ROOTCERT_FILE=/opt/gopath/src/github.com/hyperledger/fabric/peer/
crypto/peerOrganizations/org1.example.com/peers/peer0.org1.example.com/tls/ca.crt
# peer chaincode query -C $CHANNEL_NAME -n mycc -c '{"Args":["query","a"]}'
100
```

트랜잭션 호출^{invoke}로 a에서 b로 10만큼 이동한다.

```
# peer chaincode invoke -o orderer.example.com:7050  --tls --cafile /opt/gopath/src/
github.com/hyperledger/fabric/peer/crypto/ordererOrganizations/example.com/orderers/
orderer.example.com/msp/tlscacerts/tlsca.example.com-cert.pem  -C $CHANNEL_NAME -n
mycc -c '{"Args":["invoke","a","b","10"]}'
2020-01-01 06:54:16.643 UTC [chaincodeCmd] chaincodeInvokeOrQuery -> INFO 001
Chaincode invoke successful. result: status:200
```

체인코드를 갖고 있지 않은 peer1.org2에 체인코드를 설치한다.

```
# CORE_PEER_MSPCONFIGPATH=/opt/gopath/src/github.com/hyperledger/fabric/peer/crypto/
peerOrganizations/org2.example.com/users/Admin@org2.example.com/msp
# CORE_PEER_ADDRESS=peer1.org2.example.com:10051
# CORE_PEER_LOCALMSPID="Org2MSP"
# CORE_PEER_TLS_ROOTCERT_FILE=/opt/gopath/src/github.com/hyperledger/fabric/peer/
crypto/peerOrganizations/org2.example.com/peers/peer1.org2.example.com/tls/ca.crt
# peer chaincode install -n mycc -v 1.0 -p github.com/chaincode/chaincode_example02/
go/
2020-01-01 06:54:25.013 UTC [chaincodeCmd] checkChaincodeCmdParams -> INFO 001 Using
default escc
2020-01-01 06:54:25.013 UTC [chaincodeCmd] checkChaincodeCmdParams -> INFO 002 Using
default vscc
2020-01-01 06:54:25.135 UTC [chaincodeCmd] install -> INFO 003 Installed remotely
response:<status:200 payload:"OK" >
```

peer1.org2에서 값 a를 조회 시에 초깃값인 100에서 전송한 10을 뺀 90이 조회된다.

```
# peer chaincode query -C $CHANNEL_NAME -n mycc -c '{"Args":["query","a"]}'
90
```

마지막으로 직접 구축한 네트워크를 삭제한다.

```
# exit
$ docker-compose -f docker-compose-cli.yaml down
$ rm -rf channel-artifacts/*.block channel-artifacts/*.tx crypto-config
$ docker rm $(docker ps -aq) -f
```

위의 작업은 도커 컨테이너를 모두 내리는 작업이다. 이전에 설정된 것이 남아 있으면 충돌이 발생할 수 있으므로 도커 컨테이너가 실행되고 있는지 확인하고 남아있는 경우 모두 내려준다.

rm 명령으로 디렉터리 및 그 하위 모든 내용을 강제로 삭제한다.

4.2 하이퍼레저 패브릭 핵심 도구

하이퍼레저 패브릭은 리눅스 기반 OS에서 명령어 인터페이스인 CLI 환경에서 동작하고 그래픽 인터페이스GUI를 제공하지 않으므로, 하이퍼레저 패브릭으로 네트워크를 구현하려면 해당 명령어와 옵션을 이해하고 사용해야 한다. 하이퍼레저 패브릭은 다음과 같은 핵심 도구를 제공하고 있다.

개발 언어	기능
Cryptogen	조직 및 인증서 생성 도구
Configtxgen	블록 및 트랜잭션 생성 도구
Configtxlator	블록 및 트랜잭션 구문 분석 도구
Peer	블록체인 데이터를 저장하고 유지보수 체인코드를 실행하는 마스터 노드 도구
Orderer	트랜잭션 패키징, 정렬 도구

4.2.1 Cryptogen

Cryptogen 도구는 하이퍼레저 패브릭 네트워크에서 운영되는 오더링 서비스 노드 및 피어 노드 등 조직에서 사용할 각종 신원 증명 정보에 대한 인증서를 발급할 때 사용한다. crypto-config.yaml과 같은 설정 파일을 통해 인증서 발급에 필요한 각종 정보를 설정할 수 있다. 설정 파일은 4.1.1의 BYFN 네트워크 구성 부분을 참고하기 바란다. 다음은 새로운 하이퍼레저 패브릭 네트워크를 위한 각종 인증서를 발급받을 때 사용하는 generate 명령어와 이 네트워크에 추가적으로 조직이나 노드를 추가해 네트워크를 확장할 때 사용하는 extend 명령어다.

- **cryptogen generate [⟨Args⟩]**: 새로운 네트워크를 위한 인증서를 발급한다.

옵션	설명
—config	인증서 발급을 위한 설정 파일을 입력한다.
—output	인증서 파일의 저장 위치를 지정한다. 지정하지 않으면 해당 프로젝트 위치에 'crypto-config' 디렉터리가 생성된다.

- **cryptogen extend [⟨Args⟩]**: 기존 네트워크에 설정 정보를 추가해 네트워크를 확장하고 해당 인증서를 발급한다.

옵션	설명
—input	기존에 발급된 인증서 파일의 저장 위치를 불러온다.
—config	인증서 발급을 위한 설정 파일을 입력한다.

cryptogen generate 명령을 실행하면 그림 4-5와 같이 디렉터리 구조로 인증서 파일이 생성된다. 그림 4-5는 앞에서 설명한 BYFN의 crypto-config.yaml 파일을 가지고 실행했을 때 생성되는 디렉터리 구조다.

그림 4-5 crypto-config 디렉터리

4.2.2 Configtxgen

Configtxgen 도구는 채널을 구성하고 검사하며 제네시스 블록을 만들고 검사할 수 있다. 이 configtxgen 도구에는 하위 명령이 없지만 여러 작업을 수행하도록 설정할 수 있는 옵션이 있다. 주요 옵션은 다음과 같다.

옵션	설명
-asOrg	조직 이름
-channelID	채널 ID
-inspectBlock	지정된 경로에 있는 블록에 포함된 구성
-inspectChannelCreateTx	채널 정보에 대한 트랜잭션 구성
-outputAnchorPeersUpdate	앵커 피어 노드 업데이트 정보가 담긴 트랜잭션 파일이 저장될 경로
-outputBlock	제네시스 블록 파일이 저장될 경로
-outputCreateChannelTx	채널 생성 정보가 담긴 트랜잭션 파일이 저장될 경로

4.2.3 Configtxlator

Configtxlator 도구는 REST 서버를 구성하도록 해준다. 주요 옵션은 다음과 같다.

옵션	설명
Start	REST Server 시작
Proto_encode	JSON 형식을 protobuf로 변환
Proto_decode	protobuf를 JSON 형식으로 변환
Compute_update	구성 업데이트 계산

4.2.4 Orderer

Orderer 도구는 오더링 서비스 노드에서 실행되는 도구이며 트랜잭션을 순서화시키고 정렬된 트랜잭션을 패키징하는 역할을 담당한다. CLI에서 직접 커맨드 명령어로 입력해 실행하거나 도커 컴포저 구성 파일로 실행된다. Orderer 설정 파일은 4.1.1의 docker-compose-cli.yaml 파일의 orderer.example.com 부분을 참고하기 바란다.

4.2.5 Peer

Peer 도구는 피어 노드에서 실행되는 명령어 집합이며 하이퍼레저 패브릭에서 가장 자주 사용된다. 주로 블록체인 데이터를 저장하고 유지, 관리하며 체인코드 설치와 초기화, 실행 및 외부 서비스 인터페이스 제공을 담당한다. peer의 하위 명령어는 다음과 같다.

옵션	설명
chaincode	체인코드 관련 작업
channel	채널 관련 작업
logging	로그 수준 작업

옵션	설명
node	피어 노드 서버 시작
version	피어 노드의 버전 정보를 표시

peer chaincode 명령어는 또 하위 명령어를 사용할 수 있는데, 이를 통해 관리자는 체인코드 설치, 인스턴스화, 호출, 패키징, 쿼리 및 업그레이드와 같은 피어 노드에 관련된 체인코드 작업을 수행할 수 있다. 하위 명령어로는 install, invoke, package, query, signpackage, upgrade, list가 있다. package, signpackage, install은 체인코드 패키징 및 배포 명령어이고 instantiate, update는 체인코드의 인스턴스 생성 및 업데이트 명령어다. 그리고 invoke, query는 체인코드 실행 명령어다.

peer channel 명령어는 하이퍼레저 패브릭의 블록체인 네트워크 채널을 관리하는 명령어다. 하위 명령어로는 create, fetch, getinfo, join, list, signconfigtx, update 가 있다.

create 명령어는 채널를 만들고, fetch 명령어는 블록을 가지고 온다. getinfo 명령어는 채널의 정보를 얻을 수 있다. join 명령어는 피어를 채널에 가입시키고 list 명령어는 피어가 참가한 채널 목록을 불러온다. signconfigtx 명령어를 사용해 파일 시스템에 서명한다. update 명령어는 채널을 업데이트한다.

peer logging 명령어는 하이퍼레저 패브릭 1.4 버전 기준으로 getlogspec, setlogspec 2개의 하위 명령어가 있다. getlogspec 명령어는 현재 설정돼 있는 로그 레벨을 확인하는 것이고 setlogspec 명령어는 로그 출력 레벨을 설정한다.

1.4 버전 이전에 사용하던 3개의 getlevel, setlevel, revertlevels 명령어는 이제 더 이상 사용되지 않는다.

peer node 명령어를 통해 관리자는 피어 노드를 시작하거나 피어 노드의 상태를 확인할 수 있는데, 관련 하위 명령어로는 start와 status가 있다. start 명령어는 피어 노드를 시작하는 것이고 status 명령어는 피어 노드의 실행 상태를 확인한다.

기타로 peer version 명령어가 있는데, 이는 피어 노드의 버전 정보를 확인할 때 사용한다.

4.3 로그 제어

하이퍼레저 패브릭의 Orderer 및 peer 도구는 로그 제어 기능을 제공한다. 로그 제어는 로그로 출력되는 모든 내용에 대해 다양한 대상을 지정할 수 있게 해주는 기능이다. 이 기능을 사용하면 문제 파악을 빠르게 할 수 있고 빠른 디버깅도 가능하며, 수준에 따라 로그를 필터해서 보기 때문에 필요한 로그만을 볼 수도 있다. 또한 로그 데이터를 정제해서 출력하므로 로그를 저장해 관리 시 용량도 적게 들게 할 수 있다.

Orderer 및 peer 도구는 하이퍼레저 패브릭의 common/flogging 패키지를 가지고 로그를 제어할 수 있다. 로그 제어는 크게 3가지를 지원한다.

1. 로그 심각성에 기반한 로그 제어
2. 메시지를 생성하는 Logger에 기반한 로그 제어
3. 메시지의 심각성에 따른 다른 출력 옵션 설정

4.3.1 로그 레벨 및 형식

로그 레벨은 대/소문자를 구분하지 않고 다음의 단어를 입력하고 설정해 지정할 수 있다. 다음은 1.4 버전에서의 로그 레벨 목록이며 하나씩 살펴보도록 하겠다.

- FATAL: 심각한 수준의 에러가 발생한 상태
- PANIC: 시스템을 사용할 수 없어 에러가 발생한 상태
- ERROR: 요청을 처리하는 중 문제가 발생한 상태
- WARNING: 처리 가능한 문제이지만 향후 시스템의 에러가 발생할 수 있는 상태

- INFO: 정보성 메시지 출력이 정상이며 진행중임을 확인할 수 있는 상태
- DEBUG: 개발 시 디버그 용도로 사용해 자세하게 출력되는 상태

실제로 하이퍼레저 패브릭 네트워크를 운영할 때 볼 수 있는 로그는 ERROR, WARNING, INFO, DEBUG 정도다. 위의 수준은 옵션 또는 환경변수, API에서 사용할 수 있다. CLI에서 출력될 때에는 모든 로그는 stderr로 출력한다. 로그 수준은 색상과 4자리 코드로 표시된다(예: ERROR는 ERRO, DEBUG는 DEBU 등). 다음은 출력되는 로그의 예다.

```
2020-01-01 10:33:48.447 UTC [peer] func1 -> INFO 007 Auto-detected peer address:
172.18.0.2:7051
2020-01-01 10:33:48.454 UTC [peer] func1 -> INFO 008 Returning peer0.org2.example.
com:7051
2020-01-01 10:33:48.454 UTC [peer] func1 -> INFO 009 Auto-detected peer address:
172.18.0.2:7051
2020-01-01 10:33:48.454 UTC [peer] func1 -> INFO 00a Returning peer0.org2.example.
com:7051
2020-01-01 10:33:48.458 UTC [nodeCmd] serve -> INFO 00b Starting peer with TLS
enabled
```

1.4 버전 이후로 로그 형식을 개발자 입맛에 맞게 변경할 수 있다. 도커 컴포즈 설정 파일에서 FABRIC_LOGGING_FORMAT 환경변수를 사용해 다음과 같은 정규 표현식 형태의 문자열로 기본 형태를 변경할 수 있다.

```
FABRIC_LOGGING_FORMAT  = "%{color}%{time:2006-01-02 15:04:05.000 MST} [%{module}]
%{shortfunc} -> %{level:.4s} %{id:03x}%{color:reset} %{message}"
```

4.3.2 Go 체인코드 API

체인코드의 로그 제어는 피어를 통해 전달된 로그를 출력한다. 체인코드 shim 패키지는 체인코드가 로그를 생성하고 관리할 수 있게 해주는 API를 제공한다. 물론 독

자적으로 실행되는 프로그램처럼 표준 출력을 사용해 로그를 생성할 수도 있다.

- NewLogger(name string) *ChaincodeLogger: 체인코드에서 사용할 로그 개체를 만든다.
- (c *ChaincodeLogger) SetLevel(level LoggingLevel): 로거의 로그 수준을 설정한다.
- (c *ChaincodeLogger) IsEnabledFor(level LoggingLevel) bool: 로그가 주어진 레벨에서 생성될 경우 true를 리턴한다.
- LogLevel(levelString string) (LoggingLevel, error): 문자열을 LoggingLevel로 변환한다.

다음은 체인코드가 LogInfo 레벨에서 로그를 사용하는 방법을 보여주는 간단한 예제다.

```
var logger = shim.NewLogger("myChaincode")

func main() {
logger.SetLevel(shim.LogInfo)

  logLevel, _ := shim.LogLevel(os.Getenv("SHIM_LOGGING_LEVEL"))
shim.SetLoggingLevel(logLevel)
~~~
}
```

4.4 체인코드 프로그래밍

4.4.1 체인코드 프로그래밍 시작하기

일반적으로 블록체인에서 스마트 컨트랙트라고 하는 것을 하이퍼레저 패브릭에서는 체인코드라고 한다. 체인코드는 Go, Node.js 또는 자바로 개발할 수 있고 일반적으로 도커 컨테이너에서 실행된다.

체인코드는 피어 노드에 설치되며, 체인코드가 동작하면서 원장을 업데이트할 것이다.

4.4.2 Go 체인코드 개발하기

먼저 Go 언어로, 자산을 간단히 이동하는 체인코드를 개발해 보겠다. 다음과 같이 명령어를 실행해 $GOPATH/src/의 하위 디렉터리에 체인코드를 위한 디렉터리를 만들고 해당 디렉터리로 이동한다.

```
$ mkdir -p $GOPATH/src/fabric-samples/chaincode/basicchaincode/go
$ cd $GOPATH/src/fabric-samples/chaincode/basicchaincode/go
```

다음으로 체인코드를 개발할 basicchaincode.go 파일을 하나 생성하고, 3장에서 설치했던 VSCODE를 이용해 코드를 작성해보자.

```
$ touch basicchaincode.go
$ code basicchaincode.go
```

본격적으로 체인코드를 작성하기 위해 먼저 import 및 Init, Invoke 함수를 구현하겠다. 체인코드에서 사용할 모듈을 import문으로 추가할 수 있는데, 꼭 필요한 모듈인 shim 모듈과 protobuf 모듈을 불러오고, BasicChain 구조체를 추가한다.

```
1      package main
2
3      import (
4              "fmt"
5              "strconv"
6
7              "github.com/hyperledger/fabric/core/chaincode/shim"
8              "github.com/hyperledger/fabric/protos/peer"
9      )
```

```
10
11      type BasicChain struct {
12      }
```

체인코드를 인스턴스화할 때 호출되는 다음의 Init 함수를 구현해보겠다.

```
1      func (t *BasicChain) Init(stub shim.ChaincodeStubInterface) peer.Response {
2      }
```

먼저 ChaincodeStubInterface.GetStringArgs 함수를 사용해 체인코드 인스턴스화 시 넘겨 받는 인수가 2개인지 확인하고 아니면 에러 처리를 한다.

```
1      func (t *BasicChain) Init(stub shim.ChaincodeStubInterface) peer.Response {
2        args := stub.GetStringArgs()
3      if len(args) != 2 {
4        return shim.Error("Error Incorrect arguments.")
5      }
6      }
```

인수가 유효하다는 것을 확인했으므로, 원장에 초깃값을 저장하는 내용을 작성한다. 이를 위해 인수로 전달된 키와 값으로 ChaincodeStubInterface.PutState PutSate 함수를 호출해 원장에 저장한다.

```
1      func (t *BasicChain) Init(stub shim.ChaincodeStubInterface) peer.Response {
2        args := stub.GetStringArgs()
3      if len(args) != 2 {
4        return shim.Error("Error Incorrect arguments.")
5      }
6
7      err := stub.PutState(args[0], []byte(args[1]))
8      if err != nil {
9              return shim.Error(fmt.Sprintf("Failed to create asset: %s", args[0]))
10      }
11      return shim.Success(nil)
```

```
12        }
```

스마트 컨트랙트의 실제 동작 내용을 구현하는 코드를 작성하기 위해, 체인코드의
Invoke 함수를 작성한다.

```
1        func (t *BasicChain) Invoke(stub shim.ChaincodeStubInterface) peer.Response {
2
3        }
```

위의 Invoke 함수의 인자 값인 ChaincodeStubInterface로부터 체인코드 실행 시
넘겨 받은 인수를 추출해야 하는데, 이 인수는 외부에서 호출해 실행할 체인코드의
함수(기능) 이름이다. 먼저 ChaincodeStubInterface.GetFunctionAndParameters
를 호출해 해당 체인코드의 함수 이름과 함수 인자 값을 추출한다.

```
1        func (t *BasicChain) Invoke(stub shim.ChaincodeStubInterface) peer.Response {
2        fn, args := stub.GetFunctionAndParameters()
3
4        }
```

함수 이름을 get, set, transfer 중 하나로 확인하고 해당 체인코드 함수를 호출해
gRPC protobuf 메시지로 응답을 직렬화Serialize하는 shim.Success 또는 shim.Error
함수를 통해 적절한 응답을 반환한다.

```
1        func (t *BasicChain) Invoke(stub shim.ChaincodeStubInterface) peer.Response {
2            fn, args := stub.GetFunctionAndParameters()
3
4            var result string
5            var err error
6            if fn == "set" {
7                result, err = set(stub, args)
8            } else if fn == "transfer" {
9                result, err = transfer(stub, args)
```

```
10            } else {
11                    result, err = get(stub, args)
12            }
13            if err != nil {
14                    return shim.Error(err.Error())
15            }
16
17            return shim.Success([]byte(result))
18      }
```

이번에는 Invoke 함수를 통해 호출할 수 있는 get, set, transfer 기능을 구현한다. 위에서 언급했듯이 원장에 접근하려면 shim의 ChaincodeStubInterface.PutState 함수 및 ChaincodeStubInterface.GetState 함수를 사용해야 한다. 다음에서 구현할 set 함수는 원장에 자산을 저장하고 get 함수는 원장에서 조회하며, transfer 함수는 A에서 B에게 X 값만큼 자산을 이동한다.

```
1      func set(stub shim.ChaincodeStubInterface, args []string) (string, error) {
2            if len(args) != 2 {
3                    return "", fmt.Errorf("Error Incorrect arguments.")
4            }
5
6            err := stub.PutState(args[0], []byte(args[1]))
7            if err != nil {
8                    return "", fmt.Errorf("Failed to set asset: %s", args[0])
9            }
10            return args[1], nil
11      }
12
13      func get(stub shim.ChaincodeStubInterface, args []string) (string, error) {
14            if len(args) != 1 {
15                    return "", fmt.Errorf("Incorrect arguments. Expecting a key, %s", args[0])
16            }
17
18            value, err := stub.GetState(args[0])
```

```go
19              if err != nil {
20                      return "", fmt.Errorf("Failed to get asset: %s with error: %s", args[0], err)
21              }
22              if value == nil {
23                      return "", fmt.Errorf("Asset not found: %s", args[0])
24              }
25              return string(value), nil
26      }
27
28      func transfer(stub shim.ChaincodeStubInterface, args []string) (string, error) {
29              var A, B string
30              var Aval, Bval int
31              var X int
32              var err error
33
34              if len(args) != 3 {
35                      return "", fmt.Errorf("Incorrect number of arguments. Expecting 3")
36              }
37
38              A = args[0]
39              B = args[1]
40
41
42
43              Avalbytes, err := stub.GetState(A)
44              Aval, _ = strconv.Atoi(string(Avalbytes))
45              Bvalbytes, err := stub.GetState(B)
46              Bval, _ = strconv.Atoi(string(Bvalbytes))
47
48
49              X, err = strconv.Atoi(args[2])
50
51              Aval = Aval - X
52              Bval = Bval + X
53              fmt.Printf("Aval = %d, Bval = %d\n", Aval, Bval)
54
```

```
55
56              err = stub.PutState(A, []byte(strconv.Itoa(Aval)))
57              if err != nil {
58                      return "", fmt.Errorf(err.Error())
59              }
60
61              err = stub.PutState(B, []byte(strconv.Itoa(Bval)))
62              if err != nil {
63                      return "", fmt.Errorf(err.Error())
64              }
65
66              return args[2], nil
67      }
```

마지막으로 shim.Start 함수를 호출할 main 함수를 추가해야 한다. 다음은 지금까지 작성한 전체 체인코드의 소스코드다.

```
1       package main
2
3       import (
4               "fmt"
5               "strconv"
6
7               "github.com/hyperledger/fabric/core/chaincode/shim"
8               "github.com/hyperledger/fabric/protos/peer"
9       )
9
10
11      type BasicChain struct {
12      }
13
14      func (t *BasicChain) Init(stub shim.ChaincodeStubInterface) peer.Response {
15              args := stub.GetStringArgs()
16              if len(args) != 2 {
17                      return shim.Error("Error Incorrect arguments.")
```

```go
18              }
19              err := stub.PutState(args[0], []byte(args[1]))
20              if err != nil {
21                      return shim.Error(fmt.Sprintf("Failed to create asset: %s", args[0]))
22              }
23              return shim.Success(nil)
24      }
25
26      func (t *BasicChain) Invoke(stub shim.ChaincodeStubInterface) peer.Response {
27              fn, args := stub.GetFunctionAndParameters()
28
29              var result string
30              var err error
31              if fn == "set" {
32                      result, err = set(stub, args)
33              } else if fn == "transfer" {
34                      result, err = transfer(stub, args)
35              } else {
36                      result, err = get(stub, args)
37              }
38              if err != nil {
39                      return shim.Error(err.Error())
40              }
41
42              return shim.Success([]byte(result))
43      }
44
45      func set(stub shim.ChaincodeStubInterface, args []string) (string, error) {
46              if len(args) != 2 {
47                      return "", fmt.Errorf("Error Incorrect arguments.")
48              }
49
50              err := stub.PutState(args[0], []byte(args[1]))
51              if err != nil {
52                      return "", fmt.Errorf("Failed to set asset: %s", args[0])
53              }
```

```
54              return args[1], nil
55      }
56
57      func get(stub shim.ChaincodeStubInterface, args []string) (string, error) {
58              if len(args) != 1 {
59                      return "", fmt.Errorf("Incorrect arguments. Expecting a key, %s", args[0])
60              }
61
62              value, err := stub.GetState(args[0])
63              if err != nil {
64                      return "", fmt.Errorf("Failed to get asset: %s with error: %s", args[0], err)
65              }
66              if value == nil {
67                      return "", fmt.Errorf("Asset not found: %s", args[0])
68              }
69              return string(value), nil
70      }
71
72      func transfer(stub shim.ChaincodeStubInterface, args []string) (string, error) {
73              var A, B string
74              var Aval, Bval int
75              var X int
76              var err error
77
78              if len(args) != 3 {
79                      return "", fmt.Errorf("Incorrect number of arguments. Expecting 3")
80              }
81
82              A = args[0]
83              B = args[1]
84
85
86
87              Avalbytes, err := stub.GetState(A)
88              Aval, _ = strconv.Atoi(string(Avalbytes))
89              Bvalbytes, err := stub.GetState(B)
90              Bval, _ = strconv.Atoi(string(Bvalbytes))
```

```
91              X, err = strconv.Atoi(args[2])
92
93              Aval = Aval - X
94              Bval = Bval + X
95              fmt.Printf("Aval = %d, Bval = %d\n", Aval, Bval)
96
97              err = stub.PutState(A, []byte(strconv.Itoa(Aval)))
98              if err != nil {
99                      return "", fmt.Errorf(err.Error())
100             }
101
102             err = stub.PutState(B, []byte(strconv.Itoa(Bval)))
103             if err != nil {
104                     return "", fmt.Errorf(err.Error())
105             }
106
107             return args[2], nil
108     }
109
110     func main() {
111             if err := shim.Start(new(BasicChain)); err != nil {
112                     fmt.Printf("Error starting BasicChain: %s", err)
113             }
114     }
```

빌드하기 전에 위 코드에서 참조하는 shim 패키지가 포함된 코드를 다운로드한다.

```
$ mkdir -p $GOPATH/src/github.com/hyperledger/
$ cd $GOPATH/src/github.com/hyperledger/
$ git clone -b release-1.4 https://github.com/hyperledger/fabric.git
```

이제 체인코드를 빌드하겠다.

```
$ cd $GOPATH/src/fabric-samples/chaincode/basicchaincode/go
```

```
$ go build
$ go get -u github.com/hyperledger/fabric/core/chaincode/shim
```

4.4.3 자바 체인코드 개발하기

여기에서는 앞에서 Go 언어로 개발했던 체인코드를 자바 기반으로 다시 작성하겠다.

IntelliJ로 개발을 진행하며, 빌드 자동화를 위해 Gradle을 사용한다.

"IntelliJ IDEA"를 실행 후 새로운 프로젝트를 생성한다. 그림 4-6의 왼쪽 메뉴에서 Gradle을 선택한 후 Java를 선택한다.

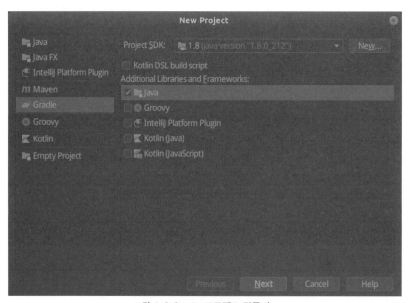

그림 4-6 Gradle 프로젝트 만들기

그림 4-7과 같이 GroupID와 ArtfactID를 다음과 같이(basicchaincode, basicchaincode) 입력한다.

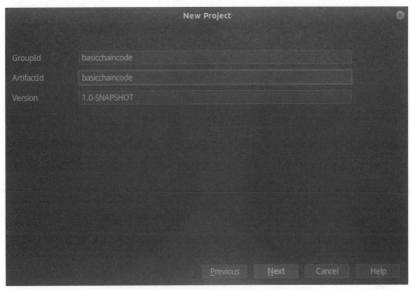

그림 4-7 Gradle 프로젝트의 GroupID와 ArtfactID 설정

프로젝트 위치는 /home/hyperledger/go/src/fabric-samples/chaincode/ basicchaincode/에 java 폴더를 새로 만들어 /home/hyperledger/go/src/fabric-samples/chaincode/basicchaincode/java로 설정한다.

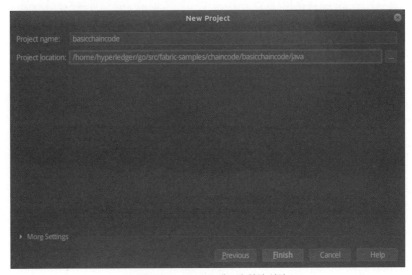

그림 4-8 Gradle 프로젝트의 위치 설정

Gradle 프로젝트 생성을 완료하면 그림 4-9와 같이 프로젝트가 생성된 것을 확인할 수 있다.

그림 4-9 Gradle 프로젝트 만들기

이 프로젝트에서 빌드되는 jar 파일에 사용하는 라이브러리를 포함하기 위해서 shadowJar 플러그인을 추가한다.

build.gradle을 열어서 plugins에 id 'com.github.johnrengelman.shadow' version '2.0.3'을 추가하고, dependencies도 추가한다. 그리고 하단에 shadowJar 내용을 추가한다.

```
1    plugins {
2        id 'java'
3        id 'com.github.johnrengelman.shadow' version '2.0.3'
4    }
5
6    group 'basicchaincode'
7    version '1.0-SNAPSHOT'
8
```

```
9        sourceCompatibility = 1.8
10
11       repositories {
12           maven {
13               url "https://nexus.hyperledger.org/content/repositories/snapshots/"
14           }
15           jcenter()
16           maven {
17               url 'https://jitpack.io'
18           }
19       }
20       dependencies {
21           compile group: 'org.hyperledger.fabric-chaincode-java', name: 'fabric-chaincode-
22       shim', version: '1.+'
23           compile group: 'com.fasterxml.jackson.core', name: 'jackson-databind', version: '2.9.6'
24           testCompile group: 'junit', name: 'junit', version: '4.12'
25
26       }
27       shadowJar {
28           baseName = 'chaincode'
29           version = null
30           classifier = null
31
32           manifest {
33               attributes 'Main-Class': 'org.hyperledger.fabric.chaincode.basicchaincode'
34           }
35       }
```

shadowJar을 추가하면 우측 하단에 "Gradle projects need to be imported" 메시
지가 출력된다. Import Changes를 클릭해 추가한다.

그림 4-10 Import Changes

이제 체인코드를 작성하겠다. 이 체인코드는 4.4.2의 Go 체인코드 개발하기에 Go

언어로 작성한 basicchaincode의 자바 버전이다.

그림 4-11과 같이 Gradle 프로젝트 내에 src/main/java/basicchaincode.java를 만든다.

그림 4-11 자바 클래스 만들기

그림 4-12와 같이 클래스 이름을 org.hyperledger.fabric.chaincode.basicchaincode라고 지정한다.

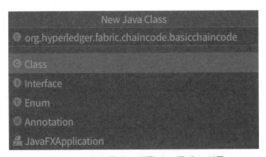

그림 4-12 자바 클래스 만들기 – 클래스 이름

체인코드는 ChaincodeStub API를 사용해 원장 데이터에 액세스하기 위해 Chaincode 인터페이스를 구현[implements]하거나 ChaincodeBase 추상 클래스를 확장[extends]해서 구현해야 한다. 여기서는 ChaincodeBase를 상속, 즉 확장해서 basicchaincode라는 클래스를 작성할 것이다. ChaincodeBase 클래스는 체인코드를 시작하는 데 사용되는 시작 메소드를 포함해서 체인코드 기본 처리 방식이 정의돼 있는 추상 클래스다.

```
1        package org.hyperledger.fabric.chaincode;
2
3        import com.google.protobuf.ByteString;
4        import org.apache.commons.logging.Log;
5        import org.apache.commons.logging.LogFactory;
6        import org.hyperledger.fabric.shim.ChaincodeBase;
7        import org.hyperledger.fabric.shim.ChaincodeStub;
8
9        import java.util.List;
10
11       import static java.nio.charset.StandardCharsets.UTF_8;
12
13       public class basicchaincode extends ChaincodeBase {
14           private static Log _logger = LogFactory.getLog(basicchaincode.class);
15               @Override
16               public Response init(ChaincodeStub stub) {
17                   return newSuccessResponse();
18               }
19
20               @Override
21               public Response invoke(ChaincodeStub stub) {
22                   return newSuccessResponse();
23               }
24       }
```

체인코드를 인스턴스화할 때 호출되는 init 함수를 구현해 보겠다.

먼저 ChaincodeStub.getStringArgs 함수를 사용해 체인코드 인스턴스화 시 넘겨받는 인수가 2개인지 확인하고 아니면 에러 처리를 한다.

```
1            @Override
2        public Response init(ChaincodeStub stub) {
3            List<String> args = stub.getStringArgs();
4            if (args.size() != 2) {
5                newErrorResponse("Error Incorrect arguments.");
6            }
```

```
7                 return newSuccessResponse();
8         }
```

인수가 유효하다는 것을 확인했으므로, 원장에 초깃값을 저장하는 내용을 작성한다. 이를 위해 인수로 전달된 키와 값으로 ChaincodeStub.putStringState 함수를 호출해 원장에 저장한다.

```
1          @Override
2          public Response init(ChaincodeStub stub) {
3              try {
4                  List<String> args = stub.getStringArgs();
5                  if (args.size() != 2) {
6                      newErrorResponse("Error Incorrect arguments.");
7                  }
8                  stub.putStringState(args.get(0), args.get(1));
9                  return newSuccessResponse();
10             } catch (Throwable e) {
11                 return newErrorResponse("Failed to create asset");
12             }
13         }
```

스마트 컨트랙트의 실제 동작 내용을 구현하는 코드를 작성하기 위해, 체인코드의 invoke 함수를 작성한다.

```
1          @Override
2          public Response invoke(ChaincodeStub stub) {
3              return newSuccessResponse();
4          }
```

위의 invoke 함수의 인자 값인 ChaincodeStub로부터 체인코드 실행 시 넘겨 받은 인수를 추출해야 하는데, 이 인수는 외부에서 호출해 실행할 체인코드의 함수(기능) 이름이다. 먼저 ChaincodeStub.getFunction과 ChaincodeStub.getParameters 함수를 호출해 해당 체인코드의 함수 이름과 함수 인자 값을 추출한다. 그런 다음 함수

176

이름을 get, set, transfer 중 하나로 확인하고 해당 체인코드 함수를 호출한다.

```
1        public Response invoke(ChaincodeStub stub) {
2            try {
3                String func = stub.getFunction();
4                List<String> params = stub.getParameters();
5                if (func.equals("set")) {
6                    return set(stub, params);
7                } else if (func.equals("transfer")) {
8                    return transfer(stub, params);
9                } else if (func.equals("get")) {
10                   return get(stub, params);
11               }
12               return newErrorResponse("Invalid invoke function name. Expecting one of:
13                   [\"set\", \"get\"");
14           } catch (Throwable e) {
15               return newErrorResponse(e.getMessage());
16           }
17       }
```

이번에는 invoke 함수를 통해 호출할 수 있는 get, set, transfer 기능을 구현한다.
위에서 언급했듯이 원장에 접근하려면 ChaincodeStub.putStringState 함수 및
ChaincodeStub.getStringState 함수를 사용해야 한다. 다음에서 구현할 get 함수는
원장에서 조회하는 함수이고, set 함수는 원장에 자산을 저장하는 함수이며, transfer
함수는 A에서 B에게 X 값만큼 자산을 이동하는 함수다.

```
1        private Response get(ChaincodeStub stub, List<String> args) {
2            if (args.size() != 1) {
3                return newErrorResponse("Incorrect number of arguments. Expecting name of
4                    the person to query");
5            }
6            String key = args.get(0);
7            String val = stub.getStringState(key);
8
```

```
9              if (val == null) {
10                 return newErrorResponse(String.format("Error: state for %s is null", key));
11             }
12             return newSuccessResponse(val, ByteString.copyFrom(val, UTF_8).toByteArray());
13         }
14
15     private Response set(ChaincodeStub stub, List<String> args) {
16         if (args.size() != 2) {
17             throw new RuntimeException("Error Incorrect arguments.");
18         }
19         stub.putStringState(args.get(0), args.get(1));
20         return newSuccessResponse(args.get(1));
21     }
22
23     private Response transfer(ChaincodeStub stub, List<String> args) {
24         if (args.size() != 3) {
25             return newErrorResponse("Incorrect number of arguments. Expecting 3");
26         }
27         String accountFromKey = args.get(0);
28         String accountToKey = args.get(1);
29
30         String accountFromValueStr = stub.getStringState(accountFromKey);
31         if (accountFromValueStr == null) {
32             return newErrorResponse(String.format("Entity %s not found",
33 accountFromKey));
34         }
35         int accountFromValue = Integer.parseInt(accountFromValueStr);
36
37         String accountToValueStr = stub.getStringState(accountToKey);
38         if (accountToValueStr == null) {
39             return newErrorResponse(String.format("Entity %s not found", accountToKey));
40         }
41         int accountToValue = Integer.parseInt(accountToValueStr);
42
43         int amount = Integer.parseInt(args.get(2));
44
45         if (amount > accountFromValue) {
```

```
46          return newErrorResponse(String.format("not enough money in account %s",
47              accountFromKey));
48      }
49
50      accountFromValue -= amount;
51      accountToValue += amount;
52
53      _logger.info(String.format("new value of A: %s", accountFromValue));
54      _logger.info(String.format("new value of B: %s", accountToValue));
55
56      stub.putStringState(accountFromKey, Integer.toString(accountFromValue));
57      stub.putStringState(accountToKey, Integer.toString(accountToValue));
58
59      _logger.info("Transfer complete");
60
61      return newSuccessResponse("invoke finished successfully",
62  ByteString copyFrom(accountFromKey + ": " + accountFromValue + " " + accountToKey
63      + ": " + accountToValue, UTF_8).toByteArray());
64      }
```

basicchaincode.start 함수를 호출할 main 함수를 추가해야 한다. 다음은 지금까지 작성한 전체 체인코드의 소스코드다.

```
1   package org.hyperledger.fabric.chaincode;
2
3   import com.google.protobuf.ByteString;
4   import org.apache.commons.logging.Log;
5   import org.apache.commons.logging.LogFactory;
6   import org.hyperledger.fabric.shim.ChaincodeBase;
7   import org.hyperledger.fabric.shim.ChaincodeStub;
8
9   import java.util.List;
10
11  import static java.nio.charset.StandardCharsets.UTF_8;
12
13  public class basicchaincode extends ChaincodeBase {
```

```
14
15          private static Log _logger = LogFactory.getLog(basicchaincode.class);
16
17          @Override
18          public Response init(ChaincodeStub stub) {
19              try {
20                  List<String> args = stub.getStringArgs();
21                  if (args.size() != 2) {
22                      newErrorResponse("Error Incorrect arguments.");
23                  }
24                  stub.putStringState(args.get(0), args.get(1));
25                  return newSuccessResponse();
26              } catch (Throwable e) {
27                  return newErrorResponse("Failed to create asset");
28              }
29          }
30
31          @Override
32          public Response invoke(ChaincodeStub stub) {
33              try {
34                  String func = stub.getFunction();
35                  List<String> params = stub.getParameters();
36
37                  if (func.equals("set")) {
38                      return set(stub, params);
39                  } else if (func.equals("transfer")) {
40                      return transfer(stub, params);
41                  } else if (func.equals("get")) {
41                      return get(stub, params);
43                  }
44                  return newErrorResponse("Invalid invoke function name. Expecting one of:
45                      [\"set\", \"get\"");
46              } catch (Throwable e) {
47                  return newErrorResponse(e.getMessage());
48              }
49          }
50          private Response get(ChaincodeStub stub, List<String> args) {
```

```
51              if (args.size() != 1) {
52                  return newErrorResponse("Incorrect number of arguments. Expecting name of
53                      the person to query");
54              }
55              String key = args.get(0);
56              String val = stub.getStringState(key);
57
58              if (val == null) {
59                  return newErrorResponse(String.format("Error: state for %s is null", key));
60              }
61              return newSuccessResponse(val, ByteString.copyFrom(val, UTF_8).toByteArray());
62          }
63
64          private Response set(ChaincodeStub stub, List<String> args) {
65              if (args.size() != 2) {
66                  throw new RuntimeException("Error Incorrect arguments.");
67              }
68              stub.putStringState(args.get(0), args.get(1));
69              return newSuccessResponse(args.get(1));
70          }
71          private Response transfer(ChaincodeStub stub, List<String> args) {
72              if (args.size() != 3) {
73                  return newErrorResponse("Incorrect number of arguments. Expecting 3");
74              }
75              String accountFromKey = args.get(0);
76              String accountToKey = args.get(1);
77
78              String accountFromValueStr = stub.getStringState(accountFromKey);
79              if (accountFromValueStr == null) {
80                  return newErrorResponse(String.format("Entity %s not found",
81                      accountFromKey));
82              }
83              int accountFromValue = Integer.parseInt(accountFromValueStr);
84
85              String accountToValueStr = stub.getStringState(accountToKey);
86              if (accountToValueStr == null) {
87                  return newErrorResponse(String.format("Entity %s not found", accountToKey));
```

```
88              }
89              int accountToValue = Integer.parseInt(accountToValueStr);
90
91              int amount = Integer.parseInt(args.get(2));
92
93              if (amount > accountFromValue) {
94                  return newErrorResponse(String.format("not enough money in account %s",
95                      accountFromKey));
96              }
97
98              accountFromValue -= amount;
99              accountToValue += amount;
100
101             _logger.info(String.format("new value of A: %s", accountFromValue));
102             _logger.info(String.format("new value of B: %s", accountToValue));
103
104             stub.putStringState(accountFromKey, Integer.toString(accountFromValue));
105             stub.putStringState(accountToKey, Integer.toString(accountToValue));
106
107             _logger.info("Transfer complete");
108
109             return newSuccessResponse("invoke finished successfully", ByteString.
110     copyFrom(accountFromKey + ": " + accountFromValue + " " + accountToKey
111     + ": " + accountToValue, UTF_8).toByteArray());
112         }
113     public static void main(String[] args) {
114         new basicchaincode().start(args);
115     }
116
117 }
```

이제 다음과 같이 빌드 명령을 실행한다.

```
$ gradle clean build shadowJar
```

오류가 없으면, 이제까지 작성한 체인코드를 테스트해보자.

4.4.4 하이퍼레저 패브릭 체인코드 테스트

앞장에서 직접 만든 체인코드를 BYFN을 활용해 테스트하겠다. 4.1.2장과 유사한 절차로 테스트한다.

4.1의 '하이퍼레저 패브릭 시작하기'에서 BYFN 네트워크를 구성하고 종료하지 않았다면 그 네트워크에 체인을 추가로 설치한다.

만약 BYFN 네트워크를 종료했다면 fabric-samples의 first-network 디렉터리로 이동해 ./byfn.sh generate 명령어로 네트워크를 구성하고 환경 설정 파일을 생성한다. ./byfn.sh up 명령어를 사용해 네트워크를 시작한다.

이제 4.4.2와 4.4.3장에서 개발한 체인코드를 설치하고 실행해 보도록 하겠다. 하이퍼레저 패브릭은 기본 체인코드로 Go 언어를 지원하기 때문에, 만약 자바로 만든 체인코드를 설치하려면 -l java 옵션을 사용해야만 한다.

먼저 Go 체인코드를 설치해 보자. 다음 명령어로 컨테이너의 CLI를 시작한다.

```
$ docker exec -it cli bash
```

체인코드 컨테이너의 cli에서 peer chaincode install 명령어로 다음과 같이 peer0. org1에 체인코드를 설치한다.

```
# peer chaincode install -n mycc2 -v 1.0 -p github.com/chaincode/basicchaincode/gz
2020-01-01 05:00:36.756 UTC [chaincodeCmd] checkChaincodeCmdParams -> INFO 001 Using
default escc
2020-01-01 05:00:36.757 UTC [chaincodeCmd] checkChaincodeCmdParams -> INFO 002 Using
default vscc
2020-01-01 05:00:37.297 UTC [chaincodeCmd] install -> INFO 003 Installed remotely
response:<status:200 payload:"OK" >
```

peer chaincode instantiate 명령어를 사용하고 변수 a에 10을 설정해 체인코드를 인스턴스화한다.

```
# peer chaincode instantiate -o orderer.example.com:7050 -v 1.0 --tls --cafile /opt/
gopath/src/github.com/hyperledger/fabric/peer/crypto/ordererOrganizations/example.
com/orderers/orderer.example.com/msp/tlscacerts/tlsca.example.com-cert.pem -C
mychannel -n mycc2 -c '{"Args":["a","10"]}'
2020-01-01 05:01:00.976 UTC [chaincodeCmd] checkChaincodeCmdParams -> INFO 001 Using
default escc
2020-01-01 05:01:00.977 UTC [chaincodeCmd] checkChaincodeCmdParams -> INFO 002 Using
default vscc
```

다음으로 자바 체인코드를 설치한다. peer0.org1에 -l java 옵션을 사용해 자바 체
인코드를 설치한 뒤, 변수 a에 10을 설정해 체인코드를 인스턴스화한다.

```
# peer chaincode install -n mycc3 -v 1.0 -l java -p
/opt/gopath/src/github.com/
chaincode/basicchaincode/java/
# peer chaincode instantiate -o orderer.example.com:7050 -v 1.0 --tls --cafile /opt/
gopath/src/github.com/hyperledger/fabric/peer/crypto/ordererOrganizations/example.
com/orderers/orderer.example.com/msp/tlscacerts/tlsca.example.com-cert.pem -C
mychannel -n  mycc3 -l java -c '{"Args":["a","10"]}'
```

이제 체인코드가 설치가 완료됐고 a에 10이라는 값을 입력했다. peer0.org1에서
peer chaincode query 커맨드 명령어를 이용해 get 함수로부터 a 값을 조회하고,
자바 체인코드를 각각 실행하겠다.

```
# peer chaincode query -C mychannel -n mycc2 -c '{"Args":["get","a"]}'
10
```

체인코드를 인스턴스화할 때 a 값을 10으로 설정했는데, 이 값이 위와 같이 10으로
제대로 출력되는 것을 확인할 수 있다.

```
# peer chaincode query -C mychannel -n mycc3 -c '{"Args":["get","a"]}'
10
```

자바 체인코드 역시 위와 같이 10으로 제대로 출력되는 것을 확인할 수 있다.

다음으로 peer0.org1에서 peer chaincode invoke 커맨드 명령어를 이용해 set 함수로부터 b 값을 100으로 설정하도록 체인코드를 실행한다.

```
# peer chaincode invoke --tls --cafile /opt/gopath/src/github.com/hyperledger/fabric/
peer/crypto/ordererOrganizations/example.com/orderers/orderer.example.com/msp/
tlscacerts/tlsca.example.com-cert.pem  -C mychannel -n mycc2 -c '{"Args":["set",
"b", "100"]}'
2020-01-01 05:01:32.402 UTC [chaincodeCmd] InitCmdFactory -> INFO 001 Retrieved
channel (mychannel) orderer endpoint: orderer.example.com:7050
2020-01-01 05:01:32.409 UTC [chaincodeCmd] chaincodeInvokeOrQuery -> INFO 002
Chaincode invoke successful. result: status:200 payload:"100"
```

위의 로그 값을 확인하면, 제대로 체인코드가 실행돼 하이퍼레저 패브릭 네트워크에 해당 정보가 업데이트됐다. peer0.org1에서 peer chaincode query 커맨드 명령어를 이용해 다시 get 함수로부터 b 값을 조회하는 체인코드를 실행해 보면 확인할 수 있다. 100이 출력되면, 체인코드가 제대로 실행돼 원장에 잘 저장됐음을 확인할 수 있다.

```
# peer chaincode query -C mychannel -n mycc2 -c '{"Args":["get","b"]}'
100
```

마지막으로 자산 이동을 위한 체인코드를 실행해보자. peer0.org1에서 peer chaincode invoke 커맨드 명령어를 이용해, 체인코드의 transfer 함수를 실행한다. a에서 b로 10을 이동할 것이다.

```
# peer chaincode invoke --tls --cafile /opt/gopath/src/github.com/hyperledger/fabric/
peer/crypto/ordererOrganizations/example.com/orderers/orderer.example.com/msp/
tlscacerts/tlsca.example.com-cert.pem  -C mychannel -n mycc2 -c '{"Args":["transfer"
,"a","b","10"]}'
2020-01-01 05:02:11.883 UTC [chaincodeCmd] InitCmdFactory -> INFO 001 Retrieved
channel (mychannel) orderer endpoint: orderer.example.com:7050
2020-01-01 05:02:11.889 UTC [chaincodeCmd] chaincodeInvokeOrQuery -> INFO 002
Chaincode invoke successful. result: status:200 payload:"10"
```

위와 같이 체인코드가 잘 실행됐으면 이제 a와 b의 값이 실제도 변경됐는지 확인해 보자.

앞서 사용했던 peer chaincode query 커맨드 명령어를 이용해, get 함수로부터 a 값과 b 값을 조회하는 체인코드를 각각 실행하면 다음과 같이 a 값과 b 값이 각각 0 과 110으로 조회되는 것을 확인할 수 있다.

```
# peer chaincode query -C mychannel -n mycc2 -c '{"Args":["get","a"]}'
0
# peer chaincode query -C mychannel -n mycc2 -c '{"Args":["get","b"]}'
110
```

지금까지 체인코드를 이해하기 위해 하이퍼레저 패브릭 예제인 BYFN 네트워크 구성을 그대로 따라 하면서 구성을 이해하고, Go 체인코드와 자바 체인코드를 직접 작성하고 테스트해봤다. 5장부터는 실제 비즈니스 환경에서의 시나리오를 토대로 하이퍼레저 패브릭 네트워크를 직접 구성해 보고 이에 필요한 체인코드와 애플리케이션을 개발해 볼 것이다.

5

하이퍼레저 패브릭 애플리케이션 개발

지금까지 기본적인 하이퍼레저 패브릭 네트워크를 구축하고 체인코드를 개발해 스마트 컨트랙트가 실행되는 것을 확인하고 학습했다. 5장에서는 간단한 애플리케이션을 개발해, 실제 동작하는 서비스를 구현해 보고자 한다. 먼저 음원 판매에 관한 간단한 시나리오를 구상해보고, 시나리오를 토대로 하이퍼레저 패브릭 네트워크를 구성한 후 체인코드를 작성할 것이다. 이후 블록체인 네트워크를 서비스할 수 있는 애플리케이션을 개발해, 실제 판매자와 구매자에게 음원 판매 웹 서비스를 제공해볼 것이다. 그림 1-1은 하이퍼레저 패브릭 시스템 기반 전체 서비스를 흐름도로 표현했다.

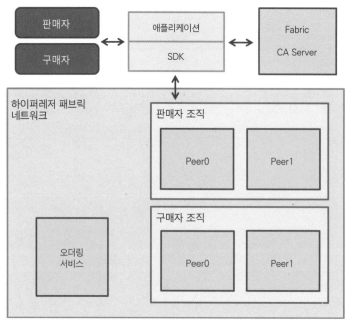

그림 5-1 하이퍼레저 패브릭 음원 스트리밍 서비스 전체 흐름도

판매자와 구매자는 인증된 애플리케이션을 이용해 거래할 수 있으며 하이퍼레저 패브릭 네트워크와 통신할 수 있다. 5.1장의 서비스 시나리오를 토대로 5.2장에서 네트워크를 구축하고 음원 거래에 필요한 체인코드를 5.3장에서 작성한 후 웹 서비스를 설명하려 한다. 하이퍼레저 패브릭에서는 블록체인 네트워크와 통신할 수 있도록 여러 가지 언어의 SDK를 제공한다. SDK는 하이퍼레저 패브릭을 외부 애플리케이션에서 호출하거나 관련 기능을 개발할 수 있도록 각종 라이브러리와 개발 도구를 제공한다. 5.4장에서는 여러 가지 언어의 SDK 중 Node.js SDK를 이용해 클라이언트 애플리케이션을 구축할 것이다.

5.1 서비스 시나리오

저작권 상품 중 음원을 거래하는 마켓을 만든다고 가정하면, 음원을 파는 판매자는 음원을 등록하고 구매자는 일정 돈을 지불하고 음원을 구매한다. 그렇다면 조직은 2개로 구성할 수 있다. 판매자 조직은 음원 정보의 가격을 등록하고 등록한 음원을 조회할 수 있다. 구매자 조직은 구매하고 싶은 음원 데이터를 검색해서 구매한다. 블록체인 네트워크에서 음원 정보는 채널 안에서 공유되며 구매자가 음원을 구매하는 경우 구매 내역에 대한 트랜잭션이 발생한다. 각 조직이 처리하는 기능을 그림으로 표현하면 그림 5-2와 같다.

그림 5-2 판매자 조직과 구매자 조직의 처리 기능

이제 위의 기능을 바탕으로 구체적인 예를 들어 보겠다. 판매자 조직에 가입해 음원을 판매하는 작곡가는 '하이퍼Hyper', 구매자 조직에 가입해 음원을 구매하고 이용하는 구매자는 '레저Ledger'로 칭한다. 또한 하이퍼가 등록하는 음원 이름을 '패브릭Fabric'으로 칭하고 가격은 20토큰으로 설정한다. 그림 5-3은 방금 칭한 하이퍼와 레저의 거래의 흐름을 표현했다.

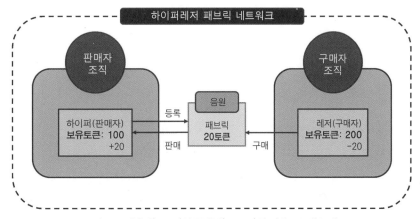

그림 5-3 판매자(Hyper)와 구매자(Ledger)의 거래 프로세스 예

작곡가 하이퍼는 먼저 정해진 양식의 개인 정보와 정산 계좌정보를 등록한다. 이후 새로 작곡한 음원인 패브릭의 가격을 20토큰으로 등록한다. 최종 등록된 작곡가 정보와 음원 정보에 대한 등록 내역은 하이퍼레저 패브릭 네트워크에서 구매자에게 서비스되며 열람할 수 있다. 하이퍼는 판매자이므로 판매자 그룹에 속한다. 이제 하이퍼레저 패브릭 네트워크에 참여 중인 허가된 모든 참가자는 작곡가 하이퍼가 새로 작곡한 음원 패브릭을 조회할 수 있다.

구매자인 레저는 음원을 구매하기 위해 개인 정보와 계좌정보를 등록한다. 레저는 구매자 그룹에 속한다. 구매자 그룹에 속한 레저는 본인이 좋아하는 카테고리의 음원을 검색한다. 검색 중에 평소 좋아했던 작곡가 하이퍼가 새로 등록한 음원인 패브릭을 확인하고 구매를 결정한다. 레저는 음원을 구매하기 위해 20토큰을 지불하고 음원 스트리밍 서비스를 제공받는다. 이때 총 200토큰을 보유한 구매자 레저의 지갑에서 판매자 하이퍼의 지갑으로 20토큰이 송금돼 총 180토큰이 잔고로 남는다. 또한 음원 판매에 대한 대가인 20토큰은 총 100토큰을 보유한 판매자 하이퍼의 지갑으로 송금돼 총 120토큰이 잔고로 남는다. 송금된 내역, 구매 내역 등은 기록되며 하이퍼레저 패브릭 네트워크에 참여하고 있는 참여자에게 공유된다. 음원 패브릭의 구매내역(구매 횟수, 구매자 정보 등)과 구매자 레저의 검색 내역 등은 하이퍼레저 패브릭 네트워크를 조회해 확인할 수 있다.

5.2 하이퍼레저 패브릭 네트워크 구축

위의 시나리오를 실제 하이퍼레저 패브릭의 네트워크로 구축하기 위해 조직의 이름을 설정한다. 판매자 조직은 Sale1로 설정하고 음원을 구매하는 조직은 Customer로 설정해 조직을 만든다. 피어 노드를 배치하면 그림 5-4와 같이 표현할 수 있다.

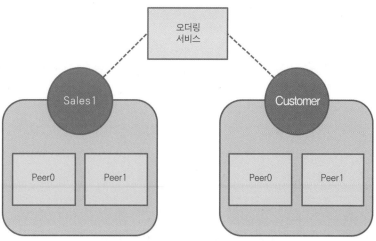

그림 5-4 하이퍼레저 패브릭 네트워크 조직과 피어의 구성

조직 안에는 각각 2개의 피어 노드를 배치한다. 각 조직은 적어도 하나의 노드를 가진다. 하지만 앵커 피어 노드를 설정하고 배포하는 단계에서 원장에 분산돼 기록되는지 확인하기 위해 각각 2개의 피어 노드를 구성한다. 모든 블록체인 네트워크에서 처리되는 모든 트랜잭션을 순서화하기 위해 오더링 서비스 노드까지 구성하면 통신을 하기 위한 네트워크 구성이 마무리된다.

위의 구성대로 인증서를 발급하기에 앞서 프로젝트 디렉터리 및 설정 파일을 생성한다. 프로젝트 이름은 'stream_music'으로 만들고 하이퍼레저 패브릭 바이너리 파일은 'fabric-sample'에서 복사한 후 touch 커맨드 명령어로 인증서 발급 파일인 crypto-config.yaml, 제네시스 블록 및 채널 생성 파일인 configtxgen.yaml, 마지막으로 하이퍼레저 패브릭 네트워크를 구동하기 위한 도커 컴포즈 파일인 docker-compose.yaml 파일까지 총 3개의 파일을 생성한다.

```
$ cd $GOPATH/src
$ mkdir stream-music && cd stream-music
$ mkdir basic-network && cd basic-network
$ mkdir crypto-config
$ touch crypto-config.yaml
```

```
$ touch configtx.yaml
$ touch docker-compose.yaml
$ export FABRIC_CFG_PATH=$PWD
$ cp -r $GOPATH/src/fabric-samples/bin ./
```

설정을 위해 사전 작업을 위한 사전 프로젝트 생성 작업이 완료됐다. configtx.
yaml 구성 파일의 경로를 지정하기 위한 환경변수 FABRIC_CFG_PATH를 basic_
network의 위치로 설정하고 하이퍼레저 fabric-sample 프로젝트에서 패브릭 도구
바이너리 파일들을 담아둔 bin 디렉터리를 현재 프로젝트 위치에 복사한다. 이제부
터 파일을 하나씩 열어 설정 파일을 작성해 보겠다.

5.2.1 인증서 구성 파일 작성

모든 노드는 인증서를 발급 받는다. 그리고 하이퍼레저 패브릭 네트워크에 접근하는
관리자 및 사용자도 인증서를 발급 받아야 접근할 수 있다. 이 네트워크를 구성하는
노드의 인증서는 하이퍼레저 패브릭 네트워크를 구성할 때 생성할 수 있으며 관리자
와 판매자 및 구매자에 대한 인증서는 하이퍼레저 패브릭 네트워크가 실행된 후에
생성할 수 있다. 프라이빗 네트워크이기 때문에 개발자, 운영자, 사용자 모두 회원 가
입과 같은 인증서 등록 절차를 밟아야 한다. 이후에 하이퍼레저 패브릭 네트워크를
이용하기 위해 판매자와 구매자는 특정 애플리케이션에서 판매 및 구매를 한다. 그
림 5-5는 앞으로 구축할 하이퍼레저 패브릭 네트워크 음원 거래에서 설정할 도메인
주소에 따른 호스트와 조직 구성 이름을 보여준다.

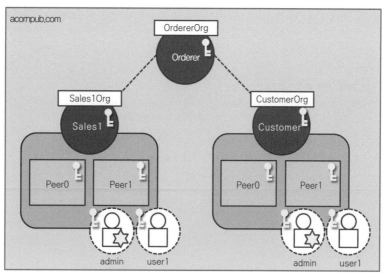

그림 5-5 하이퍼레저 패브릭 인증서 발급을 위한 이름 설정

도메인 주소인 acornpub.com에서 각 노드를 관리하는 조직인 Orderer, Sales1, Customer를 구성한다. 네모박스 안의 OrdererOrg, Sales1Org CustomerOrg 는 발급할 MSP의 ID다. 그림의 구성대로 인증서를 발급하기 위해 'crypto-config. yaml' 파일을 열고 다음 코드를 작성한다. 이 파일은 오더러 조직에 대한 인증서와 피어에 대한 인증서를 발급하기 위한 설정 파일이며 각 옵션은 4.2장의 cryptogen 에 자세히 설명했다.

```
$ cd $GOPATH/src/stream-music/basic-network
$ code crypto-config.yaml
```

위에서 구성한 네트워크 구성대로 인증서 발급을 설정하기 위해 crypto-config. yaml 파일을 생성해 다음과 같이 작성한다.

```
1    OrdererOrgs:
2      - Name: Orderer
3        Domain: acornpub.com
```

```
4              Specs:
5                - Hostname: orderer
6
7          PeerOrgs:
8            - Name: Sales1
9              Domain: sales1.acornpub.com
10             Template:
11               Count: 2
12             Users:
13               Count: 1
14           - Name: Customer
15             Domain: customer.acornpub.com
16             Template:
17               Count: 2
18             Users:
19               Count: 1
```

1~5: 오더링 서비스 노드 조직을 정의한다. 이름은 Orderer로 정하고 도메인 네임
은 acornpub.com으로 정한다.

7~19: 피어 노드 조직을 정의한다. Sales1, Customer로 이름을 정하고 호스트 네임
은 acornpub.com으로 설정한다. Template은 피어의 수이며 Users는 사용자의 수
이다. 피어는 2개로 설정하고 사용자는 1명으로 설정 파일을 작성한다.

이제 인증서 생성 모듈인 cryptogen을 실행해 위의 구성대로 실제 인증서를 생성해
보겠다. 실행 후 생성된 파일은 'crypto-config' 디렉터리에 위치한다. 다음과 같이
호스트 주소가 올바르게 출력됐는지를 확인하고 인증서가 발급된 디렉터리를 확인
한다.

```
$./bin/cryptogen generate --config=./crypto-config.yaml
sales1.acornpub.com
customer.acornpub.com
```

5.2.2 제네시스 블록 및 트랜잭션 생성

초기 블록인 제네시스 블록 및 채널, 앵커 피어를 설정할 차례다. 프로젝트 디렉터리로 돌아가 오더링 서비스 노드의 제네시스 블록과 채널에 대한 정보, 조직에 대한 정보를 담을 파일을 다음과 같이 생성한다.

```
$ cd $GOPATH/src/stream-music/basic-network
$ code configtx.yaml
```

```
1       Organizations:
2
3           - &OrdererOrg
4               Name: OrdererOrg
5               ID: OrdererOrg
6               MSPDir: crypto-config/ordererOrganizations/acornpub.com/msp
7
8           - &Sales1Org
9               Name: Sales1Org
10              ID: Sales1Org
11              MSPDir: crypto-config/peerOrganizations/sales1.acornpub.com/msp
12              AnchorPeers:
13                  - Host: peer0.sales1.acornpub.com
14                    Port: 7051
15
16          - &CustomerOrg
17              Name: CustomerOrg
18              ID: CustomerOrg
19              MSPDir: crypto-config/peerOrganizations/customer.acornpub.com/msp
20              AnchorPeers:
21                  - Host: peer0.customer.acornpub.com
22                    Port: 7051
23
24      Orderer: &OrdererDefaults
25
26          OrdererType: solo
27          Addresses:
```

```
28              - orderer.acornpub.com:7050
29          BatchTimeout: 2s
30          BatchSize:
31              MaxMessageCount: 10
32              AbsoluteMaxBytes: 99 MB
33              PreferredMaxBytes: 512 KB
34          Kafka:
35              Brokers:
36                  - 127.0.0.1:9092
37          Organizations:
38
39      Application: &ApplicationDefaults
40          Organizations:
41
42      Profiles:
43
44          OrdererGenesis:
45              Orderer:
46                  <<: *OrdererDefaults
47                  Organizations:
48                      - *OrdererOrg
49              Consortiums:
50                  SampleConsortium:
51                      Organizations:
52                          - *Sales1Org
53                          - *CustomerOrg
54          Channel1:
55              Consortium: SampleConsortium
56              Application:
57                  <<: *ApplicationDefaults
58                  Organizations:
59                      - *Sales1Org
60                      - *CustomerOrg
```

1~22: 조직에 대한 정보를 입력한다. Orderer 조직의 ID로 OrdererOrg, Sales1 조직의 ID로 OrdererOrg, Customer 조직의 ID로 OrdererOrg를 설정한다.

24~37: 오더링 서비스 노드 정보를 입력한다. 여기서는 OrdererType에 Solo를 적용하고 실전 프로젝트인 6장에서는 카프카를 사용할 것이다. BatchTimeout 및 BatchSize는 일괄 처리 시간 및 크기를 의미한다.

42~60: 오더러 제네시스 블록 및 채널에 대한 프로파일 정보를 정의한다. OrdererGenesis, Channel1 각각은 여기서 정의할 프로파일 이름을 가리킨다.

인증서 파일 생성과 같은 방식으로 이번엔 configxgen을 실행해 제네시스 블록 파일을 생성한다. 로그가 다음과 같이 정상적으로 출력되면 올바르게 제네시스 블록이 생성됐음을 의미한다.

```
$ mkdir config
$ ./bin/configtxgen -profile OrdererGenesis -outputBlock
./config/genesis.block
2020-01-01 02:31:47.010 KST [common.tools.configtxgen] doOutputBlock -> INFO 00c
Generating genesis block
2020-01-01 02:31:47.010 KST [common.tools.configtxgen] doOutputBlock -> INFO 00d
Writing genesis block
```

configxgen을 실행해 채널 트랜잭션 파일을 생성한다. 채널의 프로필 이름은 Channel1이며 채널 ID는 channelsales1로 설정했다. 실제 생성되는 파일 이름은 channel1.tx다. 여기서 주의할 점은 채널에 대한 트랜잭션을 생성하는 파일 이름과 채널 ID가 같으면 에러를 출력하므로 이름을 다르게 작성해야 한다는 점이다. 제대로 실행됐으면 다음과 같은 로그를 확인할 수 있다.

```
$ ./bin/configtxgen -profile Channel1 -outputCreateChannelTx ./config/channel1.tx
-channelID channelsales1
2020-01-01 02:31:47.091 KST [common.tools.configtxgen] doOutputChannelCreateTx ->
INFO 00e Writing new channel tx
```

마지막으로 configxgen으로 각 조직에 대한 앵커 피어를 설정해 준다. 채널 ID는 위에서 지정했던 channelsales1을 입력하고, Sales1와 Customer 조직 별로 다음과 같이 configxgen을 각각 실행한다.

```
$ ./bin/configtxgen -profile Channel1 -outputAnchorPeersUpdate
./config/Sales1Organchors.tx -channelID channelsales1 -asOrg Sales1Org
2020-01-01 02:31:47.155 KST [common.tools.configtxgen] doOutputAnchorPeersUpdate ->
INFO 005 Generating anchor peer update
2020-01-01 02:31:47.155 KST [common.tools.configtxgen] doOutputAnchorPeersUpdate ->
INFO 006 Writing anchor peer update
```

```
$ ./bin/configtxgen -profile Channel1 -outputAnchorPeersUpdate
./config/CustomerOrganchors.tx -channelID channelsales1 -asOrg CustomerOrg
2020-01-01 02:31:47.226 KST [common.tools.configtxgen] doOutputAnchorPeersUpdate ->
INFO 005 Generating anchor peer update
2020-01-01 02:31:47.226 KST [common.tools.configtxgen] doOutputAnchorPeersUpdate ->
INFO 006 Writing anchor peer update
```

지금까지 실행한 configtxgen이 모두 정상적으로 실행됐다. 앞서 살펴본 cryptogen
도 제대로 실행됐다면 'config' 디렉터리에 다음과 같은 파일들과 디렉터리가 생
성돼 있음을 확인할 수 있다. 5.2.1장에서 생성된 인증서 파일이 저장된 'crypto-
config' 구성까지 구성돼 있음을 확인한다.

그림 5-6 cryptogen과 configtxgen으로 생성된 파일 및 디렉터리 목록

5.2.3 도커 컨테이너 구성 파일 작성

이제 하이퍼레저 패브릭 네트워크 구축을 위한 설정을 진행해보자. 위 단계에서 구성했던 오더링 서비스 노드, 각 피어 노드의 구성을 실제 컨테이너로 실행하려 한다. 도커 컨테이너로 동작하는 도메인에 따른 전체 구성도는 그림 5-7과 같다.

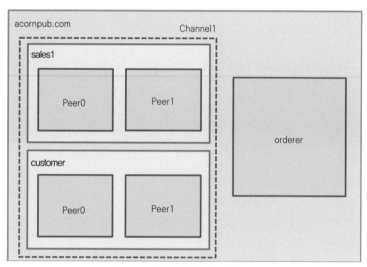

그림 5-7 도메인 주소에 따른 전체 구성도

도메인 주소는 acornpub.com이며 5개의 컨테이너로 동작하도록 도커 컴포즈 파일을 작성한다. 우선 프로젝트로 돌아가 docker-compose.yaml 파일을 생성한다.

```
$ cd $GOPATH/src/stream-music/basic-network
$ code docker-compose.yaml
```

이제 docker-compose.yaml을 작성해 보겠다. 가장 먼저 도커에서 사용할 버전 및 내부 네트워크 이름을 작성한다.

```
1       version: '2'
2
3       networks:
```

```
4          acorn:

5

6          services:
```

1: 버전 정보를 설정한다.

3~4: 도커에서 사용할 네트워크 이름을 설정한다.

6: 컨테이너 서비스를 입력한다.

서비스로 생성될 컨테이너를 설정할 차례다. 우선 오더링 서비스 노드에 대한 설정을 작성한다. 도커 로깅 레벨 및 제네시스 블록 위치 등 환경변수를 미리 설정하고 포트를 지정한다. 앞서 만들었던 crypto-config, config 디렉터리는 volumes 옵션에서 지정해 컨테이너 안에 포함시킨다.

```
1     orderer.acornpub.com:
2          container_name: orderer.acornpub.com
3          image: hyperledger/fabric-orderer:1.4.3
4          environment:
5            - ORDERER_GENERAL_LOGLEVEL=debug
6            - ORDERER_GENERAL_LISTENADDRESS=0.0.0.0
7            - ORDERER_GENERAL_GENESISMETHOD=file
8            - ORDERER_GENERAL_GENESISFILE=/etc/hyperledger/configtx/genesis.block
9            - ORDERER_GENERAL_LOCALMSPID=OrdererOrg
10           - ORDERER_GENERAL_LOCALMSPDIR=/etc/hyperledger/msp/orderer/msp
11         working_dir: /opt/gopath/src/github.com/hyperledger/fabric/orderer
12         command: orderer
13         ports:
14           - 7050:7050
15         volumes:
16           - ./config/:/etc/hyperledger/configtx
17           - ./crypto-
18    config/ordererOrganizations/acornpub.com/orderers/orderer.acornpub.com/:/etc/hyperle
19    dger/msp/orderer
20         networks:
21           - acorn
```

2개의 조직 안에 속한 피어 노드에 대한 설정을 작성한다. Sales1 조직의 peer0, peer1과 Customer 조직의 peer0, peer1 총 4개의 컨테이너를 다음과 같이 설정한다.

```
1    peer0.sales1.acornpub.com:
2        container_name: peer0.sales1.acornpub.com
3        image: hyperledger/fabric-peer:1.4.3
4        environment:
5          - CORE_VM_ENDPOINT=unix:///host/var/run/docker.sock
6          - CORE_PEER_ID=peer0.sales1.acornpub.com
7          - CORE_LOGGING_PEER=debug
8          - CORE_CHAINCODE_LOGGING_LEVEL=DEBUG
9          - CORE_PEER_LOCALMSPID=Sales1Org
10         - CORE_PEER_MSPCONFIGPATH=/etc/hyperledger/msp/peer/
11         - CORE_PEER_ADDRESS=peer0.sales1.acornpub.com:7051
12         - CORE_PEER_GOSSIP_BOOTSTRAP=peer0.sales1.acornpub.com:7051
13         - CORE_PEER_GOSSIP_ENDPOINT=peer0.sales1.acornpub.com:7051
14         - CORE_PEER_GOSSIP_EXTERNALENDPOINT=peer0.sales1.acornpub.com:7051
15         - CORE_VM_DOCKER_HOSTCONFIG_NETWORKMODE=net_acorn
16       working_dir: /opt/gopath/src/github.com/hyperledger/fabric
17       command: peer node start
18       ports:
19         - 7051:7051
20         - 7053:7053
21       volumes:
22         - /var/run/:/host/var/run/
23         - ./crypto-
24   config/peerOrganizations/sales1.acornpub.com/peers/peer0. sales1.acornpub.com/msp:/et
25   c/hyperledger/msp/peer
26       - ./crypto-
27   config/peerOrganizations/sales1.acornpub.com/users:/etc/hyperledger/msp/users
28         - ./config:/etc/hyperledger/configtx
29       depends_on:
30         - orderer.acornpub.com
31       networks:
32         - acorn
```

```
33
34          peer1.sales1.acornpub.com:
35            container_name: peer1.sales1.acornpub.com
36           image: hyperledger/fabric-peer:1.4.3
37            environment:
38              - CORE_VM_ENDPOINT=unix:///host/var/run/docker.sock
39              - CORE_PEER_ID=peer1.sales1.acornpub.com
40              - CORE_LOGGING_PEER=debug
41              - CORE_CHAINCODE_LOGGING_LEVEL=DEBUG
42              - CORE_PEER_LOCALMSPID=Sales1Org
43              - CORE_PEER_MSPCONFIGPATH=/etc/hyperledger/msp/peer/
44              - CORE_PEER_ADDRESS=peer1.sales1.acornpub.com:7051
45              - CORE_VM_DOCKER_HOSTCONFIG_NETWORKMODE=net_acorn
46            working_dir: /opt/gopath/src/github.com/hyperledger/fabric
47            command: peer node start
48            ports:
49              - 8051:7051
50              - 8053:7053
51            volumes:
52                - /var/run/:/host/var/run/
53                - ./crypto-
54    config/peerOrganizations/sales1.acornpub.com/peers/peer1.sales1.acornpub.com/msp:/et
55    c/hyperledger/msp/peer
56                - ./crypto-
57    config/peerOrganizations/sales1.acornpub.com/users:/etc/hyperledger/msp/users
58                - ./config:/etc/hyperledger/configtx
59            depends_on:
60              - orderer.acornpub.com
61            networks:
62              - acorn
63
64          peer0.customer.acornpub.com:
65            container_name: peer0.customer.acornpub.com
66            image: hyperledger/fabric-peer:1.4.3
67              - CORE_VM_ENDPOINT=unix:///host/var/run/docker.sock
68              - CORE_PEER_ID=peer0.customer.acornpub.com
69              - CORE_LOGGING_PEER=debug
```

```
70              - CORE_CHAINCODE_LOGGING_LEVEL=DEBUG
71              - CORE_PEER_LOCALMSPID=CustomerOrg
72              - CORE_PEER_MSPCONFIGPATH=/etc/hyperledger/msp/peer/
73              - CORE_PEER_ADDRESS=peer0.customer.acornpub.com:7051
74              - CORE_VM_DOCKER_HOSTCONFIG_NETWORKMODE=net_acorn
75          working_dir: /opt/gopath/src/github.com/hyperledger/fabric
76          command: peer node start
77          ports:
78              - 9051:7051
79              - 9053:7053
80          volumes:
81              - /var/run/:/host/var/run/
82              - ./crypto-
83  config/peerOrganizations/customer.acornpub.com/peers/peer0.customer.acornpub.com/
84  msp:/etc/hyperledger/msp/peer
85              - ./crypto-
86  config/peerOrganizations/customer.acornpub.com/users:/etc/hyperledger/msp/users
87              - ./config:/etc/hyperledger/configtx
88          depends_on:
89              - orderer.acornpub.com
90          networks:
91              - acorn
92
93      peer1.customer.acornpub.com:
94          container_name: peer1.customer.acornpub.com
95          image: hyperledger/fabric-peer:1.4.3
96          environment:
97              - CORE_VM_ENDPOINT=unix:///host/var/run/docker.sock
98              - CORE_PEER_ID=peer1.customer.acornpub.com
99              - CORE_LOGGING_PEER=debug
100             - CORE_CHAINCODE_LOGGING_LEVEL=DEBUG
101             - CORE_PEER_LOCALMSPID=CustomerOrg
102             - CORE_PEER_MSPCONFIGPATH=/etc/hyperledger/msp/peer/
103             - CORE_PEER_ADDRESS=peer1.customer.acornpub.com:7051
104             - CORE_VM_DOCKER_HOSTCONFIG_NETWORKMODE=net_acorn
105         working_dir: /opt/gopath/src/github.com/hyperledger/fabric
106         command: peer node start
```

```
107        ports:
108           - 10051:7051
109           - 10053:7053
110        volumes:
111           - /var/run/:/host/var/run/
112           - ./crypto-
113  config/peerOrganizations/customer.acornpub.com/peers/peer1.customer.acornpub.com/
114  msp:/etc/hyperledger/msp/peer
115           - ./crypto-
116  config/peerOrganizations/customer.acornpub.com/users:/etc/hyperledger/msp/users
117           - ./config:/etc/hyperledger/configtx
118        depends_on:
119          - orderer.acornpub.com
120        networks:
121          - acorn
122
123    cli:
124      container_name: cli
125      image: hyperledger/fabric-tools
126      tty: true
127      environment:
128         - GOPATH=/opt/gopath
129         - CORE_VM_ENDPOINT=unix:///host/var/run/docker.sock
130         - FABRIC_LOGGING_SPEC=INFO
131         - CORE_PEER_ID=cli
132         - CORE_PEER_ADDRESS=peer0.sales1.acornpub.com:7051
133         - CORE_PEER_LOCALMSPID=Sales1Org
134         -
135  CORE_PEER_MSPCONFIGPATH=/opt/gopath/src/github.com/hyperledger/fabric/peer/cryp
136  to/peerOrganizations/sales1.acornpub.com/users/Admin@sales1.acornpub.com/msp
137         - CORE_CHAINCODE_KEEPALIVE=10
138      working_dir: /opt/gopath/src/github.com/hyperledger/fabric/peer
139      command: /bin/bash
140      volumes:
141         - /var/run/:/host/var/run/
142         - ./../chaincode/:/opt/gopath/src/chaincode/
143         - ./crypto-config:/opt/gopath/src/github.com/hyperledger/fabric/peer/crypto/
```

```
144                - ./config:/etc/hyperledger/configtx
145            networks:
146                - acorn
```

도커 컴포즈 구성을 위한 파일 작성이 마무리됐다. 이제 도커 컴포즈로 해당 파일로 실행해보자. 다음처럼 명령어를 입력해 컨테이너를 실행한다. 실행한 후 위 설정대로 도커 컨테이너가 생성되고 실행되는 것을 확인할 수 있다.

도커 컨테이너가 실행될 때 컴포즈 프로젝트 이름을 net으로 변경하기 위해 .env 파일을 생성해서 다음과 같이 작성했다.

```
cd $GOPATH/src/stream-music/basic-network
touch .env && code .env
```

```
1        COMPOSE_PROJECT_NAME=net
```

도커 컴포즈로 컨테이너를 실행한다.

```
$ docker-compose -f docker-compose.yaml up -d orderer.acornpub.com peer0.sales1.
acornpub.com peer1.sales1.acornpub.com peer0.customer.acornpub.com peer1.customer.
acornpub.com cli
Creating orderer.acornpub.com
Creating peer0.customer.acornpub.com
Creating peer0.sales1.acornpub.com
Creating peer1.sales1.acornpub.com
Creating peer1.customer.acornpub.com
Creating cli
```

하이퍼레저 패브릭 네트워크가 실행됐으면 CLI에 접속하고 채널을 생성해 두 개의 조직을 가입한다. 다음과 같이 터미널 2개의 CLI 컨테이너를 실행한다. docker-compose.yaml에서 CLI 컨테이너 기본 값으로 설정된 변수는 Sales1 조직의 앵커 피어 노드 peer0로 돼 있으므로 터미널2에서는 다른 변수 설정없이 아래 커맨드

명령어로 실행하면 되며, 터미널1에서는 다음과 같이 환경변수를 변경, 실행해야
한다.

- [터미널1] Sales1 조직의 peer0 노드 CLI 실행

```
$ docker exec -it cli bash
```

- [터미널2] Customer 조직의 peer0 노드 CLI 실행

```
$ docker exec -e "CORE_PEER_LOCALMSPID=CustomerOrg" -e "CORE_
PEER_MSPCONFIGPATH=/opt/gopath/src/github.com/hyperledger/fabric/peer/crypto/
peerOrganizations/customer.acornpub.com/users/Admin@customer.acornpub.com/msp" -e
"CORE_PEER_ADDRESS=peer0.customer.acornpub.com:7051" -it cli bash
```

peer 모듈로 미리 앞에서 만들었던 채널 트랜잭션 파일로 채널을 생성한다.

- [터미널1] Sales1 조직의 peer0 노드에서 channelsales1 채널 생성

```
# peer channel create -o orderer.acornpub.com:7050 -c channelsales1 -f /etc/
hyperledger/configtx/channel1.tx
```

이제 2개 조직의 피어 노드를 위에서 만든 채널에 가입시킨다. Sales1 조직의 peer0
과 peer1을, Customer 조직의 peer0과 peer1을 각각 채널에 가입시키고, 각 조직
의 peer0은 앵커 피어로 업데이트해준다.

- [터미널1] Sales1 조직의 peer0 노드를 channelsales1 채널에 가입 및 앵커 피어 지정 업데이트

```
# peer channel join -b channelsales1.block
# peer channel update -o orderer.acornpub.com:7050 -c channelsales1 -f /etc/
hyperledger/configtx/Sales1Organchors.tx
```

- [터미널1] Sales1 조직의 peer1 노드를 channelsales1 채널에 가입

```
# CORE_PEER_ADDRESS=peer1.sales1.acornpub.com:7051
# peer channel join -b channelsales1.block
```

- [터미널2] Customer 조직의 peer0 노드를 channelsales1 채널에 가입 및 앵커 피어 지정 업데이트

```
# peer channel join -b channelsales1.block
# peer channel update -o orderer.acornpub.com:7050 -c channelsales1 -f /etc/
hyperledger/configtx/CustomerOrganchors.tx
```

- [터미널2] Customer 조직의 peer1 노드를 channelsales1 채널에 가입

```
# CORE_PEER_ADDRESS=peer1.customer.acornpub.com:7051
# peer channel join -b channelsales1.block
```

각 피어 노드를 CLI 환경에서 channelsales1에 참여시키고 앵커 피어를 업데이트하는 작업을 완료했다. 이로써 하이퍼레저 패브릭 네트워크의 모든 구축이 끝났다. 이제 실제로 스마트 컨트랙트를 위한 체인코드를 작성해서 음원을 등록하고 구매할 수 있는 체인코드를 작성해보겠다.

5.3 체인코드 작성 및 설치

해당 프로젝트 디렉터리로 돌아가 체인코드를 작성할 디렉터리를 생성해야 한다. 해당 개발 언어에 따라 각각 chaincode/go, chaincode/java 디렉터리를 생성하도록 한다.

Go 언어의 경우, 아래와 같이 chaincode/go 디렉터리를 생성하고 music.go 파일을 생성한다. 우선 이전에 docker-compose를 실행할때 cli의 볼륨에서 chaincode 디렉터리가 소유자 root로 생성됐었기 때문에 소유자를 유저로 변경해준다.

```
$ cd $GOPATH/src/stream-music
$ sudo chown $USER:$USER chaincode
$ cd chaincode
$ mkdir go && cd go
$ touch music.go && code music.go
```

자바의 경우 4.4.3장을 참고해 IntelliJ를 통해 자바 프로젝트를 생성한다. 프로젝트 이름은 music이며 생성하는 위치는 다음과 같다.

/home/hyperledger/go/src/stream-music/chaincode/java

위에서 생성한 Go 체인코드 및 자바 체인코드 파일로 5.3.1장에서 체인코드의 기본 구조를 만들어보려 한다. 5.3.2장에서는 사용자를 등록하는 체인코드를 작성한다. 5.3.3장에서는 음원 등록 및 거래에 대한 체인코드를 작성한다. 마지막으로 5.3.4장에서 체인코드를 모두 작성한 후 테스트를 거쳐 올바르게 동작하는지 확인할 것이다.

5.3.1 체인코드 기본 구조 작성

체인코드 실행을 위한 main 함수와 초기화를 위한 Init 함수, 그리고 스마트 컨트랙트를 위한 Invoke 함수를 작성한다. Invoke 함수를 통해서 호출되는 체인코드는 다음과 같이 5가지다.

- initWallet: 판매자 Hyper, 구매자 Ledger에 대한 지갑 정보(테스트를 위한 샘플 정보) 생성
- getWallet: 특정 사람에 대한 지갑 정보를 확인하는 체인코드
- setMusic: 판매자가 음원을 등록할 때 사용하는 체인코드
- getAllMusic: 등록된 모든 음원 검색하는 체인코드
- purchaseMusic: 판매자의 음원을 구매자가 구입할 때 쓰이는 체인코드

다음은 Go 언어로 작성한 체인코드의 기본 구조이며, 체인코드 개발에 대한 상세한 설명은 4.4장의 체인코드 프로그래밍을 참고하길 바란다. 먼저 앞서 생성한 music. go 파일을 열어 다음과 같이 작성한다.

```
1        package main
2
```

```go
3      import (
4              "bytes"
5              "encoding/json"
6              "fmt"
7              "strconv"
8              "github.com/hyperledger/fabric/core/chaincode/shim"
9              pb "github.com/hyperledger/fabric/protos/peer"
10     )
11
12     type SmartContract struct {
13     }
14
15     func (s *SmartContract) Init(APIstub shim.ChaincodeStubInterface) pb.Response {
16             return shim.Success(nil)
17     }
18
19     func (s *SmartContract) Invoke(APIstub shim.ChaincodeStubInterface) pb.Response {
20             function, args := APIstub.GetFunctionAndParameters()
21
22             if function == "initWallet" {
23                     return s.initWallet(APIstub)
24             } else if function == "getWallet" {
25                     return s.getWallet(APIstub, args)
26             } else if function == "setMusic" {
27                     return s.setMusic(APIstub, args)
28             } else if function == "getAllMusic" {
29                     return s.getAllMusic(APIstub)
30             } else if function == "purchaseMusic" {
31                     return s.purchaseMusic(APIstub, args)
32             }
33             fmt.Println("Please check your function : " + function)
34             return shim.Error("Unknown function")
35     }
36
37     func main() {
38             err := shim.Start(new(SmartContract))
39             if err != nil {
```

```
40                    fmt.Printf("Error starting Simple chaincode: %s", err)
41            }
42        }
```

15~17: 체인코드를 인스턴스화 할 때 호출되는 함수이다.

19~35: Invoke 함수이며, 체인코드 호출을 제어한다. 실제 체인코드가 처리할 내용을 작성한다.

37~42: 체인코드를 실행하는 메인함수다.

Invoke 함수는 클라이언트 애플리케이션에서 트랜잭션 처리를 요청할 때 호출되는 함수다. 앞서 설명한 5가지 체인코드는 20번째 라인에 있는 Invoke 함수의 해당 인자에 따라 호출될 것이다.

자바의 경우, 앞서 IntelliJ를 통해 생성한 프로젝트에서 music.java 파일을 생성한 후, 다음과 같이 코드를 작성한다.

```
1     package org.hyperledger.fabric.chaincode;
2
3     import com.google.protobuf.ByteString;
4     import org.apache.commons.logging.Log;
5     import org.apache.commons.logging.LogFactory;
6     import org.hyperledger.fabric.shim.ChaincodeBase;
7     import org.hyperledger.fabric.shim.ChaincodeStub;
8     import org.hyperledger.fabric.shim.ledger.KeyValue;
9     import org.hyperledger.fabric.shim.ledger.QueryResultsIterator;
10
11    import java.util.List;
12
13    import static java.nio.charset.StandardCharsets.UTF_8;
14
15    public class music extends ChaincodeBase {
16
17        private static Log _logger = LogFactory.getLog(basicchaincode.class);
18
19        @Override
```

```java
20          public Response init(ChaincodeStub stub) {
21              try {
22                  List<String> args = stub.getStringArgs();
23                  if (args.size() != 2) {
24                      newErrorResponse("Error Incorrect arguments.");
25                  }
26                  stub.putStringState(args.get(0), args.get(1));
27                  return newSuccessResponse();
28              } catch (Throwable e) {
29                  return newErrorResponse("Failed to create asset");
30              }
31          }
32
33          @Override
34          public Response invoke(ChaincodeStub stub) {
35           try {
36              String func = stub.getFunction();
37                  List<String> params = stub.getParameters();
38
39                  if (func.equals("initWallet")) {
40                      return initWallet(stub);
41                  } else if (func.equals("getWallet")) {
42                      return getWallet(stub, params);
43                  } else if (func.equals("setMusic")) {
44                      return setMusic(stub, params);
45                  } else if (func.equals("getAllMusic")) {
46                      return getAllMusic(stub);
47                  } else if (func.equals("purchaseMusic")) {
48                      return purchaseMusic(stub, params);
49                  }
50                  return new ErrorResponse("Invalid invoke function name.");
51              } catch (Throwable e) {
52           return new ErrorResponse(e.getMessage());
53              }
54          }
55
56          public static void main(String[] args) {
```

```
57            new music().start(args);
58        }
59
60    }
```

2가지 언어로 각각 체인코드의 뼈대를 완성했다. 5장에서는 음원 등록, 구매 기능 등 간단한 기능만 구현했으며, 6장에서는 수정 및 삭제 기능을 추가로 구현해본다.

5.3.2 지갑 정보 등록 체인코드 작성

체인코드 작성에서 먼저 정의해야 할 것은 구조체를 생성하는 것이다. 판매자 Hyper 및 구매자 Ledger의 지갑 정보를 등록하기 위해, Wallet 구조체를 먼저 작성해 보겠다. Go 언어에서는 JSON 형식으로 데이터 구조체를 정의하는데, 자바에서는 데이터를 오브젝트로 변환하는 DTO[Data Transfer Object] 하나 생성해서 정의한다.

Go 언어에서는 따로 파일을 생성할 필요없이 music.go 파일에 다음과 같이 Wallet 구조체를 생성한다. 체인코드 기본 구조를 작성된 곳에서 11번째 줄에 추가로 작성한다.

```
1    type Wallet struct {
2        Name string `json:"name"`
3        ID   string `json:"id"`
4        Token string `json:"token"`
5    }
```

자바의 경우, 따로 클래스를 만들어 getter, setter까지 생성해야 한다. chaincode 패키지 하위에 models 패키지를 생성하고 Wallet.java 파일을 따로 생성해 다음과 같이 입력한다.

```
1    package org.hyperledger.fabric.chaincode.models;
```

```java
2
3      public class Wallet {
4          private String name;
5          private String id;
6          private Double token;
7
8          public Wallet (String name, String id, Double token) {
9              this.name = name;
10             this.id = id;
11             this.token = token;
12         }
13
14         private Wallet () {}
15
16         public String getName() {
17             return name;
18         }
19
20         public String getId() {
21             return id;
22         }
23
24         public Double getToken() {
25             return token;
26         }
27
28         public void setName(String name) {
29             this.name = name;
30         }
31
32         public void setId(String id) {
33             this.id = id;
34         }
35
36         public void setToken(Double token) {
37             this.token = token;
38         }
```

위 구조체에서 정의한 토큰은 하이퍼레저 패브릭 2.0 알파 버전에서 새로 추가된 기능인 팹토큰^{FabToken}과는 다르게 체인코드 내에서 직접 정의한 토큰이며, 팹토큰과는 아무런 관련이 없다. 2.0 알파의 내용은 부록 2에서 좀 더 상세히 다루며, 하이퍼레저 패브릭에서는 팹토큰이 아직 체인코드에 정식으로 반영되기 전이라 간단한 동작 원리와 사용법만 다룰 예정이니 참고하길 바란다.

지갑 정보를 담는 구조체를 작성했으므로, 이제 판매자 Hyper, 구매자 Ledger에 대한 지갑 정보를 생성하기 위해 다음과 같이 코드를 추가한다. 이 책에서 쉽게 테스트해보기 위해 샘플로 등록시킬 판매자, 구매자에 대한 지갑 정보를 생성해보겠다. music.go 파일에 다음의 initWallet 함수를 추가한다.

```go
1       func (s *SmartContract) initWallet(APIstub shim.ChaincodeStubInterface) pb.Response {
2
3           seller := Wallet{Name: "Hyper", ID: "1Q2W3E4R", Token: "100"}
4           customer := Wallet{Name: "Ledger", ID: "5T6Y7U8I", Token: "200"}
5
6           SellerasJSONBytes, _ := json.Marshal(seller)
7           err := APIstub.PutState(seller.ID, SellerasJSONBytes)
8           if err != nil {
9               return shim.Error("Failed to create asset " + seller.Name)
10          }
11
12          CustomerasJSONBytes, _ := json.Marshal(customer)
13          err = APIstub.PutState(customer.ID, CustomerasJSONBytes)
14          if err != nil {
15              return shim.Error("Failed to create asset " + customer.Name)
16          }
17
18          return shim.Success(nil)
19      }
```

3~4: 판매자 Hyper, 구매자 Ledger에 대한 샘플 지갑 정보를 입력한다.

6, 12: 판매자, 구매자에 대한 구조체를 JSON 형식으로 변환한다.

자바 또한 music.java 파일에 Wallet 정보를 초기화하는 initWallet 함수를 추가한다.

```java
1        private Response initWallet(ChaincodeStub stub) {
2
3            Wallet wallet1 = new Wallet("Hyper", 100.0);
4            Wallet wallet2 = new Wallet("Ledger", 200.0);
5            GsonBuilder builder = new GsonBuilder();
6            Gson gson = builder.create();
7
8            try {
9                stub.putState("Hyper", gson.toJson(wallet1).getBytes());
10               stub.putState("Ledger", gson.toJson(wallet2).getBytes());
11               return newSuccessResponse("Wallet created");
12           } catch (Throwable e) {
13               return newErrorResponse(e.getMessage());
14           }
15       }
```

3~4: 판매자 Hyper, 구매자 Ledger에 대한 샘플 지갑 정보를 입력한다.

9~10: 판매자, 구매자에 대한 구조체를 JSON 형식으로 변환해 원장에 등록한다.

체인코드에서 위의 함수를 호출하면 네트워크에는 테스트를 위한 판매자 및 구매자가 생성된다. 다음으로 music.go 파일을 열어 특정 사람의 정보를 검색하는 체인코드인 getWallet 함수를 추가한다. Wallet ID를 Go에서 getState 함수, 자바에서 getStringState 함수로 받아와 반환한다.

```go
1        func (s *SmartContract) getWallet(stub shim.ChaincodeStubInterface, args []string)
2        pb.Response {
3
4            walletAsBytes, err := stub.GetState(args[0])
5            if err != nil {
6                fmt.Println(err.Error())
```

```go
 7              }
 8
 9          wallet := Wallet{}
10          json.Unmarshal(walletAsBytes, &wallet)
11
12          var buffer bytes.Buffer
13          buffer.WriteString("[")
14          bArrayMemberAlreadyWritten := false
15
16          if bArrayMemberAlreadyWritten == true {
17              buffer.WriteString(",")
18          }
19          buffer.WriteString("{\"Name\":")
20          buffer.WriteString("\"")
21          buffer.WriteString(wallet.Name)
22          buffer.WriteString("\"")
23
24          buffer.WriteString(", \"ID\":")
25          buffer.WriteString("\"")
26          buffer.WriteString(wallet.ID)
27          buffer.WriteString("\"")
28
29          buffer.WriteString(", \"Token\":")
30          buffer.WriteString("\"")
31          buffer.WriteString(wallet.Token)
32          buffer.WriteString("\"")
33
34          buffer.WriteString("}")
35          bArrayMemberAlreadyWritten = true
36          buffer.WriteString("]")
37
38          return shim.Success(buffer.Bytes())
39
40      }
```

자바에서도 마찬가지로 music.java 파일에 다음의 코드를 추가한다.

```
1    private Response getWallet(ChaincodeStub stub, List<String> args) {
2        if (args.size() != 1) {
3            return newErrorResponse("Incorrect number of arguments. Expecting name of the
4    wallet to query");
5        }
6        String walletid = args.get(0);
7        String val = stub.getStringState(walletid);
8
9        if (val == null) {
10            return newErrorResponse(String.format("Error: state for %s is null", key));
11        }
12        return newSuccessResponse(val, ByteString.copyFrom(val, UTF_8).toByteArray());
13    }
```

여기까지 판매자 Hyper 및 구매자 Ledger의 스마트 컨트랙트를 위한 Wallet 정보를 등록하고 검색하는 2개의 체인코드를 작성했다. 이제 음원을 등록하는 체인코드를 작성해보겠다.

5.3.3 음원 등록 및 구매 체인코드 작성

음원에 대한 구조체는 다음과 같이 음원의 제목, 가수, 가격, 그리고 지갑의 id로 구성된다. 음원 또한 Go 언어는 구조체, 자바는 객체로 클래스를 생성해 작성한다. Go 언어에서는 music.go에 Music 구조체를 다음과 같이 추가한다.

```
1    type Music struct {
2        Title      string `json:"title"`
3        Singer     string `json:"singer"`
4        Price      string `json:"price"`
5        WalletID   string `json:"walletid"`
6    }
```

자바의 경우 앞서 생성한 models 패키지에 Music.java 파일을 생성해 다음과 같이 코드를 입력한다.

```
1        package org.hyperledger.fabric.chaincode.models;
2
3        public class Music {
4
5            private String title;
6            private String singer;
7            private Double price;
8            private String walletId;
9            private String count;
10
11    public Music(String title, String singer, Double price, String walletId, String count) {
12               this.title = title;
13               this.singer = singer;
14               this.price = price;
15             this.walletId = walletId;
16             this.count = count;
17           }
18
19           private Music() {}
20
21           public String getTitle() {
22               return title;
23           }
24
25           public String getSinger() {
26               return singer;
27           }
28
29           public Double getPrice() {
30               return price;
31           }
32
33           public String getWalletId() {
34               return walletId;
35           }
```

```
36
37          public String getCount() {
38              return count;
39          }
40
41          public void setTitle(String title) {
42              this.title = title;
43          }
44
45          public void setSinger(String singer) {
46              this.singer = singer;
47          }
48
49          public void setPrice(Double price) {
50              this.price = price;
51          }
52
53          public void setWalletId(String walletId) {
54              this.walletId = walletId;
55          }
56
57          public void setCount(String count) {
58              this.count = count;
59          }
60      }
```

음원의 고유번호는 검색 및 구매 시 키 값으로 설정되며 중복되지 않게 한다. 키에 대한 고유번호를 설정하기 위해 구조체를 music.go 파일에서 다음의 코드를 추가한다.

```
1      type MusicKey struct {
2          Key string
3          Idx int
4      }
```

자바에서는 models 패키지에 Musickey.java 파일을 생성해 다음과 같이 작성한다.

```java
1       package org.hyperledger.fabric.chaincode.models;
2
3       public class MusicKey {
4           private String key;
5           private int idx;
6
7           public MusicKey(String key, int idx){
8
9           }
10
11          public String getKey() {
12              return key;
13          }
14
15          public void setKey(String key) {
16              this.key = key;
17          }
18
19          public int getIdx() {
20              return idx;
21          }
22
23          public void setIdx(int idx) {
24              this.idx = idx;
25          }
26      }
```

다음으로 음원을 등록할 때 음원의 고유번호를 만드는 함수를 작성한다. 고유번호는 키를 'MS'로 정의해 값을 1씩 증가시키는 방식으로 작성했다. 먼저 Go 언어의 경우 다음과 같이 generateKey 함수를 추가로 작성한다.

```go
1       func generateKey(stub shim.ChaincodeStubInterface) []byte {
2
3           var isFirst bool = false
```

```
4
5              musickeyAsBytes, err := stub.GetState("latestKey")
6              if err != nil {
7                  fmt.Println(err.Error())
8              }
9
10             musickey := MusicKey{}
11             json.Unmarshal(musickeyAsBytes, &musickey)
12             var tempIdx string
13             tempIdx = strconv.Itoa(musickey.Idx)
14             fmt.Println(musickey)
15             fmt.Println("Key is " + strconv.Itoa(len(musickey.Key)))
16             if len(musickey.Key) == 0 || musickey.Key == "" {
17                 isFirst = true
18                 musickey.Key = "MS"
19             }
20             if !isFirst {
21                 musickey.Idx = musickey.Idx + 1
22             }
23             fmt.Println("Last MusicKey is " + musickey.Key + " : " + tempIdx)
24             returnValueBytes, _ := json.Marshal(musickey)
25
26             return returnValueBytes
27         }
```

5: 음원의 마지막 키인 'latestKey'의 키 값을 불러온다. 처음엔 등록하지 않은 상태이므로 빈 값이 출력된다.

16~22: 음원의 키 값이 존재하지 않으면 첫 번째 키로 간주하고, 키에 Music의 약자 'MS'를 넣는다. 이후 값을 1 증가시킨다.

24~26: musickey를 JSON 형식으로 변환해 반환한다.

자바의 경우, music.java에 다음과 같이 함수를 하나 더 추가한다.

```
1          private MusicKey generateKey(ChaincodeStub stub) {
2
```

```
3              boolean isFirst = false;
4
5              String jsonValue = stub.getStringState("latestKey");
6              GsonBuilder builder = new GsonBuilder();
7              Gson gson = builder.create();
8              MusicKey musickey = gson.fromJson(jsonValue, MusicKey.class);
9              String tempIdx = String.valueOf(musickey.getIdx());
10         _logger.info(String.format("Key is %s", tempIdx));
11
12             if (musickey.getKey().length()==0 || musickey.getKey().equals("")) {
13                 isFirst = true;
14                 musickey.setKey("MS");
15             }
16
17             if (!isFirst) {
18                 musickey.setIdx(musickey.getIdx()+1);
19             }
20
21         _logger.info(String.format("Last key is %s : %s", musickey.getKey(), tempIdx));
22
23             return musickey;
24         }
```

5: 음원의 마지막 키인 'latestKey'의 키 값을 불러온다. 처음엔 등록하지 않은 상태이므로 빈 값이 출력된다.

12~19: 음원의 키 값이 존재하지 않으면 첫 번째 키로 간주하고, 키에 Music의 약자 'MS'를 넣는다. 이후 값을 1 증가시킨다.

23: musickey 객체를 반환한다.

위 Go 언어와 자바 코드의 각각의 5번째 줄은 키 값으로 원장을 조회하는 함수다. 받아온 키 값이 존재하지 않으면 0으로 설정하고 존재하면 1을 더해, Go 언어에서는 JSON 형식으로 반환하며 자바에서는 MusicKey 객체로 반환한다. 이 generateKey 함수는 음원이 새로 생성될 때 사용될 것이다.

이제 음원을 새로 생성하는 함수를 작성해 보겠다. Go 언어의 경우 music.go에서 다음과 같이 코드를 추가한다.

```
1     func (s *SmartContract) setMusic(APIstub shim.ChaincodeStubInterface, args []string)
2     pb.Response {
3         if len(args) != 4 {
4             return shim.Error("Incorrect number of arguments. Expecting 4")
5         }
6         var musickey = MusicKey{}
7         json.Unmarshal(generateKey(APIstub), &musickey)
8         keyidx := strconv.Itoa(musickey.Idx)
9         fmt.Println("Key : " + musickey.Key + ", Idx : " + keyidx)
10
11        var music = Music{Title: args[0], Singer: args[1], Price: args[2], Owner: args[3]}
12        musicAsJSONBytes, _ := json.Marshal(music)
13        var keyString = musickey.Key + keyidx
14        fmt.Println("musickey is " + keyString)
15        err := APIstub.PutState(keyString, musicAsJSONBytes)
16        if err != nil {
17            return shim.Error(fmt.Sprintf("Failed to record music catch: %s", musickey))
18        }
19        musickeyAsBytes, _ := json.Marshal(musickey)
20        APIstub.PutState("latestKey", musickeyAsBytes)
21
22        return shim.Success(nil)
23    }
```

6~9: 음원에 대한 마지막 키 값을 조회한다.

11~15: 인자로 받은 음원 정보를 구조체에 넣고 JSON 형식으로 변환해 저장한다.

19~22: 키의 마지막 값은 'lastestKey'이며 음원에 대한 고유번호의 최신 값으로 갱신한다.

마찬가지로 자바의 경우 music.java에서 다음 코드를 추가한다.

```
1     private Response setMusic(ChaincodeStub stub, List<String> args) {
2         if (args.size() != 4) {
```

```
3          throw new RuntimeException("Error Incorrect arguments.");
4      }
5
6      MusicKey musickey = generateKey(stub);
7      String keyIdx = String.valueOf(musickey.getIdx());
8      _logger.info(String.format("Key is %s", keyIdx));
9
10     Music music = new
11 Music(args.get(0),args.get(1),Double.parseDouble(args.get(2)),args.get(3));
12     GsonBuilder builder = new GsonBuilder();
13     Gson gson = builder.create();
14
15     String keyString = musickey.getKey() + keyIdx;
16     try {
17         stub.putState(keyString, gson.toJson(music).getBytes());
18         stub.putState("latestKey", gson.toJson(musickey).getBytes());
19         return newSuccessResponse("Music created");
20     } catch (Throwable e) {
21         return newErrorResponse(e.getMessage());
22     }
23 }
```

6~7: 음원에 대한 마지막 키 값을 조회하는 코드다.

10~15: 인자로 받은 음원 정보를 구조체에 넣고 JSON 형식으로 변환해 저장한다.

18: 키의 마지막 값은 'lastestKey'이며 음원에 대한 고유번호의 최신 값으로 갱신한다.

이제 음원을 검색하는 체인코드를 작성할 차례다. 음원 검색은 음원 목록 전체를 조회할 수 있는 체인코드를 작성하려고 한다. getAllMusic 함수는 블록체인에 등록된 모든 음원 정보, 다시 말해 등록된 음원 트랜잭션의 정보를 원장에서 모두 불러와 반환하는 함수다. Go 언어의 경우, 해당 체인코드를 music.go에 다음과 같이 추가한다.

```
1      func (s *SmartContract) getAllMusic(APIstub shim.ChaincodeStubInterface) pb.Response {
```

```
2
3          musickeyAsBytes, _ := APIstub.GetState("latestKey")
4          musickey := MusicKey{}
5          json.Unmarshal(musickeyAsBytes, &musickey)
6          idxStr := strconv.Itoa(musickey.Idx + 1)
7
8          var startKey = "MS0"
9          var endKey = musickey.Key + idxStr
10
11         resultsIter, err := APIstub.GetStateByRange(startKey, endKey)
12         if err != nil {
13             return shim.Error(err.Error())
14         }
15         defer resultsIter.Close()
16
17         var buffer bytes.Buffer
18         buffer.WriteString("[")
19         bArrayMemberAlreadyWritten := false
20
21         for resultsIter.HasNext() {
22             queryResponse, err := resultsIter.Next()
23             if err != nil {
24                 return shim.Error(err.Error())
25             }
26             if bArrayMemberAlreadyWritten == true {
27                 buffer.WriteString(",")
28             }
29             buffer.WriteString("{\"Key\":")
30             buffer.WriteString("\"")
31             buffer.WriteString(queryResponse.Key)
32             buffer.WriteString("\"")
33
34             buffer.WriteString(", \"Record\":")
35             // Record is a JSON object, so we write as-is
36             buffer.WriteString(string(queryResponse.Value))
37             buffer.WriteString("}")
38             bArrayMemberAlreadyWritten = true
```

```
39              }
40              buffer.WriteString("]")
41              return shim.Success(buffer.Bytes())
42          }
```

3~9: 음원에 대한 고유 키의 마지막 idx 값을 가져와 endKey 변수에 저장한다.

21~41: 음원 정보를 Iteration 형태로 받아와 반복문을 실행해 JSON 형식에 맞게 반환한다.

자바의 경우, music.java 파일에 다음과 같이 getAllMusic 함수를 추가한다.

```
1       private Response getAllMusic(ChaincodeStub stub) {
2
3           String jsonValue = stub.getStringState("latestKey");
4           GsonBuilder builder = new GsonBuilder();
5           Gson gson = builder.create();
6           MusicKey musickey = gson.fromJson(jsonValue, MusicKey.class);
7           String idxStr = String.valueOf(musickey.getIdx()+1);
8
9           String startKey = "MS0";
10          String endKey = musickey.getKey() + idxStr;
11
12          String result = "[";
13          QueryResultsIterator<KeyValue> rows =
14          stub.getStateByRange(startKey,endKey);
15          while (rows.iterator().hasNext()) {
16              String v = rows.iterator().next().getStringValue();
17              if(v != null && v.trim().length() > 0) {
18                  result = result.concat(v);
19                  if (rows.iterator().hasNext())
20                      result = result.concat(",");
21              }
22          }
23          result = result.concat("]");
24
25          return newSuccessResponse(result, ByteString.copyFrom(result, UTF_8).toByteArray());
```

226

```
26        }
```

3~10: 음원에 대한 고유 키의 마지막 idx 값을 가져와 endKey 변수에 저장한다.

12~20: 음원 정보를 Iteration 형태로 받아와 반복문을 실행해 JSON 형식에 맞게 반환한다.

마지막으로 음원을 구매하는 체인코드인 purchaseMusic 함수만 남았다. 이 함수는 판매자가 등록한 음원을 구매자가 구매하면 구매자의 일정 자산을 판매자에게 이동하는 역할을 한다. Go 언어의 경우, 다음과 같이 music.go에 purchaseMusic 함수를 추가한다.

```go
1     func (t *SmartContract) purchaseMusic(APIstub shim.ChaincodeStubInterface, args
2     []string) pb.Response {
3         var A, B string
4         var Aval, Bval int
5         var musicid int
6         var err error
7
8         if len(args) != 3 {
9             return shim.Error("Incorrect number of arguments. Expecting 3")
10        }
11
12        A = args[0]
13        B = args[1]
14
15        musicAsBytes, err := APIstub.GetState(args[2])
16        if err != nil {
17            return shim.Error(err.Error())
18        }
19
20        music := Music{}
21        json.Unmarshal(musicAsBytes, &music)
22        musicprice, _ = strconv.Atoi(string(music.Price))
23
24        AAsBytes, err := APIstub.GetState(A)
```

```
25            if err != nil {
26                return shim.Error("Failed to get state")
27            }
28            if AAsBytes == nil {
29                return shim.Error("Entity not found")
30            }
31            walletA := Owner{}
32            json.Unmarshal(AAsBytes, &walletA)
33            tokenA, _ = strconv.Atoi(string(walletA.Token))
34
35            BAsBytes, err := APIstub.GetState(B)
36            if err != nil {
37                return shim.Error("Failed to get state")
38            }
39            if BAsBytes == nil {
40                return shim.Error("Entity not found")
41            }
42            walletB := Owner{}
43            json.Unmarshal(BAsBytes, &walletB)
44            tokenB, _ = strconv.Atoi(string(walletA.Token))
45
46            walletA.Token = strconv.Itoa(tokenA - musicPrice)
47            walletB.Token = strconv.Itoa(tokenB + musicPrice)
48            updatedAAsBytes, _ := json.Marshal(walletA)
49            updatedBAsBytes, _ := json.Marshal(walletB)
50            APIstub.PutState(args[0], updatedAAsBytes)
51            APIstub.PutState(args[1], updatedBAsBytes)
52
53            fmt.Printf("A Token = %d, B Token = %d\n", walletA.Token, walletB.Token)
54
55        return shim.Success(nil)
56    }
```

12~18: 판매자의 지갑, 구매자의 지갑, 음원의 키 값을 받아온다.

46~51: 음원의 토큰 양만큼 구매자는 빼고 판매자는 증가시켜 원장에 등록한다.

자바에서도 music.java 파일에 purchaseMusic 함수를 추가한다.

```java
1     private Response purchaseMusic(ChaincodeStub stub, List<String> args) {
2         if (args.size() != 3) {
3             return newErrorResponse("Incorrect number of arguments. Expecting 3");
4         }
5         String accountFromKey = args.get(0);
6         String accountToKey = args.get(1);
7
8         String accountFromValueStr = stub.getStringState(accountFromKey);
9         if (accountFromValueStr == null) {
10            return newErrorResponse(String.format("Entity %s not found", accountFromKey));
11        }
12        int accountFromValue = Integer.parseInt(accountFromValueStr);
13
14        String accountToValueStr = stub.getStringState(accountToKey);
15        if (accountToValueStr == null) {
16            return newErrorResponse(String.format("Entity %s not found", accountToKey));
17        }
18        int accountToValue = Integer.parseInt(accountToValueStr);
19
20        int amount = Integer.parseInt(args.get(2));
21
22        if (amount > accountFromValue) {
23            return newErrorResponse(String.format("not enough money in account %s",
24    accountFromKey));
25        }
26
27        accountFromValue -= amount;
28        accountToValue += amount;
29
30        _logger.info(String.format("new value of A: %s", accountFromValue));
31        _logger.info(String.format("new value of B: %s", accountToValue));
32
33        stub.putStringState(accountFromKey, Integer.toString(accountFromValue));
34        stub.putStringState(accountToKey, Integer.toString(accountToValue));
35
36        _logger.info("Transfer complete");
37
```

```
38          return newSuccessResponse("invoke finished successfully",
39    ByteString.copyFrom(accountFromKey + ": " + accountFromValue + " " + accountToKey
40    + ": " + accountToValue, UTF_8).toByteArray());
41      }
```

5~25: 0번째 인자로 판매자의 지갑, 1번째 인자로 구매자의 지갑 키 값을, 2번째 인자로 음원의 키 값을 받아온다.

27~34: 음원의 토큰 양만큼 구매자는 빼고 판매자는 증가시켜 원장에 등록한다.

5.3.4 체인코드 테스트

체인코드를 테스트해보기 위해 5.2.3장에서 실행한 도커 컨테이너 중 CLI를 이용해 하이퍼레저 패브릭 네트워크의 커맨드 라인 환경에 접속한다. 체인코드는 테스트를 위해 Sales1 조직의 peer0 피어 노드에만 설치한다.

자바 체인코드는 프로그래밍을 마쳤으면 gradle로 미리 빌드해야 한다. 4.4.3장을 참고해서 빌드를 마무리해준다. Go 체인코드와 자바 체인코드를 동시에 설치하면 이름이 같기 때문에 설치가 되지 않는다. 만약 같이 설치하고 싶다면 -n 옵션의 체인코드 이름을 다르게 설정해야 한다.

■ **[터미널1] Sales1 조직의 peer0 노드 CLI 실행**

```
$ cd $GOPATH/src/stream-music/basic-network
$ docker stop cli && docker rm cli
$ docker-compose up -d cli
$ docker exec -it cli bash
```

이제 채널에 체인코드를 설치해 테스트하는 일만 남았다. 체인코드를 피어 노드에 설치한다. 다음은 피어 노드에 체인코드를 설치하는 명령어이며, 개발 언어에 따라 각각 다르게 설치를 진행하면 된다.

-l 옵션은 언어 선택, -n 옵션은 설치할 체인코드의 이름, -v 옵션은 버전 설정, -p 옵션은 체인코드 위치다.

- [터미널1] Sales1 조직의 peer0 노드에서 Go 체인코드 설치

```
# peer chaincode install -l golang -n music-cc -v 1.0 -p ./chaincode/go
```

- [터미널1] Sales1 조직의 peer0 노드에서 자바 체인코드 설치

```
# peer chaincode install -l java -n music-cc -v 1.0 -p ./chaincode/java
```

다음 작업은 체인코드를 초기화하는 과정이다. 모든 데이터를 초기화하기 위해 체인
코드를 인스턴스화하는 Init 함수가 호출된다.

- [터미널1] Sales1 조직의 peer0 노드에서 체인코드 인스턴스화

```
# peer chaincode instantiate -o orderer.acornpub.com:7050 -C channelsales1 -n music-
cc -v 1.0 -c '{"Args":[""]}' -P "OR ('Sales1Org.member')"
```

그럼 이제 체인코드의 invoke 함수를 호출해서 판매자 Hyper, 구매자 Ledger의
지갑 정보를 등록하는 체인코드를 실행해본다. -n 옵션으로 체인코드의 이름을
적고, -c 옵션으로 실행할 기능명과 인자 값을 넣고, -C 옵션에 채널 이름을 입력
해준다.

- [터미널1] Sales1 조직의 peer0 노드에서 체인코드 invoke 호출로 initWallet 기능 처리

```
# peer chaincode invoke -o orderer.acornpub.com:7050 -C channelsales1 -n music-cc -c
'{"function":"initWallet","Args":[""]}'
```

다음으로 판매자 Hyper가 음원 Ledger를 20원의 토큰으로 등록하는 체인코드를
실행한다.

- [터미널1] Sales1 조직의 peer0 노드에서 체인코드 invoke 호출로 setMusic 기능 처리

```
# peer chaincode invoke -o orderer.acornpub.com:7050 -C channelsales1 -n music-cc -c
'{"function":"setMusic","Args":["Fabric", "Hyper", "20", "1Q2W3E4R"]}'
```

이제 구매자 Ledger가 음원 Fabric을 구입하는 체인코드를 실행한다. 음원의 ID는
MS0이고 판매자의 ID는 1Q2W3E4R이다.

- [터미널1] Sales1 조직의 peer0 노드에서 체인코드 invoke 호출로 purchaseMusic 기능 처리

```
# peer chaincode invoke -o orderer.acornpub.com:7050 -C channelsales1 -n music-cc -c
'{"function":"purchaseMusic","Args":["5T6Y7U8I", "MS0"]}'
```

위에서 실행한 체인코드가 정상적으로 동작해, 해당 음원이 등록되고 자산이 전송되는 것을 CLI 환경에서 확인할 수 있다. 다음과 같이 query 명령어를 실행해 이를 확인할 수 있다.

- [터미널1] Sales1 조직의 peer0 노드에서 체인코드 query 호출로 getWallet 기능 처리

```
# peer chaincode query -o orderer.acornpub.com:7050 -C channelsales1 -n music-cc -c
'{"function":"getWallet","Args":["1Q2W3E4R"]}'
[{"Name":"Hyper", "ID":"1Q2W3E4R", "Token":"120"}]

# peer chaincode query -o orderer.acornpub.com:7050 -C channelsales1 -n music-cc -c
'{"function":"getWallet","Args":["5T6Y7U8I"]}'
[{"Name":"Ledger", "ID":"5T6Y7U8I", "Token":"180"}]
```

위처럼 판매자 Hyper, 구매자 Ledger의 토큰이 120, 180으로 출력되며 자산의 이동이 잘 이뤄진 것을 확인할 수 있다. 이제 체인코드 테스트를 CLI 환경에서 마무리했으니, 클라이언트 애플리케이션을 구현해 실제 서비스 환경에서도 잘 동작하는지 확인해보자.

5.4 사용자를 위한 클라이언트 애플리케이션 개발

하이퍼레저 패브릭으로 구축한 블록체인 네트워크와 여기에 설치된 스마트 컨트랙트(체인코드) 등도 일반적인 사용자에게 서비스로 제공하기 위해서는 UI/UX를 포함한 클라이언트 애플리케이션과 연동돼야만 한다. 따라서 하이퍼레저 패브릭 네트워크 외부에서 블록체인 서비스를 쉽게 사용하고 접속할 수 있도록, 하이퍼레저 패브릭은 개발자들에게 SDK와 API 등을 제공한다.

하이퍼레저 패브릭 SDK는 공식 홈페이지에서 자바와 NodeJS 버전을 제공하고 있으며(버전 1.4 기준), 향후 Go와 파이썬Python을 공식적으로 추가할 예정이다. 여기에서는 SDK에 대한 기본적인 내용을 학습하고, 어떻게 애플리케이션이 하이퍼레저 패브릭 네트워크에 접속하고 스마트 컨트랙트를 호출할 수 있는지 살펴보겠다.

5.4.1 애플리케이션을 위한 CA 서버 구성

2.2.1장의 하이퍼레저 패브릭 용어 중 MSP와 CA를 설명했었다. MSP의 암호화 인증을 위해 CA로 네트워크를 구성했고 5.2.1장에서 crpytogen을 사용해 인증서를 발급받았다. 여기에서 구성하는 CA 서버는 외부 클라이언트 애플리케이션에서의 접근을 관리하는 역할을 한다고 이해하면 쉽다. 하이퍼레저 패브릭은 기본적으로 허가형 블록체인 네트워크로, 인증된 사용자만 접근할 수 있다. 이를 위해 외부에서 인증서를 발급해주고 관리하는 역할을 제공하는데, 이것이 바로 CA 서버다. 정식 문서에서는 Fabric CA 서버라고 많이 표현돼 있지만, 이 책에서는 CA 서버라고 표현하겠다.

crpytogen으로 생성된 crypto-config 디렉터리를 보면 그림 5-8과 같이 인증서 목록을 확인할 수 있다. 여기서 각 조직에 대한 CA 증명서는 그림 5-8과 같이 ordererOrganizations 및 peerOrganizations 디렉터리 아래의 ca 디렉터리에 위치해 있다. 그림 5-8에서 각 노드별 CA의 위치를 확인할 수 있다.

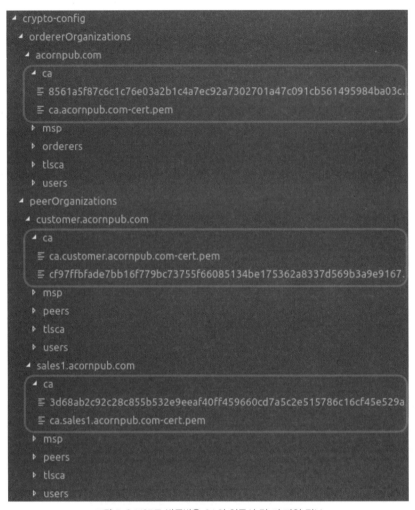

그림 5-8 MSP로 발급받은 CA의 인증서 및 키 파일 정보

CA 서버를 Sales1 조직에 연결해 서비스해보려 한다. 우선 CA 서버를 운영할 컨테이너를 생성하기 위해 docker-compose-ca.yaml을 생성한다.

```
$ cd $GOPATH/src/stream-music/basic-network
$ touch docker-compose-ca.yaml
$ code docker-compose-ca.yaml
```

그림 5-8의 sales1.acornpub.com 안에 ca 디렉터리의 해시 값으로 표현돼 있는

CA 키 파일 이름을 아래의 환경변수 중 'FABRIC_CA_SERVER_CA_KEYFILE'의 값으로 설정해 준다. 마찬가지로 인증서 파일 이름도 아래의 환경변수 중 'FABRIC_CA_SERVER_CA_CERTFILE'의 값으로 설정해서 docker-compose-ca.yaml 파일을 작성한다.

```
1    version: '2'
2
3    networks:
4      acorn:
5
6    services:
7      ca.sales1.acornpub.com:
8        image: hyperledger/fabric-ca
9        environment:
10         - FABRIC_CA_HOME=/etc/hyperledger/fabric-ca-server
11         - FABRIC_CA_SERVER_CA_NAME=ca.sales1.acornpub.com
12         - FABRIC_CA_SERVER_CA_CERTFILE=/etc/hyperledger/fabric-ca-server-config/
13  ca.sales1.acornpub.com-cert.pem
14         - FABRIC_CA_SERVER_CA_KEYFILE=/etc/hyperledger/fabric-ca-server-config/3d86a
15  b2c92c28ca37e5d8ec2c331af4e6af3dd85b7aef58c1ec9d4638d43deb624_sk
16        ports:
17         - "7054:7054"
18        command: sh -c 'fabric-ca-server start -b admin:adminpw -d'
19        volumes:
20         - ./crypto-
21  config/peerOrganizations/sales1.acornpub.com/ca/:/etc/
22  hyperledger/fabric-ca-server-config
23        container_name: ca.sales1.acornpub.com
24        networks:
25         acorn:
```

위와 같이 Sales1 조직을 위한 CA 서버 설정이 완료됐다. 참고로, 위에서 사용된 CA 서버 환경변수는 다음과 같다.

- FABRIC_CA_HOME: CA 서버의 홈 디렉터리

- FABRIC_CA_SERVER_CA_NAME: CA 서버의 이름
- FABRIC_CA_SERVER_CA_CERTFILE: CA 서버 인증서 파일 경로
- FABRIC_CA_SERVER_CA_KEYFILE: CA 서버의 개인 키가 저장된 경로

이제 docker-compose 커맨드 명령어로 해당 파일을 다음과 같이 실행한다.

```
$ docker-compose -f docker-compose-ca.yaml up -d ca.sales1.acornpub.com
Creating ca.sales1.acornpub.com..
```

이로써 외부에서 하이퍼레저 블록체인 네트워크에 접속할 수 있는 권한을 관리하는 CA 서버 구축을 완료했다. 이제 하이퍼레저 패브릭 SDK를 본격적으로 살펴보겠다.

5.4.2 하이퍼레저 패브릭 SDK

5장의 개요에서 하이퍼레저 패브릭 SDK를 통해 외부에서 하이퍼레저 패브릭 네트워크에 접속할 수 있다고 설명했었다. 그림 5-9는 클라이언트가 이 SDK를 사용해 하이퍼레저 패브릭 네트워크에 접속하는 경로를 흐름도로 정리해 봤다. SDK는 하이퍼레저 패브릭 네트워크와 통신할 수 있도록 제공되는 하나의 도구다.

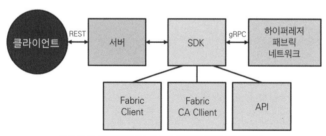

그림 5-9 하이퍼레저 패브릭 SDK의 역할 및 흐름도

그림 5-9에서 살펴봤듯이 SDK는 크게 3가지 핵심 모듈로 구성되는데, 각각을 살펴보면 다음과 같다.

- **Fabric-Client**: 하이퍼레저 패브릭 기반 블록체인 네트워크와 통신을 가능하게 하는 핵심 구성 요소다. 피어, 오더러 관리 및 이벤트 처리 등 다양한 API를

제공한다. 새로운 채널 생성, 피어 노드의 채널 참여, 피어에 체인코드 설치 및 인스턴스화, 트랜잭션 제출, 트랜잭션 또는 블록의 원장 조회 등

- **Fabric−CA−Client**: 사용자 관리에 사용된다. 자세한 기능은 새로운 사용자 등록, 하이퍼레저 패브릭 서버에서 서명한 등록 인증서 발급, 기존 사용자 인증서 폐기다.
- **Fabric−Network(API)**: 플러그할 수 있는 구성 요소에 대한 API를 제공한다. SDK에서 사용하는 주요 인터페이스인 CryptoSuite, Key, KeyValueStore를 기본적으로 내장하고 있다.

하이퍼레저 패브릭 SDK는 하이퍼레저 패브릭 네트워크와 gRPC를 통해 통신하는데, gRPC는 구글에서 개발한 HTTP 기반 RPC^{Remote Procedure Call} 프레임워크로, 더 적은 리소스를 통해 네트워크 통신의 효율성을 극대화해 성능을 강화한 통신 프로토콜이다.

5.4.3 Node.js SDK를 이용한 웹 애플리케이션 개발

여기에서는 Node.js SDK를 사용해 하이퍼레저 패브릭 네트워크와 통신하는 클라이언트 애플리케이션을 개발할 것이다. Node.js SDK가 제공하는 다양한 API를 통해, 하이퍼레저 패브릭 네트워크에 쉽게 접속하고 체인코드를 실행할 수 있다.

앞서 개발한 각 체인코드 기능에 따라 이를 외부에서 호출하는 애플리케이션을 개발해보겠다. 먼저 하이퍼레저 패브릭 네트워크에 접속하기 위한 관리자와 사용자를 설정해야 하는데, 이를 구현하는 애플리케이션은 다음과 같다.

- enrollAdmin.js – CA 서버에 관리자 등록 및 인증서 생성
- registUsers.js – CA 서버에 사용자 등록 및 인증서 생성

다음은 실제 체인코드를 호출하는 애플리케이션이다.

- getWallet.js – 특정 지갑 정보를 검색하는 코드
- getAllMusic.js – 등록된 모든 음원을 검색하는 코드

- setMusic.js - 새로운 음원을 등록하는 코드
- purchaseMusic.js - 음원을 구매하는 코드

이렇게 총 6개의 소스코드를 개발해 볼 것이다. 이제 다음과 같이 프로젝트 디렉터리로 이동해 위 소스코드 파일을 설치하기 위해 새로운 application 디렉터리를 생성하고 관리자와 사용자를 등록하는 소스코드부터 생성한다.

```
$ cd $GOPATH/src/stream-music
$ mkdir -p application/sdk && cd application/sdk
$ touch enrollAdmin.js
$ touch registUsers.js
```

3장에서 하이퍼레저 패브릭 환경 설정을 위해 모듈 관리 툴인 npm을 설치했었는데, 이 npm을 이용해 Node.js 웹 애플리케이션 개발에 필요한 라이브러리 및 모듈을 먼저 설치해야 본격적인 개발을 할 수 있다. 여기서는 다음과 같이 pakage.json 파일을 생성해 의존 패키지를 한꺼번에 자동으로 설치하는데, 다음 dependencies 속성에 설치할 라이브러리 및 모듈을 기술한다.

```
$ cd $GOPATH/src/stream-music/application
$ touch pakage.json
$ code pakage.json
```

```
1    {
2        "name": "Fabric-Music-Go",
3        "version": "1.0.0",
4        "description": "Hyperledger Fabric Acorn Music Application",
5        "main": "server.js",
6        "dependencies": {
7            "fabric-ca-client": "^1.4.0",
8            "fabric-client": "^1.4.0",
9            "grpc": "^1.9.1",
10           "express": "latest",
11           "body-parser": "latest",
12           "ejs": "latest",
```

```
13              "angular": "^1.4.3"
14          },
15      "license": "Apache-2.0",
16      "keywords": [
17              "Hyperledger",
18              "Fabric",
19              "Acorn",
20              "Music",
21              "Application"
22          ]
23      }
```

위 pakage.json 파일 내용을 보면, 가장 먼저 새로 만들 애플리케이션의 이름, 버전, 설명을 명시해 주고 사용할 메인 Node.js 파일을 server.js로 설정했다. 그 다음 dependencies 속성에는 설치할 라이브러리 및 모듈들을 설정했는데, 대표적인 의존 패키지를 살펴보면 다음과 같다.

CA 서버에 등록을 위해 하이퍼레저 패브릭 네트워크 정보를 아래와 같이 입력한다. 아래 organizations 필드 중 Sales1Org 조직의 adminPrivateKey 값을 $GOPATH/stream-music/basic-network/crypytoconfig/peerOrganizations/sales1. acornpub.com/user/Admin@sales1.acornpub.com/msp/keystore/ 디렉터리 안에 해시 값으로 설정해 준다.

- 하이퍼레저 패브릭 네트워크 연동을 위한 fabric-ca-client와 fabric-client 모듈
- 하이퍼레저 패브릭 네트워크와의 통신을 위한 grpc 모듈
- REST 서버를 구축하기 위한 웹 프레임워크인 Express 모듈(5.5장에서 사용)
- 웹 페이지 구현을 위한 AngularJS 모듈(6장에서 사용)

이제 npm install 커맨드 명령어를 통해 설치를 시작한다. 다음과 같이 --save 옵션을 입력하면 위에서 설정한 pakage.json 파일을 읽어와 의존 패키지를 자동으로 설치한다.

```
$ npm install --save
```

이제 Node.js 웹 애플리케이션 개발의 환경 설정을 완료했다. 하이퍼레저 패브릭 네트워크 접속을 위해 CA 서버에 관리자와 사용자를 등록해보겠다.

CA 서버에 등록하기 위해 하이퍼레저 패브릭 네트워크 정보를 아래와 같이 입력한다. 아래 organizations 필드 중 Sales1Org 조직의 adminPrivateKey 값을 $GOPATH/src/stream-music/basic-network/crypytoconfig/peerOrganizations/sales1.acornpub.com/user/Admin@sales1.acornpub.com/msp/keystore/ 디렉터리 안에 해시 값으로 설정해 준다.

```
$ cd $GOPATH/src/stream-music/application
$ touch connection.json && code connection.json
```

```
1    {
2        "name": "basic-network",
3        "version": "1.0.0",
4        "client": {
5            "organization": "Sales1",
6            "connection": {
7                "timeout": {
8                    "peer": {
9                        "endorser": "300"
10                   },
11                   "orderer": "300"
12               }
13           }
14       },
15       "channels": {
16           "channelsales1": {
17               "orderers": [
18                   "orderer.acornpub.com"
19               ],
20               "peers": {
21                   "peer0.sales1.acornpub.com": {}
```

```
22                            }
23                        }
24                    },
25                "organizations": {
26                    "Sales1": {
27                        "mspid": "Sales1Org",
28                        "peers": [
29                            "peer0.sales1.acornpub.com"
30                        ],
31                        "certificateAuthorities": [
32                            "ca.sales1.acornpub.com"
33                        ],
34                        "adminPrivateKey": {
35                            "path":"../../basic-network/crypto-
36  config/peerOrganizations/sales1.acornpub.com/users/Admin@sales1.acornpub.com/msp/
37  keystore/255889fe183160d62c19ba419de0f398e07714dee2eac04deabc359da6ee27c4_
38  sk"
39                        },
40                        "signedCert":{
41                            "path":"../../basic-network/crypto-
42  config/peerOrganizations/sales1.acornpub.com/users/Admin@sales1.acornpub.com/msp/
43  signcerts/Admin@sales1.acornpub.com-cert.pem"
44                        }
45                    }
46                },
47                "orderers": {
48                    "orderer.acornpub.com": {
49                        "url": "grpc://localhost:7050",
50                        "grpcOptions":{
51                            "ssl-target-name-override":"orderer.acornpub.com",
52                            "grpc-max-send-message-length": -1
53                        },
54                        "tlsCACerts": {
55                            "path": "../../basic-network/crypto-
56  config/ordererOrganizations/acornpub.com/orderers/orderer.acornpub.com/msp/
57  tlscacerts/tlsca.acornpub.com-cert.pem"
58                        }
```

```
69              }
60          },
61      "peers": {
62          "peer0.sales1.acornpub.com": {
63              "url": "grpc://localhost:7051",
64              "tlsCACerts": {
65                  "path": "../../basic-network/crypto-
66 config/peerOrganizations/sales1.acornpub.com/peers/peer0.sales1.acornpub.com/msp/
67 tlscacerts/tlsca.sales1.acornpub.com-cert.pem"
68              },
69              "grpcOptions": {
70                  "ssl-target-name-override": "peer1.sales1.acornpub.com",
71                  "hostnameOverride": "peer1.sales1.acornpub.com"
72              }
73          }
74      },
75      "certificateAuthorities": {
76          "ca.sales1.acornpub.com": {
77              "url": "http://localhost:7054",
78              "caName": "ca.sales1.acornpub.com",
79              "tlsCACerts": {
80                  "path": "../../basic-network/crypto-
81 config/peerOrganizations/sales1.acornpub.com/ca/ca.sales1.acornpub.com-cert.pem"
82              },
83              "registrar":{
84                  "enrollId": "admin",
85                  "enrollSecret": "adminpw",
86                  "caName": "casales1"
87              },
88              "httpOptions": {
89                  "verify": false
90              }
91          }
92      }
93  }
```

먼저 하이퍼레저 패브릭 네트워크 구성에서 CA를 등록할 때 admin 사용자를 생성했다. enrollAdmin.js 파일은 등록된 admin 사용자의 인증서를 '.hfc-key-customer' 디렉터리에 발급하는 내용이다. enrollAdmin.js 파일은 다음과 같이 작성한다.

```
$ cd $GOPATH/src/stream-music/application/sdk
$ code enrollAdmin.js
```

```
1    'use strict';
2
3    const FabricCAServices = require('fabric-ca-client');
4    const { FileSystemWallet, X509WalletMixin } = require('fabric-network');
5    const fs = require('fs');
6    const path = require('path');
7
8    const ccpPath = path.resolve(__dirname, '..', 'connection.json');
9    const ccpJSON = fs.readFileSync(ccpPath, 'utf8');
10   const ccp = JSON.parse(ccpJSON);
11
12   console.log(ccp.certificateAuthorities['ca.sales1.acornpub.com']);
13
14   async function main() {
15       try {
16
17           const caInfo = ccp.certificateAuthorities['ca.sales1.acornpub.com'];
18           const caTLSCACerts = caInfo.tlsCACerts.pem;
19           const ca = new FabricCAServices(caInfo.url, { trustedRoots: caTLSCACerts,
20   verify: false }, caInfo.caName);
21
22           const walletPath = path.join(process.cwd(), '..', 'wallet');
23           const wallet = new FileSystemWallet(walletPath);
24           console.log(`Wallet path: ${walletPath}`);
25
26           const adminExists = await wallet.exists('admin');
27           if (adminExists) {
28               console.log('An identity for the admin user "admin" already exists
29   in the wallet');
```

```
30              return;
31          }
32
33          const enrollment = await ca.enroll({ enrollmentID: 'admin', enrollmentSecret:
34    'adminpw' });
35          const identity = X509WalletMixin.createIdentity('Sales1Org',
36    enrollment.certificate, enrollment.key.toBytes());
37          await wallet.import('admin', identity);
38          console.log('Successfully enrolled admin user "admin" and imported it
39    into the wallet');
40
41      } catch (error) {
42          console.error(`Failed to enroll admin user "admin": ${error}`);
43          process.exit(1);
44      }
45  }
46
47  main();
```

위의 코드를 node 커맨드 명령어를 통해 다음과 같이 실행한다.

```
$ node enrollAdmin.js
```

제대로 실행됐다면 다음과 같이 등록됐다는 메시지와 함께 인증서가 로그로 출력되
는 것을 확인할 수 있다.

```
{ url: 'http://localhost:7054',
  caName: 'ca.sales1.acornpub.com',
  tlsCACerts:
   { path: '../basic-network/crypto-config/peerOrganizations/sales1.acornpub.com/ca/
ca.sales1.acornpub.com-cert.pem' },
  registrar:
   { enrollId: 'admin',
     enrollSecret: 'adminpw',
     caName: 'casales1' },
  httpOptions: { verify: false } }
```

```
Wallet path: /home/ubuntu/go/src/stream-music/application/wallet
Successfully enrolled admin user "admin" and imported it into the wallet
```

위처럼 인증서가 발급됐다면 admin 관리자가 SDK를 통해 CA 서버에 정상적으로 등록됐음을 의미한다. 다음으로 user1 사용자를 생성하고 신원등록하기 위해, registUsers.js 파일을 실행하고 다음과 같이 입력한다.

```
$ code registUsers.js
```

```
1    'use strict';
2    const { FileSystemWallet, Gateway, X509WalletMixin } = require('fabric-network');
3    const path = require('path');
4    const ccpPath = path.resolve(__dirname, '..', 'connection.json');
5    async function main() {
6        try {
7            const walletPath = path.join(process.cwd(), '..', 'wallet');
8            const wallet = new FileSystemWallet(walletPath);
9            console.log(`Wallet path: ${walletPath}`);
10           const userExists = await wallet.exists('user1');
11           if (userExists) {
12               console.log('An identity for the user "user1" already exists in the wallet');
13               return;
14           }
15           const adminExists = await wallet.exists('admin');
16           if (!adminExists) {
17               console.log('An identity for the admin user "admin" does not exist
18   in the wallet');
19               console.log('Run the enrollAdmin.js application before retrying');
20               return;
21           }
22           const gateway = new Gateway();
23           await gateway.connect(ccpPath, { wallet, identity: 'admin', discovery: {
24   enabled: true, asLocalhost: true } });
25           const ca = gateway.getClient().getCertificateAuthority();
26           const adminIdentity = gateway.getCurrentIdentity();
27           const secret = await ca.register({ affiliation: 'org1.department1',
```

```
28    enrollmentID: 'user1', role: 'client' }, adminIdentity);
29            const enrollment = await ca.enroll({ enrollmentID: 'user1',
30    enrollmentSecret: secret });
31            const userIdentity = X509WalletMixin.createIdentity('Sales1Org',
32    enrollment.certificate, enrollment.key.toBytes());
33            await wallet.import('user1', userIdentity);
34            console.log('Successfully registered and enrolled admin user "user1" and
35    imported it into the wallet');
36        } catch (error) {
37            console.error(`Failed to register user "user1": ${error}`);
38            process.exit(1);
39        }
40    }
41    main();
```

위의 코드를 node 커맨드 명령어를 입력해 다음과 같이 registUsers.js를 실행한다.

```
$ node registUsers.js
```

제대로 실행됐다면 다음과 같이 정상적으로 처리됐음을 로그를 통해 확인할 수 있다.

```
Wallet path: /home/ubuntu/go/src/stream-music/application/wallet
Successfully registered and enrolled admin user "user1" and imported it into the wallet
```

이제 생성된 사용자로 체인코드의 원장을 조회하거나 업데이트하는 체인코드를 호출하는 기능을 구현할 차례다. 하이퍼레저 패브릭 네트워크에 요청되는 모든 트랜잭션은 사용자 인증을 거친 후에 진행되므로, 앞에서 작성한 관리자 및 사용자 등록을 실행한 후에 진행할 수 있다.

각 체인코드를 호출하는 애플리케이션을 개발하기 위해, 4가지 파일을 다음과 같이 생성한다.

```
$ cd $GOPATH/src/stream-music/application/sdk
$ touch getWallet.js
$ touch getAllMusic.js
$ touch setMusic.js
$ touch purchaseMusic.js
```

체인코드에서 특정 지갑 정보를 검색하는 getWallet 기능을 수행하는 애플리케이션을 아래와 같이 작성한다.

```
$ code getWallet.js
```

```
1    'use strict';
2    const { FileSystemWallet, Gateway } = require('fabric-network');
3    const path = require('path');
4    const ccpPath = path.resolve(__dirname, '..', 'connection.json');
5    async function main() {
6        try {
7            const walletPath = path.join(process.cwd(), '..', 'wallet');
8            const wallet = new FileSystemWallet(walletPath);
9            console.log(`Wallet path: ${walletPath}`);
10           const userExists = await wallet.exists('user1');
11           if (!userExists) {
12               console.log('An identity for the user "user1" does not exist in the wallet');
13               console.log('Run the registerUser.js application before retrying');
14               return;
15           }
16           const gateway = new Gateway();
17           await gateway.connect(ccpPath, { wallet, identity: 'user1', discovery: {
18       enabled: true, asLocalhost: true } });
19           const network = await gateway.getNetwork('channelsales1');
20           const contract = network.getContract('music-cc');
21           var walletid = process.argv[2];
22           const result = await contract.evaluateTransaction('getWallet', walletid);
23           console.log(`Transaction has been evaluated, result is: ${result.toString()}`);
24       } catch (error) {
25           console.error(`Failed to evaluate transaction: ${error}`);
```

```
26            process.exit(1);
27        }
28    }
29    main();
```

2: fabric-network 라이브러리를 가지고 온다.

4: 이전에 작성했던 네트워크 설정 파일인 connection.json 파일을 불러온다.

7~15: 어드민 및 유저의 인증서가 저장된 인증서 위치를 알려주고 user1 등록을 체크한다.

16~20: user1으로 네트워크에 접속해 체인코드를 불러온다.

21~22: 체인코드를 쿼리해 결과를 result에 저장한다.

다음은 채널1에 등록된 음원 전체를 출력하는 getAllMusic 기능을 sdk로 불러온다.

```
$ code getAllMusic.js
```

```
1     'use strict';
2     const { FileSystemWallet, Gateway } = require('fabric-network');
3     const path = require('path');
4     const ccpPath = path.resolve(__dirname, '..', 'connection.json');
5     async function main() {
6         try {
7             const walletPath = path.join(process.cwd(), '..', 'wallet');
8             const wallet = new FileSystemWallet(walletPath);
9             console.log(`Wallet path: ${walletPath}`);
10            const userExists = await wallet.exists('user1');
11            if (!userExists) {
12                console.log('An identity for the user "user1" does not exist in the wallet');
13                console.log('Run the registerUser.js application before retrying');
14                return;
15            }
16            const gateway = new Gateway();
17            await gateway.connect(ccpPath, { wallet, identity: 'user1', discovery: {
18    enabled: true, asLocalhost: true } });
```

```
19              const network = await gateway.getNetwork('channelsales1');
20              const contract = network.getContract('music-cc');
21              const result = await contract.evaluateTransaction('getAllMusic');
22              console.log(`Transaction has been evaluated, result is: ${result.toString()}`);
23          } catch (error) {
24              console.error(`Failed to evaluate transaction: ${error}`);
25              process.exit(1);
26          }
27      }
28      main();
```

다음은 채널1에 음원을 등록하는 setMusic 기능이다. 위의 getWallet 기능, getAllMusic 기능은 query를 하기 위해 쓰이며 setMusic 기능은 invoke를 위해 사용된다. 다시 말해 set은 실제로 트랜잭션이 발생한다.

$ code setMusic.js

```
1       'use strict';
2       const { FileSystemWallet, Gateway } = require('fabric-network');
3       const path = require('path');
4       const ccpPath = path.resolve(__dirname, '..', 'connection.json');
5       async function main() {
6           try {
7               const walletPath = path.join(process.cwd(), '..', 'wallet');
8               const wallet = new FileSystemWallet(walletPath);
9               console.log(`Wallet path: ${walletPath}`);
10              const userExists = await wallet.exists('user1');
11              if (!userExists) {
12                  console.log('An identity for the user "user1" does not exist in the wallet');
13                  console.log('Run the registUser.js application before retrying');
14                  return;
15              }
16              const gateway = new Gateway();
17              await gateway.connect(ccpPath, { wallet, identity: 'user1', discovery: { enabled:
18      true, asLocalhost: true } });
```

```
19          const network = await gateway.getNetwork('channelsales1');
20          const contract = network.getContract('music-cc');
21          var walletid = process.argv[2];
22          var key = process.argv[3];
23          const result = await contract.submitTransaction('purchaseMusic', walletid, key);
24          console.log('Transaction has been submitted');
25          await gateway.disconnect();
26       } catch (error) {
27          console.error(`Failed to submit transaction: ${error}`);
28          process.exit(1);
29       }
30    }
31    main();
```

마지막으로 다음과 같이 음원을 거래하기 위한 purchaseMusic 기능을 수행하는 애플리케이션을 작성한다.

```
$ code purchaseMusic.js
```

```
1     'use strict';
2     const { FileSystemWallet, Gateway } = require('fabric-network');
3     const path = require('path');
4     const ccpPath = path.resolve(__dirname, '..', 'connection.json');
5     async function main() {
6        try {
7           const walletPath = path.join(process.cwd(), '..', 'wallet');
8           const wallet = new FileSystemWallet(walletPath);
9           console.log(`Wallet path: ${walletPath}`);
10          const userExists = await wallet.exists('user1');
11          if (!userExists) {
12             console.log('An identity for the user "user1" does not exist in the wallet');
13             console.log('Run the registUser.js application before retrying');
14             return;
15          }
16          const gateway = new Gateway();
```

```
17              await gateway.connect(ccpPath, { wallet, identity: 'user1', discovery: {
18      enabled: true, asLocalhost: true } });
19              const network = await gateway.getNetwork('channelsales1');
20              const contract = network.getContract('music-cc');
21              var walletid = process.argv[2];
22              var key = process.argv[3];
23              const result = await contract.submitTransaction('purchaseMusic',
24      walletid, key);
25              console.log('Transaction has been submitted');
26              await gateway.disconnect();
27          } catch (error) {
28              console.error(`Failed to submit transaction: ${error}`);
29              process.exit(1);
30          }
31      }
32      main();
```

구현된 애플리케이션을 실행해 Node.js SDK를 통해서 하이퍼레저 패브릭 네트워크에 잘 접속하고, 트랜잭션을 처리하는지 확인해보겠다.

먼저 setMusic.js 파일을 다음과 같이 실행해, 해당 체인코드가 동작해 원장에 제대로 업데이트되는지 확인해본다.

```
$ node setMusic.js Fabric1 Hyper 10 1Q2W3E4R
Wallet path: /home/ubuntu/go/src/stream-music/application/wallet
Transaction has been submitted
```

getAllMusic.js 파일을 다음과 같이 실행하고 해당 체인코드가 동작해 원장을 제대로 조회해 오는지 확인해 본다. 5.3.4장의 체인코드 테스트에서 CLI 환경으로 음원을 하나 만들었기 때문에 2개의 음원이 조회되는 것을 확인할 수 있다.

```
$ node getAllMusic.js
Wallet path: /home/ubuntu/go/src/stream-music/application/wallet
Transaction has been evaluated, result is [{"Key":"MS0", "Record":{"title":"Fabric",
```

```
"singer":"Hyper","price":"20","walletid":"1Q2W3E4R"}},{"Key":"MS1", "Record":{"title
":"Fabric1","singer":"Hyper","price":"10","walletid":"1Q2W3E4R"}}]
```

getWallet.js 파일을 다음과 같이 각각 실행해 판매자 및 구매자에 대한 지갑 정보를
확인해 본다. 이전에 체인코드 테스트에서 음원을 구매했으므로 판매자 Hyper와 구
매자 Ledger의 토큰은 각 120, 180으로 설정됨을 확인할 수 있다.

```
$ node getWallet.js 1Q2W3E4R
Wallet path: /home/ubuntu/go/src/stream-music/application/wallet
Transaction has been evaluated, result is:[{"Name":"Hyper", "ID":"1Q2W3E4R",
"Token":"120"}]
$ node getWallet.js 5T6Y7U8I
Wallet path: /home/ubuntu/go/src/stream-music/application/wallet
Transaction has been evaluated, result is:[{"Name":"Ledger", "ID":"5T6Y7U8I",
"Token":"180"}]
```

이번엔 위에서 등록한 음원을 구매해 보려고 한다. purchaseMusic.js 파일을 다음과
같이 실행해 음원을 구매한다. 이후에 getWallet.js 파일을 실행해, 토큰이 올바르게
이동됐는지 확인한다.

```
$ node purchaseMusic.js 5T6Y7U8I MS2
Wallet path: /home/ubuntu/go/src/stream-music/application/wallet
Transaction has been submitted
$ node getWallet.js 1Q2W3E4R
Wallet path: /home/ubuntu/go/src/stream-music/application/wallet
Transaction has been evaluated, result is:[{"Name":"Hyper", "ID":"1Q2W3E4R",
"Token":"130"}]
$ node getWallet.js 5T6Y7U8I
Wallet path: /home/ubuntu/go/src/stream-music/application/wallet
Transaction has been evaluated, result is:[{"Name":"Ledger", "ID":"5T6Y7U8I",
"Token":"170"}]
```

이렇게 체인코드의 총 4가지 기능인 setMusic, getAllMusic, getWallet,
purchaseMusic에 대한 애플리케이션을 작성하고 실행해 봤다. 5.5장에서는 Node.

js에서 실행되는 환경에 REST API 서버를 구성해 웹에서 스마트 컨트랙트를 호출해 실행해볼 것이다.

5.5 웹 서비스 기반 클라이언트 애플리케이션 개발

이제 단순 클라이언트 애플리케이션이 아니라 웹 서비스 기반 클라이언트 애플리케이션으로 하이퍼레저 패브릭 네트워크에 접속해 체인코드를 실행해보도록 하겠다. CA 서버(그림 5-10의 Fabric CA Server)와 Node.js SDK가 추가된 전체 시스템 구성도가 5.4장까지 개발한 내용이었다면, 웹 서버(그림 5-10의 Web Server)가 더 추가된 전체 시스템 구성도가 5.5장에서 다룰 내용이다.

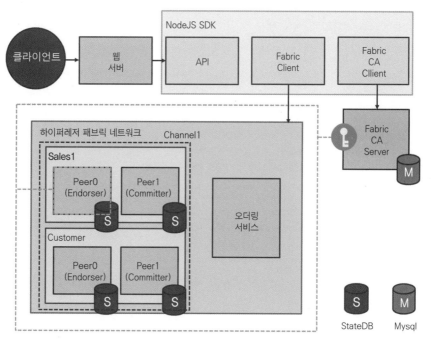

그림 5-10 웹 서비스 기반 하이퍼레저 패브릭 네트워크 추가 구성

5장에서는 Node.js의 REST API를 구현하는 웹 서버를 구축하고자 한다. CLI 환경이

아닌 웹 서비스 환경에서 트랜잭션을 요청하는 방식이며, 이를 위해서는 웹 서버가 필요하다. 웹 서버는 Node.js의 대표적인 웹 프레임워크인 Express를 통해 구축할 것이다.

5.5.1 Express를 이용한 웹 애플리케이션 개발

Node.js의 대표적인 웹 프레임워크인 Express를 통해 웹 서버를 가동시키고 웹 애플리케이션을 개발할 수 있는데, 이를 위해 server.js 파일을 생성한다.

```
$ cd $GOPATH/src/stream-music/application/sdk
$ touch server.js
```

위에서 생성한 server.js을 열어 아래와 같이 작성해야 한다. 가장 먼저 Express 모듈을 불러오고 하이퍼레저 패브릭 SDK 모듈을 불러온 다음에, 하이퍼레저 패브릭 네트워크에 접속해 각 REST API 요청값에 따라 해당 체인코드를 실행하는 것이 코드 내용이다. 기본적으로 포트는 8080에서 동작하도록 웹 서버를 구성했다.

```
1       const express = require('express');
2       const app = express();
3       var path = require('path');
4       var sdk = require('./sdk');
5       const PORT = 8080;
6       const HOST = 'localhost';
7       app.get('/api/getWallet', function (req, res) {
8           var walletid = req.query.walletid;
9           let args = [walletid];
10          sdk.send(false, 'getWallet', args, res);
11      });
12      app.get('/api/setMusic', function (req, res) {
13          var title = req.query.title;
14          var singer = req.query.singer;
15          var price = req.query.price;
16          var walletid = req.query.walletid;
```

```
17          let args = [title, singer, price, walletid];
18          sdk.send(true, 'setMusic', args, res);
19      });
20      app.get('/api/getAllmusic', function (req, res) {
21          let args = [];
22          sdk.send(false, 'getAllMusic', args, res);
23      });
24      app.get('/api/purchaseMusic', function (req, res) {
25          var walletid = req.query.walletid;
26          var key = req.query.musickey;
27
28          let args = [walletid, key];
29          sdk.send(true, 'purchaseMusic', args, res);
30      });
31      app.listen(PORT, HOST);
32      console.log(`Running on http://${HOST}:${PORT}`);
```

1~2: 익스프레스 모듈과 파싱 모듈, 하이퍼레저 클라이언트 및 관련 모듈을 불러온다.

5~6: 포트 번호, 호스트IP를 설정한다.

7~30: 라우트 메소드이다. 첫번째 파라미터의 URI는 체인코드의 각 기능을 의미하고 2번째 파라미터는 콜백 형태로 구현된다.

31: 웹 서버는 12~13번째 줄에서 지정한 8080 포트 및 localhost로 웹 서비스 요청을 기다리도록 실행한다.

라우팅 함수에서 수행되는 기능은 네트워크 정보를 가지고 하이퍼레저 패브릭 네트워크에 접속해 invoke 또는 query 하는 함수이며 5.4.3장의 SDK의 각 기능들을 수행한다. 접속을 위한 코드는 같기 때문에 따로 sdk.js 파일을 생성해 호출해서 사용하도록 작성했다.

```
$ touch sdk.js && code sdk.js
```

```
1       'use strict';
2       const { FileSystemWallet, Gateway } = require('fabric-network');
3       var path = require('path');
4       const ccpPath = path.resolve(__dirname, '..', 'connection.json');
5       async function send(type, func, args, res){
6           try {
7               const walletPath = path.join(process.cwd(), '..', 'wallet');
8               const wallet = new FileSystemWallet(walletPath);
9               console.log(`Wallet path: ${walletPath}`);
10              const userExists = await wallet.exists('user1');
11              if (!userExists) {
12                  console.log('An identity for the user "user1" does not exist in the wallet');
13                  console.log('Run the registUser.js application before retrying');
14                  return;
15              }
16              const gateway = new Gateway();
17              await gateway.connect(ccpPath, { wallet, identity: 'user1', discovery: {
18                  enabled: true, asLocalhost: true } });
19              const network = await gateway.getNetwork('channelsales1');
20              const contract = network.getContract('music-cc');
21              if(type){
22                  await contract.submitTransaction(func, ...args);
23                  console.log('Transaction has been submitted');
24                  await gateway.disconnect();
25                  res.send('Transaction has been submitted');
26              }else{
27                  const result = await contract.evaluateTransaction(func, ...args);
28                  console.log(`Transaction has been evaluated, result is: ${result.toString()}`);
29                  res.send(result.toString());
30              }
31          } catch (error) {
32              console.error(`Failed to submit transaction: ${error}`);
33              res.send(`Failed to submit transaction: ${error}`);
34          }
35      }
36      module.exports = {
37          send:send
```

```
38      }
```

21~30: 첫 번째 파라미터로 자료형을 불리언으로 받아 true일 경우 invoke를 수행하고 false인 경우에 query를 수행하도록 작성했다.

5.5.2 웹 서버 실행 및 테스트

앞에서 개발한 웹 애플리케이션을 실행하기 위해, 다음과 같이 node 명령어 커맨드를 실행해보겠다.

```
$ node server.js
Running on http://localhost:8080
```

위와 같이 호스트 네임 및 포트번호가 출력되면 웹 서버가 제대로 구동돼 정상적으로 실행되고 있음을 확인할 수 있다. 웹 서버가 구동됐으므로, curl 커맨드 명령어로 5.5.1장에서 개발한 웹 애플리케이션을 호출할 수 있다. 테스트는 http://localhost:8080에서 확인할 수 있다.

우선 하이퍼레저 패브릭 네트워크 상에 생성돼 있는 지갑 정보를 조회해보겠다. 다음과 같이 walletid의 값을 입력해 체인코드의 getWallet 기능을 호출한다. 5.3.4장과 5.4.3장에서 충실하게 테스트를 수행했다면, 판매자 Hyper 및 구매자 Ledger의 토큰이 다음과 같이 각각 130원, 170원인 것을 확인할 수 있다.

```
$ curl http://localhost:8080/api/getWallet?walletid=1Q2W3E4R
[{"Name":"Hyper", "ID":"1Q2W3E4R", "Token":"130"}]
$ curl http://localhost:8080/api/getWallet?walletid=5T6Y7U8I
[{"Name":"Ledger", "ID":"5T6Y7U8I", "Token":"170"}]
```

다음으로 신규 음원을 생성해 보겠다. Fabric2이라는 이름으로 음원을 생성하고, 가수는 판매자와 동일한 Hyper로 설정한다. ID 또한 앞에서 생성할 때와 같이 1Q2W3E4R로 설정해 체인코드의 setMusic 기능을 호출한다.

```
$ curl http://localhost:8080/api/setMusic?title=Fabric&singer=Hyper&price=30&walleti
d=1Q2W3E4R
{"Status":200, "message":""}
```

신규 음원도 등록했으니, 현재까지 등록된 모든 음원을 체인코드의 getAllMusic 기능을 통해 조회해보자. 다음과 같이 이미 만들어진 2곡의 음원 및 위에서 만든 Fabric2 음원까지 총 3곡이 JSON 형식의 리스트로 출력된다. 리스트 결과는 key-value 매칭으로 출력되며, 음원의 고유 키 값인 MS0, MS1, MS2 에 대한 정보가 출력된다.

```
$ curl http://localhost:8080/api/getAllMusic
[{"Key":"MS0","Record":{"WalletID":"1Q2W3E4R","Price":"20","Singer":"Hyper","title":
"Fabric"}},{"Key":"MS1","Record":{"WalletID":"1Q2W3E4R","Price":"10","Singer":"Hyper",
"Title":"Fabric1"}}, {"Key":"MS2","Record":{"WalletID":"1Q2W3E4R","Price":"30","S
inger":"Hyper","Title":"Fabric2"}}]
```

음원 MS2을 구매해보겠다. 구매자 ID와 음원 키 값을 입력해 체인코드의 purchaseMusic 기능을 호출하면 구매가 완료되고, MS2 음원은 30원이므로 구매자 Ledger의 토큰 30원이 판매자 Hyper에게 이동했을 것이다.

```
$ curl http://localhost:8080/api/purchaseMusic?walletid=5T6Y7U8I&musickey=MS2
Transaction has been submitted
```

토큰이 구매자로부터 판매자에게 이동됐음을 확인하기 위해서, 앞서 호출한 체인코드의 getWallet 기능을 호출해 판매자 Hyper 토큰은 160원, 구매자 Ledger 토큰은 140원이 됐음을 확인한다.

```
$ curl http://localhost:8080/api/getWallet?walletid=1Q2W3E4R
[{"Name":"Hyper", "ID":"1Q2W3E4R", "Token":"160"}]

$ curl http://localhost:8080/api/getWallet?walletid=5T6Y7U8I
[{"Name":"Ledger", "ID":"5T6Y7U8I", "Token":"140"}]
```

이로써 하이퍼레저 패브릭 네트워크에 웹 서비스 기반 클라이언트 애플리케이션을 연동해 개발하는 방법을 살펴봤다. 6장에서는 실제 UI 화면을 구성하고 체인코드도 추가로 개발해 실제 상용 환경에서 하이퍼레저 패브릭 기반 애플리케이션을 어떻게 개발하는지 살펴보겠다.

6

하이퍼레저 패브릭 프로젝트 심화

6.1 상용화를 위한 하이퍼레저 패브릭 프로젝트 구성

6장에서는 앞서 예제로 사용했던 음원 서비스를 심화해 구현해 보려 한다. 먼저 채널을 통한 권한 관리를 이해하고 실전 프로젝트에 적용하기 위해 오더링 서비스 노드의 구성을 바꿔보겠다. 5장 마지막에서 다뤘던 REST 서버는 실제 서비스 화면이 존재하지 않기 때문에, Node.js 확장 모듈 중 AngularJS를 사용해 웹 페이지를 간단하게 구축하고 사용자가 음원을 이용할 수 있도록 구성하는 웹 애플리케이션을 제작한다. 4, 5장을 잘 마무리했다면 6장은 큰 어려움 없이 진행할 수 있을 것이다.

5장의 전체 구성도와 여기서 살펴볼 하이퍼레저 패브릭 프로젝트 구성도의 달라진 점은 피어 노드에 설치된 데이터베이스를 CouchDB로 변경하고 웹 서버에 웹 페이지를 추가했다는 것이다. 또한 Sales2 조직과 채널을 추가했으며, 마지막으로 오더링 서비스 노드의 합의 알고리즘을 Solo에서 카프카로 변경해 실전에 사용할 수 있도록 구성했다. 이를 그림으로 표현하면 그림 6-1과 같다.

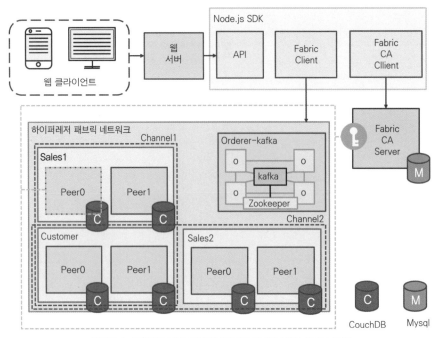

그림 6-1 상용화를 위한 하이퍼레저 패브릭 네트워크 전체 구성도

6.1.1 멀티 채널 구성

하이퍼레저 패브릭은 채널 단위로 원장을 생성할 수 있는데, 이는 엔터프라이즈 비즈니스를 위한 프라이빗 블록체인에서 데이터 분리와 기밀화를 위해 필수로 필요한 기능이다. 채널은 네트워크 설정과는 별개로 설정해, 한 네트워크 안에서 여러 개의 컨소시엄이 존재할 수 있는 역할을 한다.

예를 들면, 프라이빗 블록체인에서 특정 트랜잭션 내용을 직접적인 관계를 갖지 않는 참여자에게는 비공개로 처리해야 할 때, 채널을 통해 권한을 설정해 이를 처리할수 있다. 더 넓게 살펴보면 금융업의 경우, 단순 참여자 외에도 거래에 대한 검증을 수행하는 기관, 향후 감사를 수행하는 감독 기관 등 다양한 권한의 노드가 필요하다. 이때 감독 기관은 모든 프라이빗 채널의 내용을 확인할 수 있는 권한이 필요하며, 일반 참여자는 내가 속해 있지 않은 채널의 내용을 확인할 수 없도록 권한 설정이 필요하다. 이렇듯 각 노드가 하는 역할에 따라 각 채널에 접근할 수 있는 권한도 달라져야 하며, 채널은 이와 같은 권한을 각 노드의 역할에 따라 부여할 수 있게 해주는 역할을 한다.

채널은 실제 체인코드가 설치되고 트랜잭션이 실행되는 구간이다. 그림 6-2와 같이 2개의 채널을 생성하고 여기에 각 피어 노드를 참여시킬 수 있다. 이처럼 각기 다른 조직에 속해 있는 피어 노드를 하나의 채널로 설정하면, 이 피어 노드는 동일한 비즈니스 로직이 수행되는 환경으로 구성할 수 있다.

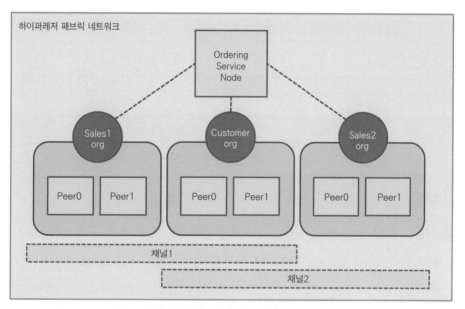

그림 6-2 하이퍼레저 패브릭 네트워크에서 조직 및 채널의 구성

그림 6-2와 같이 동일한 체인코드를 두 채널에 배포, 설치한 다음, 어떻게 독립적으로 작동하는지 확인해보자. 멀티채널을 생성하기 위해 다음과 같이 2개 채널 (Channel1 및 Channel2)을 구성 파일로 작성하며, 각 채널 아래는 해당 채널에 가입시킬 피어 노드를 기술했다.

- Channel1
  - peer0.sales1.acornpub.com
  - peer1.sales1.acornpub.com
  - peer0.customer.acornpub.com
  - peer1.customer.acornpub.com
- Channel2
  - peer0.sales2.acornpub.com
  - peer1.sales2.acornpub.com
  - peer0.customer.acornpub.com
  - peer1.customer.acornpub.com

5장에서 설치했던 도커 컨테이너를 전부 내리고 네트워크와 체인코드를 확장하기 위해 다음과 같이 커맨드 명령어를 실행한다.

```
$ docker stop $(docker ps -a -q)
$ docker rm $(docker ps -a -q)
$ docker rmi -f $(docker images dev-* -q)
$ cp -r $GOPATH/src/stream-music/ $GOPATH/src/stream-music-2
$ rm -rf $GOPATH/src/stream-music-2/application/wallet/*
$ cd $GOPATH/src/stream-music-2
```

먼저 새로운 Sales2 조직 생성을 위한 인증서 발급이 필요하다. 인증서 설정 파일인 crypto-config.yaml을 열어서, 5.2.1장에서 설정한 Sales1 조직과 같이 다음과 같이 Sales2 조직 내용을 추가한다.

```
$ cd $GOPATH/src/stream-music-2/basic-network
$ code crypto-config.yaml
```

```
1    OrdererOrgs:
2      - Name: Orderer
3        Domain: acornpub.com
4        Specs:
```

```
5              - Hostname: orderer
6          PeerOrgs:
7            - Name: Sales1
8              Domain: sales1.acornpub.com
9              Template:
10               Count: 2
11             Users:
12               Count: 1
13           - Name: Sales2
14             Domain: sales2.acornpub.com
15             Template:
16               Count: 2
17             Users:
18               Count: 1
19           - Name: Customer
20             Domain: customer.acornpub.com
21             Template:
22               Count: 2
23             Users:
24               Count: 1
```

블록 및 채널에 대한 설정 정보 파일인 configtx.yaml을 열어 다음 내용을 추가한다. 프로필의 컨소시엄에서 Sales1 조직을 추가하고 기존에 있던 Channel1의 내용과 마찬가지로 Channel2 내용을 추가로 작성하되, Sales1 조직만 Sales2 조직으로 바꿔준다.

```
$ cd $GOPATH/src/stream-music-2/basic-network
$ code configtx.yaml
```

```
1    Organizations:
2        - &Sales1Org
3            Name: Sales1Org
4            ID: Sales1Org
5            MSPDir: crypto-config/peerOrganizations/sales1.acornpub.com/msp
```

```
 6              AnchorPeers:
 7                  - Host: peer0.sales1.acornpub.com
 8                    Port: 7051
 9          - &Sales2Org
10            Name: Sales2Org
11            ID: Sales2Org
12            MSPDir: crypto-config/peerOrganizations/sales2.acornpub.com/msp
13            AnchorPeers:
14                  - Host: peer0.sales2.acornpub.com
15                    Port: 7051
16      ~~~
17      Profiles:
18          OrdererGenesis:
19              Orderer:
20                  <<: *OrdererDefaults
21                  Organizations:
22                      - *OrdererOrg
23              Consortiums:
24                  SampleConsortium:
25                      Organizations:
26                          - *Sales1Org
27                          - *Sales2Org
28                          - *CustomerOrg
29          Channel1:
30              Consortium: SampleConsortium
31              Application:
32                  <<: *ApplicationDefaults
33                  Organizations:
34                      - *Sales1Org
35                      - *CustomerOrg
36
37          Channel2:
38              Consortium: SampleConsortium
39              Application:
40                  <<: *ApplicationDefaults
41                  Organizations:
42                      - *Sales2Org
```

```
43            - *CustomerOrg
```

마지막으로 도커 구성 파일 docker-compose.yaml을 열어 Sales2 조직에 해당하는 2개의 피어 노드 peer0.sales2.acornpub.com, peer1.sales2.acornpub.com을 다음과 같이 구성한다.

```
$ cd $GOPATH/src/stream-music-2/basic-network
$ code docker-compose.yaml
```

```
         ~~~
1    peer1.customer.acornpub.com:
         ~~~
2    peer0.sales2.acornpub.com:
3      container_name: peer0.sales2.acornpub.com
4      image: hyperledger/fabric-peer:1.4.3
5      environment:
6        - CORE_VM_ENDPOINT=unix:///host/var/run/docker.sock
7        - CORE_PEER_ID=peer0.sales2.acornpub.com
8        - CORE_LOGGING_PEER=debug
9        - CORE_CHAINCODE_LOGGING_LEVEL=DEBUG
10       - CORE_PEER_LOCALMSPID=Sales2Org
11       - CORE_PEER_MSPCONFIGPATH=/etc/hyperledger/msp/peer/
12       - CORE_PEER_ADDRESS=peer0.sales2.acornpub.com:7051
13       - CORE_PEER_GOSSIP_BOOTSTRAP=peer0.sales2.acornpub.com:7051
14       - CORE_PEER_GOSSIP_ENDPOINT=peer0.sales2.acornpub.com:7051
15       - CORE_PEER_GOSSIP_EXTERNALENDPOINT=peer0.sales2.acornpub.com:7051
16       - CORE_VM_DOCKER_HOSTCONFIG_NETWORKMODE=net_acorn
17     working_dir: /opt/gopath/src/github.com/hyperledger/fabric
18     command: peer node start
19     ports:
20       - 11051:7051
21       - 11053:7053
22     volumes:
23         - /var/run/:/host/var/run/
24           - ./crypto-
```

```
25    config/peerOrganizations/sales2.acornpub.com/peers/peer0.sales2.acornpub.com/
26    msp:/etc/hyperledger/msp/peer
27              - ./crypto-
28    config/peerOrganizations/sales2.acornpub.com/users:/etc/hyperledger/msp/users
29              - ./config:/etc/hyperledger/configtx
30        depends_on:
31          - orderer.acornpub.com
32        networks:
33          - acorn
34
35      peer1.sales2.acornpub.com:
36        container_name: peer1.sales2.acornpub.com
37        image: hyperledger/fabric-peer:1.4.3
38        environment:
39          - CORE_VM_ENDPOINT=unix:///host/var/run/docker.sock
40          - CORE_PEER_ID=peer1.sales2.acornpub.com
41          - CORE_LOGGING_PEER=debug
42          - CORE_CHAINCODE_LOGGING_LEVEL=DEBUG
43          - CORE_PEER_LOCALMSPID=Sales2Org
44          - CORE_PEER_MSPCONFIGPATH=/etc/hyperledger/msp/peer/
45          - CORE_PEER_ADDRESS=peer1.sales2.acornpub.com:7051
46          - CORE_VM_DOCKER_HOSTCONFIG_NETWORKMODE=net_acorn
47        working_dir: /opt/gopath/src/github.com/hyperledger/fabric
48        command: peer node start
49        ports:
50          - 12051:7051
51          - 12053:7053
52        volumes:
53              - /var/run/:/host/var/run/
54              - ./crypto-
55    config/peerOrganizations/sales2.acornpub.com/peers/peer1.sales2.acornpub.com/
56    msp:/etc/hyperledger/msp/peer
57              - ./crypto-
58    config/peerOrganizations/sales2.acornpub.com/users:/etc/hyperledger/msp/users
59              - ./config:/etc/hyperledger/configtx
60        depends_on:
61          - orderer.acornpub.com
```

```
62          networks:
63            - acorn
        ~~~
```

4장에서는 CLI 컨테이너에서 채널 하나를 테스트했지만 6장에서는 채널 2개로 테스트해야 한다. 기존에 있던 cli 서비스는 삭제하고 채널1은 cli1 컨테이너, 채널2는 cli2 컨테이너로 다음과 같이 수정 및 추가한다.

```
        ~~~
1     cli1:
2         container_name: cli1
3         image: hyperledger/fabric-tools
4         tty: true
5         environment:
6           - GOPATH=/opt/gopath
7           - CORE_VM_ENDPOINT=unix:///host/var/run/docker.sock
8           - FABRIC_LOGGING_SPEC=INFO
9           - CORE_PEER_ID=cli
10          - CORE_PEER_ADDRESS=peer0.sales1.acornpub.com:7051
11          - CORE_PEER_LOCALMSPID=Sales1Org
12          -
13   CORE_PEER_MSPCONFIGPATH=/opt/gopath/src/github.com/hyperledger/fabric/peer/
14   crypto/peerOrganizations/sales1.acornpub.com/users/Admin@sales1.acornpub.com/msp
15          - CORE_CHAINCODE_KEEPALIVE=10
16        working_dir: /opt/gopath/src/github.com/hyperledger/fabric/peer
17        command: /bin/bash
18        volumes:
19          - /var/run/:/host/var/run/
20          - ./../chaincode/:/opt/gopath/src/chaincode/
21          - ./crypto-config:/opt/gopath/src/github.com/hyperledger/fabric/peer/crypto/
22          - ./config:/etc/hyperledger/configtx
23        networks:
24          - acorn
25
26      cli2:
```

```
27              container_name: cli2
28              image: hyperledger/fabric-tools
29              tty: true
30              environment:
31                - GOPATH=/opt/gopath
32                - CORE_VM_ENDPOINT=unix:///host/var/run/docker.sock
33                - FABRIC_LOGGING_SPEC=INFO
34                - CORE_PEER_ID=cli
35                - CORE_PEER_ADDRESS=peer0.sales2.acornpub.com:7051
36                - CORE_PEER_LOCALMSPID=Sales2Org
37                -
38     CORE_PEER_MSPCONFIGPATH=/opt/gopath/src/github.com/hyperledger/fabric/peer/
39     crypto/peerOrganizations/sales2.acornpub.com/users/Admin@sales2.acornpub.com/msp
40                - CORE_CHAINCODE_KEEPALIVE=10
41              working_dir: /opt/gopath/src/github.com/hyperledger/fabric/peer
42              command: /bin/bash
43              volumes:
44                - /var/run/:/host/var/run/
45                - ./../chaincode/:/opt/gopath/src/chaincode/
46                - ./crypto-config:/opt/gopath/src/github.com/hyperledger/fabric/peer/crypto/
47                - ./config:/etc/hyperledger/configtx
48              networks:
49                - acorn
       ~~~
```

총 3개 파일을 수정해 Sales2 조직의 기본 구성을 마무리했다. 이제 피어 노드에서 사용하는 상태 DB인 LevelDB를 CouchDB로 변경하고, 오더링 서비스 노드 또한 Solo 방식이 아닌 카프카 구성으로 변경해보겠다.

6.1.2 CouchDB 기반 피어 노드 구성

하이퍼레저 패브릭 v1.1부터 CouchDB 인덱스를 체인코드로 패키징해 원장 상태 값을 조회하는 기능이 추가됐다. 따라서 피어 노드에서는 LevelDB뿐만 아니라 CouchDB도 사용할 수 있다. LevelDB는 key-value 기반 기본 데이터베이스이며,

CouchDB 또한 아파치[Apache] 재단에서 제공되는 key-value 기반 데이터베이스다. 하지만 CouchDB는 피어 노드 외부에서 운영되며 그림 6-4와 같이 눈으로 데이터를 확인할 수 있다. 또한 Json 형태로 데이터가 저장된다.

다음은 Sales1 조직의 peer0에 CouchdDB를 적용한 예제이며 3개의 조직 안의 6개의 피어 노드에 전부 적용한다. 컨테이너 또한 couchdb1에서 couchdb6까지 6개의 컨테이너로 구성하며, docker-compose.yaml 파일을 실행해 다음과 같이 6개의 피어 노드에 환경변수를 추가한다. 포트는 달라야 하므로 5984부터 10984까지 1000씩 증가시켜 포트를 할당하기로 한다.

```
$ cd $GOPATH/src/stream-music-2/basic-network
$ code docker-compose.yaml
```

```
      ~~~
1     peer0.sales1.acornpub.com:
2         container_name: peer0.sales1.acornpub.com
3         image: hyperledger/fabric-peer:1.4.3
4         environment:
      ~~~
5           - CORE_LEDGER_STATE_STATEDATABASE=CouchDB
6           - CORE_LEDGER_STATE_COUCHDBCONFIG_COUCHDBADDRESS=couchdb1:5984
7           - CORE_LEDGER_STATE_COUCHDBCONFIG_USERNAME=
8           - CORE_LEDGER_STATE_COUCHDBCONFIG_PASSWORD=
      ~~~
9         depends_on:
10          - orderer.acornpub.com
11          - couchdb1
12        networks:
13          - acorn
14
15      couchdb1:
16        container_name: couchdb1
17        image: hyperledger/fabric-couchdb
18        environment:
```

```
19              - COUCHDB_USER=
20              - COUCHDB_PASSWORD=
21          ports:
22              - 5984:5984
23          networks:
24              - acorn
        ~~~
```

위의 환경구성에서 사용자와 비밀번호를 입력할 수 있다. CouchDB는 각 피어 노드에 설치되는 상태 데이터베이스이기 때문에 위의 구성을 각 하이퍼레저 패브릭 네트워크에 구성된 피어 노드에게 적용해야 한다. 위의 구성대로 컨테이너가 실행되면 다음과 같이 CouchDB의 내용을 웹 페이지에 접속해서 확인할 수 있다. 그림 6-3은 Fauxton이라는 내장된 웹 관리용 툴을 제공해 한눈에 확인할 수 있다. 6.1.1장에서 설정한 구성대로 채널을 가입시키면 다음과 같이 Sales1, Customer, Sales2에 대해 채널 할당을 다르게 한 것을 한 눈에 확인할 수 있다. 직접 접속을 위해 주소 입력창에 다음의 주소를 입력해 확인해 볼 수 있다.

```
http://127.0.0.1:5984/_utils/
```

그림 6-3 각 조직의 CouchDB 구성 예

6.1.3 카프카 기반 오더링 서비스 노드 구성

5장까지 오더링 서비스에서 다룬 Solo 방식은 하이퍼레저 패브릭 개발자와 간단한 하이퍼레저 패브릭 구성을 위한 서비스로 싱글 프로세스로 구성돼 있으며 단 하나의 오더러가 네트워크에 들어오는 트랜잭션을 처리했다. 실제 구동 시 오더러 노드가 정지하면 네트워크 전체가 작동하지 않게 된다.

카프카란 링크드인^{LinkedIn}에서 개발된 분산 메시징 시스템이자 스트리밍 플랫폼이며, 대용량의 실시간 로그 처리에 특화된 아키텍처 설계를 적용했다. 정확히 말하자면 카프카 방식은 합의 알고리즘이 아닌 순서화 알고리즘이며 웹 서비스 등에서 발생하는 대용량의 실시간 메시지 처리에 중점을 둔 플랫폼이다.

엔터프라이즈 비즈니스에 적용되는 프라이빗 블록체인은 모든 참가자가 허가를 받은 상태에서 참여하기 때문에 악의적인 행위를 하지 않는다고 가정한다. 그렇기 때문에 합의 알고리즘이 없는 카프카 방식이 적용됐다.

4개 카프카 방식의 오더러에서는 위와 같이 카프카 구성이 디스크에 파일로 데이터를 저장하며 클러스터에서 데이터 복제본을 만든다. 카프카는 Zab 프로토콜을 사용하는 주키퍼^{ZooKeeper} 기반으로 동작하는데, 주키퍼는 분산 시스템을 구축하는 데 필요한 데이터의 동기화 설정 관리, 참가자의 그룹핑 이름 관리 등의 기능을 제공하는 코디네이션 서비스 시스템의 대표 주자다.

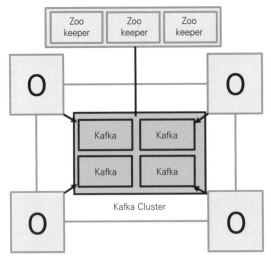

그림 6-4 오더링 서비스 노드의 카프카와 주키퍼 구성

구성하는 방법은 복잡한 프로세스에 비해 간단하다. 카프카의 구성은 하이퍼레저 패브릭 구성 파일 crypto-config.yaml을 열어 오더링 서비스 노드 조직에 호스트를 기존에 있던 orderer에서 orderer1로 수정하고 orderer2를 추가한다.

```
$ cd $GOPATH/src/stream-music-2/basic-network
$ code crypto-config.yaml
```

```
1     OrdererOrgs:
2       - Name: Orderer
3         Domain: acornpub.com
4         Specs:
5           - Hostname: orderer1
6           - Hostname: orderer2
      ~~~
```

다음으로 configtx.ymal 파일을 열어 Orderer 타입을 Solo에서 Kafka로 변경하고, 브로커 설정에 kafka1.acornpub.com에서 kafka4.acornpub.com까지 총 4개를 추가한다.

```
        ~~~
1       Orderer: &OrdererDefaults
2
3           OrdererType: kafka
4           Addresses:
5               - orderer.acornpub.com:7050
6           BatchTimeout: 2s
7           BatchSize:
8               MaxMessageCount: 10
9               AbsoluteMaxBytes: 99 MB
10              PreferredMaxBytes: 512 KB
11          Kafka:
12              Brokers:
13                  - kafka1.acornpub.com:9092
14                  - kafka2.acornpub.com:9092
15                  - kafka3.acornpub.com:9092
16                  - kafka4.acornpub.com:9092
17
18          Organizations:
        ~~~
```

이제 도커 컴포즈 구성 파일 docker-compose.yaml을 열어 기존에 있던 오더링 서비스 노드의 호스트 구성을 orderer1로 수정하고 orderer2를 추가해 다음과 같이 구성한다.

```
$ cd $GOPATH/src/stream-music-2/basic-network
$ code docker-compose.yaml
```

```
        ~~~
1       services:
2
3         orderer1.acornpub.com:
4           container_name: orderer1.acornpub.com
5           image: hyperledger/fabric-orderer:1.4.3
6           environment:
```

```
7          - ORDERER_GENERAL_LOGLEVEL=debug
8          - ORDERER_GENERAL_LISTENADDRESS=0.0.0.0
9          - ORDERER_GENERAL_GENESISMETHOD=file
10         - ORDERER_GENERAL_GENESISFILE=/etc/hyperledger/configtx/genesis.block
11         - ORDERER_GENERAL_LOCALMSPID=OrdererOrg
12         - ORDERER_GENERAL_LOCALMSPDIR=/etc/hyperledger/msp/orderer/msp
13       working_dir: /opt/gopath/src/github.com/hyperledger/fabric/orderer
14       command: orderer
15       ports:
16         - 7050:7050
17       volumes:
18          - ./config/:/etc/hyperledger/configtx
19          - ./crypto-
20   config/ordererOrganizations/acornpub.com/orderers/orderer1.acornpub.com/:/etc/hyperle
21   dger/msp/orderer
22       networks:
23          - acorn
24
25     orderer2.acornpub.com:
26       container_name: orderer2.acornpub.com
27       image: hyperledger/fabric-orderer:1.4.3
28       environment:
29         - ORDERER_GENERAL_LOGLEVEL=debug
30         - ORDERER_GENERAL_LISTENADDRESS=0.0.0.0
31         - ORDERER_GENERAL_GENESISMETHOD=file
32         - ORDERER_GENERAL_GENESISFILE=/etc/hyperledger/configtx/genesis.block
33         - ORDERER_GENERAL_LOCALMSPID=OrdererOrg
34         - ORDERER_GENERAL_LOCALMSPDIR=/etc/hyperledger/msp/orderer/msp
35       working_dir: /opt/gopath/src/github.com/hyperledger/fabric/orderer
36       command: orderer
37       ports:
38         - 8050:7050
39       volumes:
40          - ./config/:/etc/hyperledger/configtx
41          - ./crypto-config/ordererOrganizations/acornpub.com/orderers/orderer2.
42   acornpub.com/:/etc/hyperledger/msp/orderer
43       networks:
```

```
44          - acorn
    ~~~
```

오더러 구성에 이어서 주키퍼 3개에 대한 컨테이너 설정을 추가 작성한다.

```
    ~~~
1    zookeeper1.acornpub.com:
2        container_name: zookeeper1.acornpub.com
3        extends:
4          file: ./base/kafka-base.yaml
5          service: zookeeper
6        environment:
7          - ZOO_MY_ID=1
8        ports:
9          - 2181:2181
10         - 2888:2888
11         - 3888:3888
12       networks:
13         - acorn
14
15    zookeeper2.acornpub.com:
16        container_name: zookeeper2.acornpub.com
17        extends:
18          file: ./base/kafka-base.yaml
19          service: zookeeper
20        environment:
21          - ZOO_MY_ID=2
22        ports:
23          - 12181:2181
24          - 12888:2888
25          - 13888:3888
26       networks:
27         - acorn
28
29    zookeeper3.acornpub.com:
30        container_name: zookeeper3.acornpub.com
```

```
31            extends:
32              file: ./base/kafka-base.yaml
33              service: zookeeper
34            environment:
35              - ZOO_MY_ID=3
36            ports:
37              - 22181:2181
38              - 22888:2888
39              - 25888:3888
40            networks:
41              - acorn
        ~~~
```

같은 파일에 이어서 다음과 같이 카프카 4개에 대한 구성을 작성한다. 카프카 주키
퍼 컨테이너는 총 7개가 실행된다. 환경변수는 도커 컴포즈의 extends 옵션으로 하
나의 파일에 공통 설정 부분을 모아서 프로젝트 위치에서 application 디렉터리 안
base 디렉터리에 kafka-base.yaml을 만들어 따로 정리했다. 파일 안의 구성 내용은
현재 수정중인 docker-compose.yaml 이후에 작업한다.

```
        ~~~
1     kafka1.acornpub.com:
2         container_name: kafka1.acornpub.com
3         extends:
4           file: ./base/kafka-base.yaml
5           service: kafka
6         environment:
7           - KAFKA_BROKER_ID=1
8         ports:
9           - 9092:9092
10          - 9093:9093
11        networks:
12          - acorn
13
14    kafka2.acornpub.com:
15        container_name: kafka2.acornpub.com
```

```
16          extends:
17            file: ./base/kafka-base.yaml
18            service: kafka
19          environment:
20            - KAFKA_BROKER_ID=2
21          ports:
22            - 10092:9092
23            - 10093:9093
24          networks:
25            - acorn
26
27      kafka3.acornpub.com:
28          container_name: kafka3.acornpub.com
29          extends:
30            file: ./base/kafka-base.yaml
31            service: kafka
32          environment:
33            - KAFKA_BROKER_ID=3
34          ports:
35            - 11092:9092
36            - 11093:9093
37          networks:
38            - acorn
39
40      kafka4.acornpub.com:
41          container_name: kafka4.acornpub.com
42          extends:
43            file: ./base/kafka-base.yaml
44            service: kafka
45          environment:
46            - KAFKA_BROKER_ID=4
47          ports:
48            - 12092:9092
49            - 12093:9093
50          networks:
51            - acorn
        ~~~
```

마지막으로 모든 피어 노드의 depends_on 설정을 다음과 같이 두 개의 오더링 서비스 노드의 구성으로 변경한다.

```
         ~~~
1        peer0.sales1.acornpub.com:
         ~~~
2        depends_on:
3        - orderer1.acornpub.com
4        - orderer2.acornpub.com
         ~~~
5        peer1.sales1.acornpub.com:
6        depends_on:
7        - orderer1.acornpub.com
8        - orderer2.acornpub.com
         ~~~
9        peer0.sales1.acornpub.com:
         ~~~
10       depends_on:
11       - orderer1.acornpub.com
12       - orderer2.acornpub.com
         ~~~
13       peer1.sales1.acornpub.com:
         ~~~
14       depends_on:
15       - orderer1.acornpub.com
16       - orderer2.acornpub.com
         ~~~
17       peer0.sales1.acornpub.com:
         ~~~
18       depends_on:
19       - orderer1.acornpub.com
20       - orderer2.acornpub.com
         ~~~
21       peer1.sales1.acornpub.com:
         ~~~
22       depends_on:
```

```
23        - orderer1.acornpub.com
24        - orderer2.acornpub.com
          ~~~
```

마지막으로 주키퍼, 카프카에 공통적으로 사용되는 환경변수를 한꺼번에 모아서 적기 위해 base 디렉터리 및 kafka-base.yaml 파일을 생성한다.

```
$ cd $GOPATH/src/stream-music/basic-network/
$ mkdir base && cd base
$ touch kafka-base.yaml && code kafka-base.yaml
```

이제 kafka-base.yaml 파일을 열어, 다음과 같이 내용을 작성한다.

```
1         version: '2'
2
3         services:
4
5          zookeeper:
6            image: hyperledger/fabric-zookeeper
7            environment:
8              - ZOO_SERVERS=server.1=zookeeper1.acornpub.com:2888:3888
9         server.2=zookeeper2.acornpub.com:2888:3888
10        server.3=zookeeper3.acornpub.com:2888:3888
11           restart: always
12
13         kafka:
14           image: hyperledger/fabric-kafka
15           restart: always
16           environment:
17             - KAFKA_MESSAGE_MAX_BYTES=103809024
18             - KAFKA_REPLICA_FETCH_MAX_BYTES=103809024
19             - KAFKA_UNCLEAN_LEADER_ELECTION_ENABLE=false
20             - KAFKA_MIN_INSYNC_REPLICAS=2
21             - KAFKA_DEFAULT_REPLICATION_FACTOR=3
22             -
23        KAFKA_ZOOKEEPER_CONNECT=zookeeper1.acornpub.com:2181,zookeeper2.
```

총 오더링 서비스 노드 2대, 카프카 4대, 주키퍼 3개로 Solo 구성을 변경했다. 이제 다시 처음으로 돌아가 하이퍼레저 패브릭 네트워크를 새로 구동한다.

6.1.4 하이퍼레저 패브릭 네트워크 구동

인증서 파일과 제네시스 블록정보 파일, 채널 정보 트랜잭션 파일 및 앵커피어 설정 파일을 생성하기 위해 다음과 같이 커맨드 명령어를 입력한다.

```
$ ./bin/cryptogen generate --config=./crypto-config.yaml
$ mkdir config
$ ./bin/configtxgen -profile OrdererGenesis -outputBlock ./config/genesis.block
$ ./bin/configtxgen -profile Channel1 -outputCreateChannelTx ./config/channel1.tx
-channelID
$ ./bin/configtxgen -profile Channel2 -outputCreateChannelTx ./config/channel2.tx
-channelID
$ ./bin/configtxgen -profile Channel1 -outputAnchorPeersUpdate ./config/
Sales1Organchors.tx -channelID channelsales1 -asOrg Sales1Org
$ ./bin/configtxgen -profile Channel2 -outputAnchorPeersUpdate ./config/
Sales2Organchors.tx -channelID channelsales2 -asOrg Sales2Org
$ ./bin/configtxgen -profile Channel1 -outputAnchorPeersUpdate ./config/
CustomerOrganchorsChannel1.tx -channelID channelsales1 -asOrg CustomerOrg
$ ./bin/configtxgen -profile Channel2 -outputAnchorPeersUpdate ./config/
CustomerOrganchorsChannel2.tx -channelID channelsales2 -asOrg CustomerOrg
```

다음으로 도커 컴포즈로 컨테이너를 생성 및 실행한다.

```
$ docker-compose up -d
```

5장에서 실행했던 오더링 서비스 노드와 4개의 피어, CA, CLI까지 총 6개의 컨테이너를 실행했다. 심화에서는 조직 1개를 추가해 2개의 피어 노드, 추가 오더링 서비스노드, 카프카 4개와 쥬키퍼 3개, CouchDB까지 총 23개의 컨테이너로 구성된다.

-d 옵션으로 백그라운드를 실행했을 때 결과는 다음과 같다.

```
$ docker-compose -up -d
cli1 cli2
Creating network "net_acorn" with the default driver
Creating kafka3.acornpub.com      ... done
Creating zookeeper1.acornpub.com ... done
Creating couchdb3                 ... done
Creating kafka2.acornpub.com      ... done
Creating couchdb6                 ... done
Creating cli2                     ... done
Creating zookeeper2.acornpub.com  ... done
Creating orderer1.acornpub.com    ... done
Creating couchdb5                 ... done
Creating zookeeper3.acornpub.com ... done
Creating cli1                     ... done
Creating couchdb2                 ... done
Creating couchdb1                 ... done
Creating kafka4.acornpub.com      ... done
Creating couchdb4                 ... done
Creating kafka1.acornpub.com      ... done
Creating orderer2.acornpub.com    ... done
Creating peer0.sales2.acornpub.com   ... done
Creating peer0.sales1.acornpub.com   ... done
Creating peer0.customer.acornpub.com ... done
Creating peer1.sales2.acornpub.com   ... done
Creating peer1.sales1.acornpub.com   ... done
Creating peer1.customer.acornpub.com ... done
```

2개의 터미널을 실행해 각각 다음의 명령어를 입력한다. 터미널1의 역할은 Sales1, Customer 조직이 포함된 channelsales1 채널의 제어이고 터미널2의 역할은 Sales2, Customer 조직이 포함된 channelsales2 채널의 제어다.

■ [터미널1] Sales1 조직의 peer0 노드의 CLI인 cli1에 접속

```
$ docker exec -it cli1 bash
```

- [터미널2] peer0.sales2.acornpub.com CLI인 cli2에 접속

```
$ docker exec -it cli2 bash
```

cli1 및 cli2로 처음 실행하면 설정에 따라 Sales1 조직, Sales2 조직의 peer0으로 접속된다. 5장에서는 터미널을 나눠 실행하는 이유가 조직이었다면 이번엔 채널을 기준으로 나눠 작업을 진행한다.

- [터미널1] Sales1 조직의 peer0 노드 CLI에서 채널 channelsales1을 생성

```
# peer channel create -o orderer1.acornpub.com:7050 -c channelsales1 -f /etc/
hyperledger/configtx/channel1.tx
```

- [터미널2] Sales2 조직의 peer0 노드 CLI에서 채널 channelsales2를 생성

```
# peer channel create -o orderer1.acornpub.com:7050 -c channelsales2 -f /etc/
hyperledger/configtx/channel2.tx
```

- [터미널1] Sales1 조직의 peer0 노드 CLI에서 채널 channelsales1을 가입

```
# peer channel join -b channelsales1.block
```

- [터미널2] Sales2 조직의 peer0 노드 CLI에서 채널 channelsales2를 가입

```
# peer channel join -b channelsales2.block
```

- [터미널1] Sales1 조직의 peer0 노드 CLI에서 채널 channelsales1에 앵커 피어로 업데이트

```
# peer channel update -o orderer1.acornpub.com:7050 -c channelsales1 -f /etc/
hyperledger/configtx/Sales1Organchors.tx
```

- [터미널2] Sales2 조직의 peer0 노드 CLI에서 채널 channelsales2에 앵커 피어로 업데이트

```
# peer channel update -o orderer1.acornpub.com:7050 -c channelsales2 -f /etc/
hyperledger/configtx/Sales2Organchors.tx
```

- [터미널1] Sales1 조직의 peer1 노드 CLI에서 채널 channelsales1을 가입

```
# export CORE_PEER_ADDRESS=peer1.sales1.acornpub.com:7051
# peer channel join -b channelsales1.block
```

- [터미널2] Sales2 조직의 peer1 노드 CLI에서 채널 channelsales2를 가입

```
# export CORE_PEER_ADDRESS=peer1.sales2.acornpub.com:7051
# peer channel join -b channelsales2.block
```

- [터미널1] Customer 조직의 peer0 노드 CLI에서 채널 channelsales1을 가입

```
# export CORE_PEER_ADDRESS=peer0.customer.acornpub.com:7051
# export CORE_PEER_MSPCONFIGPATH=/opt/gopath/src/github.com/hyperledger/fabric/peer/
crypto/peerOrganizations/customer.acornpub.com/users/Admin@customer.acornpub.com/msp
# CORE_PEER_LOCALMSPID=CustomerOrg
# peer channel join -b channelsales1.block
```

- [터미널2] Customer 조직의 peer1 노드 CLI에서 채널 channelsales2를 가입

```
# export CORE_PEER_ADDRESS=peer1.customer.acornpub.com:7051
# export CORE_PEER_MSPCONFIGPATH=/opt/gopath/src/github.com/hyperledger/fabric/peer/
crypto/peerOrganizations/customer.acornpub.com/users/Admin@customer.acornpub.com/msp
# CORE_PEER_LOCALMSPID=CustomerOrg
# peer channel join -b channelsales2.block
```

- [터미널1] Customer 조직의 peer0 노드 CLI에서 채널 channelsales1의 앵커 피어로 업데이트

```
# peer channel update -o orderer1.acornpub.com:7050 -c channelsales1 -f /etc/
hyperledger/configtx/CustomerOrganchorsChannel1.tx
```

- [터미널2] Customer 조직의 peer1 노드 CLI에서 채널 channelsales2의 앵커 피어로 업데이트

```
# peer channel update -o orderer1.acornpub.com:7050 -c channelsales2 -f /etc/
hyperledger/configtx/CustomerOrganchorsChannel2.tx
```

- [터미널1] Customer 조직의 peer1 노드 CLI에서 채널 channelsales1을 가입

```
# export CORE_PEER_ADDRESS=peer1.customer.acornpub.com:7051
# peer channel join -b channelsales1.block
```

- [터미널2] Customer 조직의 peer1 노드 CLI에서 채널 channelsales2를 가입

```
# export CORE_PEER_ADDRESS=peer1.customer.acornpub.com:7051
# peer channel join -b channelsales2.block
```

위에서 실행한 명령어 커맨드는 채널을 생성하고 Channel1에 Sales1, Customer 조직의 피어 노드들를 가입시키고, Channel2에 Sales2, Customer 조직의 피어 노드를 가입시킨 후에 지정한 앵커피어 설정 파일을 업데이트하는 작업이었다. 모든 작업이 완료되면 각 조직에 들어간 채널 목록을 그림 6-5처럼 CouchDB의 Fauxton에 접속해 확인할 수 있다.

그림 6-5 각 조직의 peer0 피어 노드에 대한 CouchDB의 Fauxton 웹 페이지

6.2 체인코드 추가 개발

5장에서 개발한 체인코드의 기능을 추가해 다양한 서비스를 제공할 수 있도록 한다. 예를 들어, 음원 구매 시 서비스 이용 횟수를 표시하고, 특정 음원을 검색하고, 음원의 가격을 수정하는 등 다양한 체인코드를 추가 개발해보겠다.

가장 먼저 기능을 추가하기 위해 다음과 같이 music.go 체인코드의 Invoke 함수에 추가할 기능을 업데이트한다.

```
     ~~~
1    func (s *SmartContract) Invoke(APIstub shim.ChaincodeStubInterface) pb.Response {
2            function, args := APIstub.GetFunctionAndParameters()
3
4            if function == "initWallet" {
5                    return s.initWallet(APIstub)
6            } else if function == "getWallet" {
7                    return s.getWallet(APIstub, args)
8            } else if function == "setWallet" {
9                    return s.setWallet(APIstub, args)
10           } else if function == "getMusic" {
11                   return s.getMusic(APIstub, args)
12           } else if function == "setMusic" {
13                   return s.setMusic(APIstub, args)
14           } else if function == "getAllMusic" {
15                   return s.getAllMusic(APIstub)
16           } else if function == "purchaseMusic" {
17                   return s.purchaseMusic(APIstub, args)
18           } else if function == "changeMusicPrice" {
19                   return s.changeMusicPrice(APIstub, args)
20           } else if function == "deleteMusic" {
21                   return s.deleteMusic(APIstub, args)
22           }
23           fmt.Println("Please check your function : " + function)
24           return shim.Error("Unknown function")
25    }
     ~~~
```

자바의 경우에도 똑같이 music.java의 invoke 함수에서 기능을 추가한다.

```java
~~~
1    @Override
2        public Response invoke(ChaincodeStub stub) {
3            try {
4                String func = stub.getFunction();
5                List<String> params = stub.getParameters();
6
7                if (func.equals("initWallet")) {
8                    return initWallet(stub);
9                } else if (func.equals("getWallet")) {
10                   return getWallet(stub, params);
11               } else if (func.equals("setWallet")) {
12                   return setMusic(stub, params);
13               } else if (func.equals("getMusic")) {
14                   return getMusic(stub, params);
15               } else if (func.equals("setMusic")) {
16                   return setMusic(stub, params);
17               } else if (func.equals("getAllMusic")) {
18                   return getAllMusic(stub);
19               } else if (func.equals("purchaseMusic")) {
20                   return purchaseMusic(stub, params);
21               } else if (func.equals("changeMusicPrice")) {
22                   return changeMusicPrice(stub, params);
23               } else if (func.equals("deleteMusic")) {
24                   return deleteMusic(stub, params);
25               }
26               return new ErrorResponse("Invalid invoke function name.");
27           } catch (Throwable e) {
28               return new ErrorResponse(e.getMessage());
29           }
30       }
~~~
```

288

6.2.1 구매 횟수 기능 추가 개발

5장에서는 음원 구매 시 자산이 이동해도 스트리밍 서비스를 이용했다는 표시를 하지 않았다. 6장에서는 구매자가 구매한 음원의 스트리밍 서비스를 받았다는 것을 count 속성으로 정의하고 카운팅을 진행할 것이다. 다음과 같이 속성에 count 항목을 추가한다.

```
var : music = {Title : 'Fabric', Singer : 'Hyper', Price : '20', Wwner : '1Q2W3E4R', Count:'0'}
```

다음은 각 개발 언어 별로 체인코드에 count를 추가해 작성할 것이다. 먼저 Go 언어의 경우, music.go 파일의 Music 구조체에 count 항목을 다음과 같이 추가한다.

```
    ~~~
1   type Music struct {
2       Title      string `json:"title"`
3       Singer     string `json:"singer"`
4       Price      string `json:"price"`
5       WalletID     string `json:"walletid"`
6       Count      string `json:"count"`
7   }
    ~~~
```

자바의 경우, Music.java 파일의 Music 클래스에 count 항목을 다음과 같이 추가한다.

```
1   package org.hyperledger.fabric.chaincode.models;
2
3   public class Music {
4
5       private String title;
6       private String singer;
7       private Double price;
8       private String walletId;
9       private String count;
```

```
10
11          public Music(String title, String singer, Double price, String walletId, String count) {
12              this.title = title;
13              this.singer = singer;
14              this.price = price;
15              this.walletId = walletId;
16              this.count = count;
17          }
18
19          private Music() {}
20
    ~~~
21          public String getCount() {
22              return count;
23          }
24          public void setCount(String count) {
25              this.count = count;
26          }
27      }
```

카운트 기능을 추가로 개발하기 위해, 음원 구매를 처리하는 함수인 purchaseMusic
에 다음과 같은 코드를 추가한다. 먼저 Go 언어의 경우, music.go를 열어
purchaseMusic 함수에 다음과 같이 내용을 추가한다.

```
    ~~~
1   func (s *SmartContract) purchaseMusic(APIstub shim.ChaincodeStubInterface, args
2   []string) pb.Response {
3       ~~~
4       musicAsBytes, err := APIstub.GetState(args[1])
5       if err != nil {
6           return shim.Error(err.Error())
7       }
8       music := Music{}
9       json.Unmarshal(musicAsBytes, &music)
10      musicprice, _ = strconv.Atoi(music.Price)
11      musiccount, _ = strconv.Atoi(music.Count)
```

```
12              ~~~
13              customer := Wallet{}
14              json.Unmarshal(CustomerAsBytes, &customer)
15              tokenC, _ = strconv.Atoi(string(customer.Token))
16
17              ~~~
18              customer.Token = strconv.Itoa(tokenC - musicprice)
19              seller.Token = strconv.Itoa(tokenS + musicprice)
20              music.Count = strconv.Itoa(musiccount + 1)
21              updatedCustomerAsBytes, _ := json.Marshal(customer)
22              updatedSellerAsBytes, _ := json.Marshal(seller)
23              updatedMusicAsBytes, _ := json.Marshal(music)
24              APIstub.PutState(args[0], updatedCustomerAsBytes)
25              APIstub.PutState(music.WalletID, updatedSellerAsBytes)
26              APIstub.PutState(args[1], updatedMusicAsBytes)
27              ~~~
28              return shim.Success(buffer.Bytes())
29          }
            ~~~
```

자바의 경우, music.java를 열어 purchaseMusic 함수에 다음과 같이 내용을 추가
한다.

```
            ~~~
1       private Response purchaseMusic(ChaincodeStub stub, List<String> args) {
2           if (args.size() != 3) {
3               return newErrorResponse("Incorrect number of arguments. Expecting 3");
4           }
5           String accountFromKey = args.get(0);
6           String accountToKey = args.get(1);
7           String musicKey = args.get(2);
8           ~~~
9           String jsonValue = stub.getStringState(musicKey);
10          if (jsonValue == null) {
11              return newErrorResponse(String.format("Entity %s not found", musicKey));
12          }
```

```
13          GsonBuilder builder = new GsonBuilder();
14          Gson gson = builder.create();
15          Music music = gson.fromJson(jsonValue, Music.class);
16
17          stub.putState("Hyper", gson.toJson(music).getBytes());
18          int count = Integer.parseInt(music.getCount());
19          count++;
20          music.setCount(String.valueOf(count));
21          ~~~
22          return newSuccessResponse("invoke finished successfully",
23   ByteString.copyFrom(accountFromKey + ": " + accountFromValue + " " + accountToKey
24   + ": " + accountToValue, UTF_8).toByteArray());
25          }
     ~~~
```

2가지 코드는 모두 음원의 키 값으로 해당 음원에 대한 정보를 가져온 뒤, count 값에 1을 더해 다시 원장에 업데이트하는 코드다.

6.2.2 지갑 등록 음원 검색, 가격 수정, 삭제 기능 추가

이제 특정 음원을 검색하고 음원 가격을 수정하고 음원을 삭제하는 기능을 추가로 체인코드로 작성해 보겠다. 즉, 특정 검색어를 입력 받아 음원을 검색하는 기능과 등록된 음원을 수정하는 기능, 마지막으로 해당 음원이 삭제됨으로 상태를 업데이트하는 기능의 체인코드를 추가해 보겠다.

블록체인은 기본적으로 트랜잭션이 블록 안에 차곡차곡 쌓이고 모든 노드에 공유돼 저장되는 시스템이기 때문에 수정이나 삭제가 불가능하다. 여기서는 실제로 해당 데이터를 삭제하는 것이 아니라 해당 음원의 상태를 '삭제됨'과 같이 기록해 삭제됐다고 처리할 것이다.

체인코드를 추가 개발하기 전에, Invoke 함수에 추가 체인코드에 대한 호출 정보를 업데이트해야 한다.

6장에서 체인코드의 Invoke 함수로 추가할 기능은 다음과 같이 4가지다.

- setWallet: 지갑을 생성하는 기능
- getMusic: 특정 음원을 검색하는 기능
- changeMusicPrice: 특정 음원의 가격을 수정하는 기능
- deleteMusic: 특정 음원을 삭제하는 기능

이제 본격적으로 체인코드를 작성해보자. 가장 먼저 지갑을 생성하는 함수다. music.go 파일을 열고 setWallet 함수를 추가한다.

```
~~~
1    func (s *SmartContract) setWallet(APIstub shim.ChaincodeStubInterface, args []
2    string) pb.Response {
3            if len(args) != 3 {
4                    return shim.Error("Incorrect number of arguments. Expecting 3")
5            }
6            var wallet = Wallet{Name: args[0], ID: args[1], Token:  args[2]}
7
8            WalletasJSONBytes, _ := json.Marshal(wallet)
9            err := APIstub.PutState(wallet.ID, WalletasJSONBytes)
10           if err != nil {
11                   return shim.Error("Failed to create asset " + wallet.Name)
12           }
13           return shim.Success(nil)
14   }
~~~
```

6: 월렛에 대한 정보를 입력 받아 Wallet 객체에 저장한다.

8~9: Wallet 객체를 JSON 형태의 String형으로 변환해 원장에 등록한다.

자바 또한 music.java에서 setWallet 함수를 추가한다.

```
~~~
1    private Response setWallet(ChaincodeStub stub, List<String> args) {
2
```

```
3                    if (args.size() != 2)
4                            return newErrorResponse("Incorrect number of arguments. Expecting
5      name of the person to query");
6                    String walletId = args.get(0);
7                    String tokenAmount = args.get(1);
8
9                    double tokenAmountDouble = 0.0;
10                   try {
11                           tokenAmountDouble = Double.parseDouble(tokenAmount);
12                           if(tokenAmountDouble < 0.0)
13                                   return newErrorResponse("Invalid token amount");
14                   } catch (NumberFormatException e) {
15                           return newErrorResponse("parseInt error");
16                   }
17
18                   Wallet wallet = new Wallet(walletId, tokenAmountDouble);
19                   GsonBuilder builder = new GsonBuilder();
20                   Gson gson = builder.create();
21
22                   try {
23                           stub.putState(walletId, gson.toJson(wallet).getBytes());
24                           return newSuccessResponse("Wallet created");
25                   } catch (Throwable e) {
26                           return newErrorResponse(e.getMessage());
27                   }
28           }
           ~~~
```

18: 월렛에 대한 정보를 입력 받아 Wallet 객체에 저장한다.

23: Wallet 객체를 JSON 형식의 String형으로 변환해 원장에 등록한다.

다음으로 특정 음원을 검색하는 체인코드를 작성해 보겠다. Go 언어의 경우, getMusic 함수를 다음과 같이 music.go에 추가 작성한다.

```
1      func (s *SmartContract) getMusic(stub shim.ChaincodeStubInterface, args []
2      string) pb.Response {
```

```go
3
4          musicAsBytes, err := stub.GetState(args[0])
5          if err != nil {
6              fmt.Println(err.Error())
7          }
8
9          music := Music{}
10         json.Unmarshal(musicAsBytes, &music)
11
12
13         var buffer bytes.Buffer
14         buffer.WriteString("[")
15         bArrayMemberAlreadyWritten := false
16
17         if bArrayMemberAlreadyWritten == true {
18             buffer.WriteString(",")
19         }
20         buffer.WriteString("{\"Title\":")
21         buffer.WriteString("\"")
22         buffer.WriteString(music.Title)
23         buffer.WriteString("\"")
24
25         buffer.WriteString(", \"Singer\":")
26         buffer.WriteString("\"")
27         buffer.WriteString(music.Singer)
28         buffer.WriteString("\"")
29
30         buffer.WriteString(", \"Price\":")
31         buffer.WriteString("\"")
32         buffer.WriteString(music.Price)
33         buffer.WriteString("\"")
34
35         buffer.WriteString(", \"WalletID\":")
36         buffer.WriteString("\"")
37         buffer.WriteString(music.WalletID)
38         buffer.WriteString("\"")
39
```

```
40          buffer.WriteString(", \"Count\":")
41          buffer.WriteString("\"")
42          buffer.WriteString(music.Count)
43          buffer.WriteString("\"")
44
45          buffer.WriteString("}")
46          bArrayMemberAlreadyWritten = true
47          buffer.WriteString("]")
48
49          return shim.Success(buffer.Bytes())
50
51      }
```

자바의 경우 music.java에 특정 음원 검색 함수인 getMusic 함수를 다음과 같이 추가한다.

```
1       private Response getMusic(ChaincodeStub stub, List<String> args) {
2           if (args.size() != 1) {
3               return newErrorResponse("Incorrect number of arguments. Expecting name of
4       the wallet to query");
5           }
6           String key = args.get(0);
7           String val = stub.getStringState(key);
8
9           if (val == null) {
10              return newErrorResponse(String.format("Error: state for %s is null", key));
11          }
12          return newSuccessResponse(val, ByteString.copyFrom(val, UTF_8).toByteArray());
13      }
```

2가지 코드는 모두 args 인수 값으로 해당 음원에 대한 키 값을 받아 온 후, 이를 가지고 원장을 조회해 JSON 형태의 음원 정보를 응답 받는다.

음원의 가격 정보를 업데이트하는 체인코드를 작성하려 한다. 위의 특정 음원 검색 체인코드와 동일하게 특정 음원을 불러온 뒤 다시 값을 변경해 원장에 업데이트하는 체인코드다. Go 언어의 경우, 다음과 같이 music.go 파일에 changeMusicPrice 함수를 추가 작성한다.

```
~~~
1   func (s *SmartContract) changeMusicPrice(APIstub shim.ChaincodeStubInterface, args
2   []string) pb.Response {
3       if len(args) != 2 {
4           return shim.Error("Incorrect number of arguments. Expecting 2")
5       }
6       musicbytes, _ := APIstub.GetState(args[0])
7       if musicbytes != nil {
8           return shim.Error("Could not locate music")
9       }
10      music := Music{}
11      json.Unmarshal(musicbytes, &music)
12      // Normally check that the specified argument is a valid holder of music but here we
13  are skipping this check for this example.
14      music.title = args[1]
15      musicbytes, _ = json.Marshal(music)
16      err := APIstub.PutState(args[0], musicbytes)
17      if err != nil {
18          return shim.Error(fmt.Sprintf("Failed to change music holder: %s", args[0]))
19      }
20      return shim.Success(nil)
21  }
~~~
```

자바의 경우도 music.java 파일에 changeMusicPrice 함수를 추가 작성한다.

```
~~~
1   private Response changeMusicPrice(ChaincodeStub stub, List<String> args) {
2       if (args.size() != 2) {
3           return newErrorResponse("Incorrect number of arguments. Expecting 2");
4       }
5       String musicStr = args.get(0);
6
```

```
7          String jsonValue = stub.getStringState(musicStr);
8          if (jsonValue == null) {
9              return newErrorResponse(String.format("Entity %s not found", musicStr));
10         }
11
12         GsonBuilder builder = new GsonBuilder();
13         Gson gson = builder.create();
14         Music music = gson.fromJson(jsonValue, Music.class);
15         Double beforePrice = music.getPrice();
16         Double afterPrice = Double.parseDouble(args.get(1));
17         music.setPrice(afterPrice);
18
19         try {
20             stub.putState(musicStr, gson.toJson(music).getBytes());
21             return newSuccessResponse("Music price is changed.");
22         } catch (Throwable e) {
23             return newErrorResponse(e.getMessage());
24         }
25
26         _logger.info(String.format("new value of music price is: %s -> %s",
27     beforePrice, afterPrice));
28
29         return newSuccessResponse("invoke finished successfully",
30     ByteString.copyFrom(accountFromKey + ": " + accountFromValue + " " + accountToKey
31     + ": " + accountToValue, UTF_8).toByteArray());
32     }
       ~~~
```

2가지 코드는 모두 음원의 키 값으로 음원의 내용을 받아온 다음에, 이 JSON 형식의
데이터를 각각 구조체나 객체로 파싱한 후, 가격 정보를 입력 받은 값으로 수정하고
원장을 업데이트한다.

다음으로 특정 음원을 삭제하는 체인코드를 작성해보겠다. 위 다른 기능들과 마찬가
지로 음원의 키 값으로 원장을 조회한 후에 Go 언어의 경우 DelState 함수, 자바의
경우 delState 함수를 사용해 상태 DB에서만 해당 음원이 삭제됐다고 기록할 것이

다. 위에서도 설명했듯이 블록체인 상에서 해당 음원이 삭제된 것은 아니고, 단순히 상태 DB에서만 삭제됐으므로 언제든 다시 복구할 수 있다.

먼저 music.go에 deleteMusic 함수를 추가 작성한다.

```go
~~~
func (s *SmartContract) deleteMusic(stub shim.ChaincodeStubInterface, args []
string) pb.Response {
    if len(args) != 1 {
        return shim.Error("Incorrect number of arguments. Expecting 1")
    }

    A := args[0]
    err := stub.DelState(A)
    if err != nil {
        return shim.Error("Failed to delete state")
    }

    return shim.Success(nil)
}
~~~
```

자바의 경우도 music.java 파일에 다음과 같이 deleteMusic 함수를 추가 작성한다.

```java
~~~
private Response deleteMusic(ChaincodeStub stub, List<String> args) {
    if (args.size() != 1) {
        return newErrorResponse("Incorrect number of arguments. Expecting 1");
    }
    String key = args.get(0);

    stub.delState(key);
    return newSuccessResponse();
}
~~~
```

6.2.3 체인코드 실행 및 테스트

이제 지금까지 개발한 체인코드를 각 채널의 피어 노드에 설치한다. 체인코드를 테스트해보기 위해 Channel1의 대표로 peer0.sales1.acornpub.com과 Channel2의 대표 peer0.sales2.acornpub.com에 설치해 진행할 것이다. 두 개의 터미널을 실행해 다음과 같이 내부 CLI 환경으로 접속한다. 두 개의 터미널은 6.1.4장과 다르게 채널의 개념으로 터미널을 구성했다.

■ [터미널1] Channel1 채널의 CLI 접속

```
$ docker exec -it cli1 bash
```

■ [터미널2] Channel2 채널의 CLI 접속

```
$ docker exec -it cli2 bash
```

체인코드를 각 채널에 설치한다. Channel1은 체인코드 이름을 music-cc-ch1로 설정하고 Channel2는 체인코드 이름을 music-cc-ch2로 설정한다. 이름은 같아도 상관없지만 헷갈리지 않기 위해 숫자를 통일했다. 다음과 같이 커맨드 명령어를 입력한다. 언어 선택 옵션인 -l 을 하지 않는 경우에 기본 언어는 Go 언어로 설정된다.

■ [터미널1] Channel1 채널에서 체인코드 설치

```
# peer chaincode install -n music-cc-ch1 -v 1.0 -p chaincode/go
```

■ [터미널2] Channel2 채널에서 체인코드 설치

```
# peer chaincode install -n music-cc-ch2 -v 1.0 -p chaincode/go
```

무사히 설치됐다면 이제 체인코드를 초기화할 차례다. 다음 커맨드 명령어를 입력한다.

■ [터미널1] Channel1 채널에서 체인코드 인스턴스화

```
# peer chaincode instantiate -o orderer1.acornpub.com:7050 -C channelsales1 -n
```

```
music-cc-ch1 -v 1.0 -c '{"Args":[""]}' -P "OR ('Sales1Org.member','CustomerOrg.
member')"
```

- [터미널2] Channel2 채널에서 체인코드 인스턴스화

```
# peer chaincode instantiate -o orderer1.acornpub.com:7050 -C channelsales2 -n
music-cc-ch2 -v 1.0 -c '{"Args":[""]}' -P "OR ('Sales2Org.member','CustomerOrg.
member')"
```

이제 판매자 Hyper, 구매자 Ledger에 대한 계정정보를 생성해주는 initLedger를 입력해 양쪽 채널에 계정을 할당한다.

- [터미널1] Channel1 채널에서 체인코드 initWallet 함수 호출

```
# peer chaincode invoke -o orderer1.acornpub.com:7050 -C channelsales1 -n music-cc-
ch1 -c '{"function":"initWallet","Args":[""]}'
```

- [터미널2] Channel2 채널에서 체인코드 initWallet 함수 호출

```
# peer chaincode invoke -o orderer1.acornpub.com:7050 -C channelsales2 -n music-cc-
ch2 -c '{"function":"initWallet","Args":[""]}'
```

다음은 음원을 등록할 차례다. 음원 이름 Fabric, 판매자 Hyper, 판매자ID 1Q2W3E4R로 설정하고 파는 가격만 Channel1에 20원, Channel2에 10원을 할당한다. 다음 커맨드 명령어를 입력한다.

- [터미널1] Channel1 채널에서 체인코드 setMusic 함수 호출

```
# peer chaincode invoke -o orderer1.acornpub.com:7050 -C channelsales1 -n music-cc-
ch1 -c '{"function":"setMusic","Args":["Fabric", "Hyper", "20", "1Q2W3E4R"]}'
```

- [터미널2] Channel2 채널에서 체인코드 setMusic 함수 호출

```
# peer chaincode invoke -o orderer1.acornpub.com:7050 -C channelsales2 -n music-cc-
ch2 -c '{"function":"setMusic","Args":["Fabric", "Hyper", "10", "1Q2W3E4R"]}'
```

위의 커맨드 명령어로 생성된 음원을 조회해보겠다. 함수 getMusic으로 생성된 음원의 키 값 MS0을 입력하면 다음과 같이 채널마다 다르게 저장됨을 확인할 수 있다.

- [터미널1] Channel1 채널에서 체인코드 getMusic 함수 호출

```
# peer chaincode query -o orderer1.acornpub.com:7050 -C channelsales1 -n music-cc-
ch1 -c '{"function":"getMusic","Args":["MS0"]}'
[{"Title":"Fabric", "Singer":"Hyper", "Price":"20", "WalletID":"1Q2W3E4R",
"Count":"0"}]
```

- [터미널2] Channel2 채널에서 체인코드 getMusic 함수 호출

```
# peer chaincode query -o orderer1.acornpub.com:7050 -C channelsales2 -n music-cc-
ch2 -c '{"function":"getMusic","Args":["MS0"]}'
[{"Title":"Fabric", "Singer":"Hyper", "Price":"10", "WalletID":"1Q2W3E4R",
"Count":"0"}]
```

이제 각 채널에 속한 피어 노드에 정상적으로 등록됐는지 CouchDB를 실행해 확인해 보겠다. CouchDB의 Fauxton 웹 페이지를 접속하면 다음과 같이 해당 채널과 체인코드에 대한 데이터베이스에 정상적으로 등록됨을 확인할 수 있다. 다음은 Channel1에 대한 음원 정보다.

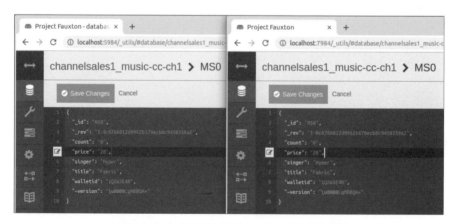

그림 6-6 CouchDB에 기록된 Channel1에 대한 음원 정보

그 다음은 Channel2에 대한 음원 정보다.

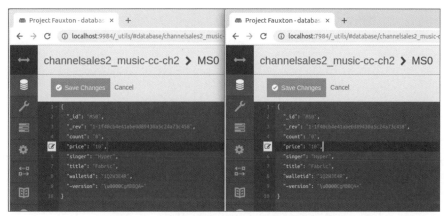

그림 6-7 CouchDB에 기록된 Channel2에 대한 음원 정보

이렇게 해서 앞서 개발한 체인코드를 추가로 확장해 개발을 완료했고, 모든 개발이 잘 실행됐음을 확인했다.

6.3 웹 클라이언트 애플리케이션 추가 개발

이제 체인코드 추가 개발도 모두 완료했으니, 사용자에게 음원 서비스 제공을 위한 웹 애플리케이션을 개발해보겠다. 사용자에게 UI/UX를 제공하는 웹 화면을 개발하는 것이 목표다.

웹 화면 개발을 위해서 5장에서 설치한 AgularJS와 Express를 사용할 것이며, 그림 6-8과 같이 구성돼 웹 서비스가 처리될 것이다. 즉, 전체적으로 MVC$^{Model\_View\_Controller}$ 모델을 기반으로 개발할 것인데, AgularJS는 MVC의 뷰^{View}에 해당하는 화면을 개발하는 데 사용할 것이고, Express는 MVC의 컨트롤러^{Controller}를 포함한 전체 MVC 모델 구조를 잡는 데 사용할 것이다.

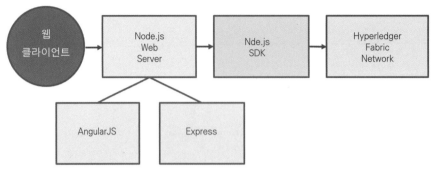

그림 6-8 웹 클라이언트 애플리케이션 개발을 위한 Node.js 웹 서버 구성 및 흐름도

6.3.1 Express를 이용한 MVC 모델 개발

Express를 통해서 웹 클라이언트 애플리케이션의 MVC 모델 구조를 잡을 것이다. 화면(뷰)과 컨트롤러를 구분해 개발하기 위해서, 화면에 해당하는 개발을 하기 위한 client 디렉터리와 REST 서버 및 컨트롤러를 개발하기 위한 server 디렉터리를 생성한다.

```
$ cd $GOPATH/src/stream-music/application/
$ mkdir server && mkdir client
```

먼저 여기서는 server 디렉터리에서 개발할 파일들을 생성하고 개발해본다. 5장에서는 Express 모듈과 server.js 파일 하나만 있었다면 이번에는 server 디렉터리에 REST 서버 요청의 각 기능을 처리하는 컨트롤러(controller.js), 최종적으로 하이퍼레저 패브릭에 접속해 원장을 조회하거나 업데이트하는 서비스(sdk.js) 3개의 파일로 나눠 다음과 같이 구성한다.

```
$ cd server
$ touch server.js
$ touch controller.js
$ touch sdk.js
```

본격적으로 개발을 시작하기에 앞서 5.4.3장의 connection.json 파일 설정을 참고해 동일하게 organizations 필드 중 Sales1Org 조직의 adminPrivateKey 값을 $GOPATH/src/stream-music/basic-network/crypyto-config/peerOrganizations/sales1.acornpub.com/user/Admin@sales1.acornpub.com/msp/keystore/ 디렉터리 안에 해시 값으로 설정해 준다. 다음으로 server.js 파일을 열어 작성한다. 소스코드 16번째 줄을 보면 controller.js를 통해 REST API를 처리하도록 작성했고, 각 서비스 기능별 처리는 컨트롤러인 controller.js가 수행하도록 해 server.js 소스코드는 매우 간결해졌다.

```
$ cd $GOPATH/src/stream-music-2/application/server
$ code server.js
```

```
1       var express        = require('express');
2       var app            = express();
3       var bodyParser     = require('body-parser');
4       var http           = require('http')
5       var fs             = require('fs');
6       var Fabric_Client  = require('fabric-client');
7       var path           = require('path');
8       var util           = require('util');
9       var os = require('os');
10
11      app.use(bodyParser.urlencoded({ extended: true }));
12      app.use(bodyParser.json());
13
14      var app = express();
15
16      require('./controller.js')(app);
17
18      app.use(express.static(path.join(__dirname, '../client')));
19
20      var port = process.env.PORT || 8000;
21
22      app.listen(port,function(){
```

```
23          console.log("Live on port: " + port);
24        });
```

controller.js에서 REST API로 요청된 값에 따라 해당 체인코드를 호출하는 컨트롤러 기능을 다음과 같이 작성한다.

```
$ cd $GOPATH/src/stream-music-2/application/server
$ code controller.js
```

```
1       var sdk = require('./sdk.js');
2       module.exports = function(app){
3         app.get('/api/getWallet', function (req, res) {
4           var walletid = req.query.walletid;
5           let args = [walletid];
6           sdk.send(false, 'getWallet', args, res);
7         });
8         app.get('/api/setWallet', function(req, res){
9           var name = req.query.name;
10                var id = req.query.id;
11      var coin = req.query.coin;
12          let args = [name, id, coin];
13          sdk.send(true, 'setWallet', args, res);
14        });
15        app.get('/api/getMusic', function(req, res){
16          var musickey = req.query.musickey;
17          let args = [musickey];
18          sdk.send(false, 'getMusic', args, res);
19        });
20        app.get('/api/setMusic', function (req, res) {
21          var title = req.query.title;
22          var singer = req.query.singer;
23          var price = req.query.price;
24          var walletid = req.query.walletid;
25          let args = [title, singer, price, walletid];
26          sdk.send(true, 'setMusic', args, res);
27        });
```

```
28          app.get('/api/getAllmusic', function (req, res) {
29             let args = [];
30             sdk.send(false, 'getAllMusic', args, res);
31          });
32          app.get('/api/purchaseMusic', function (req, res) {
33            var walletid = req.query.walletid;
34            var musickey = req.query.musickey;
35            let args = [walletid, musickey];
36            sdk.send(true, 'purchaseMusic', args, res);
37          });
38          app.get('/api/changeMusicPrice', function(req, res){
39            var musickey = req.query.musickey;
40            var price = req.query.price;
41            let args = [musickey, price];
42            sdk.send(true, 'changeMusicPrice', args, res);
43          });
44          app.get('/api/deleteMusic', function(req, res){
45            var musickey = req.query.musickey;
46            let args = [musickey];
47            sdk.send(true, 'deleteMusic', args, res);
48          });
49       }
```

sdk.js 파일에서 원장을 업데이트하는 invoke 함수와 원장을 조회, 검색하는 query 함수를 작성하도록 한다. invoke 함수에서는 setWallet, setMusic, purchaseMusic, changeMusicPrice, deleteMusic 기능에 해당하는 체인코드가 실행되며 query 함수에서는 getWallet, getMusic, getAllMusic 기능에 해당하는 체인코드가 실행된다.

```
$ cd $GOPATH/src/stream-music-2/application/server
$ code sdk.js
```

```
1       'use strict';
2       const { FileSystemWallet, Gateway } = require('fabric-network');
3       var path = require('path');
4       const ccpPath = path.resolve(__dirname, '..', 'connection.json');
```

```
5       async function send(type, func, args, res){
6           try {
7               const walletPath = path.join(process.cwd(), '..', 'wallet');
8               const wallet = new FileSystemWallet(walletPath);
9               console.log(`Wallet path: ${walletPath}`);
10              const userExists = await wallet.exists('user1');
11              if (!userExists) {
12                  console.log('An identity for the user "user1" does not exist in the wallet');
13                  console.log('Run the registUser.js application before retrying');
14                  return;
15              }
16              const gateway = new Gateway();
17      await gateway.connect(ccpPath, { wallet, identity: 'user1', discovery: { enabled: true,
18      asLocalhost: true } });
19              const network = await gateway.getNetwork('channelsales1');
20              const contract = network.getContract('music-cc-ch1');
21              if(type){
22                  await contract.submitTransaction(func, ...args);
23                  console.log('Transaction has been submitted');
24                  await gateway.disconnect();
25                  res.send('success');
26              }else{
27                  const result = await contract.evaluateTransaction(func, ...args);
28                  console.log(`Transaction has been evaluated, result is: ${result.toString()}`);
29                  res.send(result.toString());
30              }
31          } catch (error) {
32              console.error(`Failed to submit transaction: ${error}`);
33              res.send(`Failed to submit transaction: ${error}`);
34          }
35      }
36      module.exports = {
37          send:send
38      }
```

이로써 웹 서버 기능을 수행할 컨트롤러 및 체인코드 실행에 대한 개발이 완료됐다.

이제 MVC 모델 중 컨트롤러와 그 구조에 대한 개발이 완료됐으니, MVC 모델 중 뷰에 해당하는 웹 화면을 개발해보자.

6.3.2 AngularJS로 웹 화면 개발

웹 화면 개발에는 AngularJS를 사용할 것이다. AngularJS는 구글이 지원하고 있는 오픈 소스 웹 애플리케이션 프레임워크이며, MIT 라이선스로 무료로 배포 중이다. AngularJS는 뷰 생성을 위한 강력한 템플릿 언어다. HTML 페이지 내 지시자[Directive]로 표현되는 영역 안의 각종 데이터 및 기능을 자바스크립트로 간단하게 처리할 수 있도록 한다.

이제 본격적으로 웹 화면을 개발해보자. 앞서 생성한 client 디렉터리로 이동해 음원 서비스의 웹 화면을 제공할 index.html 파일과 스크립트 처리를 담당할 app.js 파일을 생성한다.

```
$ cd $GOPATH/src/stream-music-2/application/client
$ touch index.html
$ touch app.js
```

index.html 파일을 열고 전체 음원 서비스를 위한 다양한 화면을 개발하기 위해 다음과 같이 작성한다. 실제 프로젝트에서는 각 화면을 따로 개발하고 네비게이션 흐름도 정의하겠지만, 여기서는 모든 화면을 index.html 파일 하나로 개발할 것이다.

```
$ cd $GOPATH/src/stream-music-2/application/client
$ code index.html
```

```
1    <!DOCTYPE html>
2    <html>
3      <head>
4        <title>Hyperledger Fabric Music Application</title>
5        <link rel="stylesheet"
```

```
6        href="https://maxcdn.bootstrapcdn.com/bootstrap/3.3.7/css/bootstrap.min.css">

7     <script src="https://ajax.googleapis.com/ajax/libs/jquery/3.2.0/jquery.min.js"></script>

8     <script src="https://maxcdn.bootstrapcdn.com/bootstrap/3.3.7/js/bootstrap.min.js"></script>

9     <script src="https://ajax.googleapis.com/ajax/libs/angularjs/1.4.3/angular.min.js"></script>

10    <style type="text/css">

11    header{

12       background-color: lightgray;

13       font-size:20px;

14       padding:20px;

15       }

16    header, .form-group{

17        margin-bottom: 3%;

18       }

19     .form-group{

20        width:50%;

21       }

22     #body{

23        margin-left:3%;

24        margin-right:3%;

25       }

26     .form-control{

27        margin: 8px;

28       }

29     #right_header{

30        width:20%;

31        font-size:15px;

32        margin-right:0px;

33       }

34     #left_header{

35        margin-left:0;

36        width:40%;

37        display:inline-block;

38       }

39     #id {

40        width:49%;

41        display: inline-block;

42       }
```

```
43      table {
44          font-family: arial, sans-serif;
45          border-collapse: collapse;
46          width: 100%;
47      }
48      td, th {
49          border: 1px solid #dddddd;
50          text-align: left;
51          padding: 8px;
52      }
53      tr:nth-child(even) {
54          background-color: #dddddd;
55      }
56    </style>
57  </head>
58  <body ng-app="application" ng-controller="AppCtrl">
59    <header>
60      <div id="left_header">Hyperledger Fabric Acorn Music Application</div>
61    </header>
62    <div id="body">
63      <div class="form-group">
64          <h5 style="color:green;margin-bottom:2%"
65           id="success_getwallet">{{search_wallet}}</h5>
66          <label>Search Wallet</label>
67          <p><input class="form-control" type="text" placeholder="Ex: 1Q2W3E4R" ng-
68           model="walletid">
69          <input id="getWallet" type="submit" value="Search" class="btn btn-primary" ng-
70           click="getWallet()"></p>
71      </div>
72      <div class="form-group">
73        <h5 style="color:green;margin-bottom:2%" id="success_getmusic">Success to
74         query</h5>
75        <label>Search Music</label>
76        <p><input class="form-control" type="text" placeholder="Ex: MS1" ng-
77       model="musickey">
78        <input id="getMusic" type="submit" value="Search" class="btn btn-primary" ng-
79       click="getMusic()"></p>
```

```
80    <p><input id="getAllMusic" type="submit" value="Get all music" class="btn btn-
81    primary" ng-click="getAllMusic()"></p>
82   </div>
83    <table id="allMusic" class="table" align="center">
84     <tr>
85       <th>ID</th>
86       <th>Title</th>
87       <th>Singer</th>
88       <th>Price</th>
89       <th>Owner</th>
90       <th>Count</th>
91       <th>Buy</th>
92     </tr>
93     <tr ng-repeat="music in allMusic">
94       <td>{{music.Key}}</td>
95       <td>{{music.title}}</td>
96       <td>{{music.singer}}</td>
97       <td>{{music.price}}</td>
98       <td>{{music.walletid}}</td>
99       <td>{{music.count}}</td>
100       <td><input id="purchaseMusic" type="submit" value="구매" ng-
101       click="purchaseMusic(music.Key)"></td>
102     </tr>
103     <h5 style="color:green;margin-bottom:2%"
104       id="success_getallmusic">{{purchase_music}}</h5>
105   </table>
106       <div class="form-group">
107     <label>Create Music</label>
108     <h5 style="color:green;margin-bottom:2%"
109       id="success_setmusic">{{create_music}}</h5>
110     <br>
111     Title: <input class="form-control" type="text" placeholder="Ex: Fabric" ng-
112     model="music.title">
113     Singer: <input class="form-control" type="text" placeholder="Ex: Hyper" ng-
114     model="music.singer">
115     Price: <input class="form-control" type="text" placeholder="Ex: 20" ng-
116       model="music.price">
```

```
117    Owner: <input class="form-control" type="text" placeholder="Ex: 5T6Y7U8I" ng-
118       model="music.walletid">
119    <input id="setMusic" type="submit" value="Create" class="btn btn-primary" ng-
120       click="setMusic()">
121  </div>
122  <div class="form-group">
123     <label>Change Music Price</label>
124     <h5 style="color:green;margin-bottom:2%"
125       id="success_changemusicprice">{{change_music_price}}</h5>
126     <br>
127    Key: <input class="form-control" type="text" placeholder="Ex: MS0" ng-
128       model="change.musickey">
129    Price<input class="form-control" type="text" placeholder="Ex: 10" ng-
130       model="change.price">
131    <input id="changeMusicPrice" type="submit" value="Change" class="btn btn-
132       primary" ng-click="changeMusicPrice()">
133  </div>
134  <div class="form-group">
135     <label>DeleteMusic</label>
136     <h5 style="color:green;margin-bottom:2%"
137       id="success_deletemusic">{{delete_music}}</h5>
138     <p>
139    Key: <input class="form-control" type="text" placeholder="Ex: MS0" ng-
140       model="musickeydelete">
141       <input id="deleteMusic" type="submit" value="Delete" class="btn btn-primary" ng-
142 click="deleteMusic()"></p>
143    </div>
144  </div>
145  </body>
146  <script type="text/javascript" src="app.js"> </script>
147 </html>
```

위 index.html 파일에서 app.js를 따로 분리 작성해, 화면 상에서 발생하는 각종 이
벤트에 대해 app.js가 실행되도록 연결했다. 또한 위 소스코드의 58번째 줄에 ng-
app으로 application이라고 body에 지시자를 선언했으며, 이 지시자 정보는 아래

app.js를 통해 화면 구성 및 이벤트 처리에 사용된다.

이제 app.js 파일을 열어 화면 구성 및 이벤트 처리 개발을 진행하겠다. 먼저 index. html 파일에서 선언한 지시자인 application을 불러오는 내용을 소스코드 2번째 줄에 작성한다. 다음으로 11번째 줄이나 19번째 줄과 같이 팩토리 기능을 통해 REST API 처리를 요청한다. 실제 REST API 처리를 86번째 줄부터 팩토리 함수에서 구현해 앞서 개발한 Express 기반 각종 REST API를 호출한다.

```
$ cd $GOPATH/src/stream-music-2/application/client
$ code app.js
```

```
1      'use strict';
2      var app = angular.module('application', []);
3      app.controller('AppCtrl', function($scope, appFactory){
4              $("#success_setmusic").hide();
5              $("#success_getallmusic").hide();
6              $("#success_getmusic").hide();
7              $("#success_getwallet").hide();
8              $("#success_changemusicprice").hide();
9              $("#success_deletemusic").hide();
10             $scope.getWallet = function(){
11                     appFactory.getWallet($scope.walletid, function(data){
12
13                             $scope.search_wallet = data;
14                             $("#success_getwallet").show();
15                     });
16             }
17
18             $scope.getAllMusic = function(){
19                     appFactory.getAllMusic(function(data){
20                             var array = [];
21                             for (var i = 0; i < data.length; i++){
22                                     parseInt(data[i].Key);
23                                     data[i].Record.Key = data[i].Key;
24                                     array.push(data[i].Record);
```

```
25                                          $("#success_getallmusic").hide();
26                                }
27                           array.sort(function(a, b) {
28                                  return parseFloat(a.Key) - parseFloat(b.Key);
29                    });
30
31                           $scope.allMusic = array;
32           });
33           }
34
35      $scope.getMusic = function(){
36              appFactory.getMusic($scope.musickey, function(data){
37                      $("#success_getmusic").show();
38                      var array = [];
39                      for (var i = 0; i < data.length; i++){
40                              data[i].Key = $scope.musickey;
41                              data[i].title = data[i].Title;
42                              data[i].singer = data[i].Singer;
43                              data[i].price = data[i].Price;
44                              data[i].walletid = data[i].WalletID;
45                              data[i].count = data[i].Count;
46                      array.push(data[i]);
47                      }
48                      $scope.allMusic = array;
49              });
50          }
51      $scope.setMusic = function(){
52  appFactory.setMusic($scope.music, function(data){
53                  $scope.create_music = data;
54                  $("#success_setmusic").show();
55          });
56          }
57      $scope.purchaseMusic = function(key){
58              appFactory.purchaseMusic(key, function(data){
59                      var array = [];
60                      for (var i = 0; i < data.length; i++){
61                              parseInt(data[i].Key);
```

```
62                                    data[i].Record.Key = data[i].Key;
63                            array.push(data[i].Record);
64                              $("#success_getallmusic").hide();
65                        }
66                        array.sort(function(a, b) {
67                            return parseFloat(a.Key) - parseFloat(b.Key);
68                        });
69
70                        $scope.allMusic = array;
71                });
72                }
73            $scope.changeMusicPrice = function(){
74                    appFactory.changeMusicPrice($scope.change, function(data){
75                            $scope.change_music_price = data;
76                            $("#success_changemusicprice").show();
77                    });
78            }
79            $scope.deleteMusic = function(){
80                    appFactory.deleteMusic($scope.musickeydelete, function(data){
81                            $scope.delete_music = data;
82                            $("#success_deletemusic").show();
83                    });
84            }
85        });
86    app.factory('appFactory', function($http){
87
88            var factory = {};
89
90            factory.getWallet = function(key, callback){
91                $http.get('/api/getWallet?walletid='+key).success(function(output){
92                            callback(output)
93                    });
94            }
95            factory.getAllMusic = function(callback){
96                $http.get('/api/getAllMusic/').success(function(output){
97                            callback(output)
98                    });
```

316

```
 99                  }
100                  factory.getMusic = function(key, callback){
101                      $http.get('/api/getMusic?musickey='+key).success(function(output){
102                          callback(output)
103                      });
104                  }
105                  factory.setMusic = function(data, callback){
106
107  $http.get('/api/setMusic?title='+data.title+'&singer='+data.singer+'&price='+data.
108  price+'&walletid='+data.walletid).success(function(output){
109                          callback(output)
110                      });
111                  }
112                  factory.purchaseMusic = function(key, callback){
113
114  $http.get('/api/purchaseMusic?walletid=5T6Y7U8I&musickey='+key).success(function
115              (output){
116                      $http.get('/api/getAllMusic/').success(function(output){
117                          callback(output)
118                      });
119                  });
120                  }
121                  factory.changeMusicPrice = function(data, callback){
122
123  $http.get('/api/changeMusicPrice?musickey='+data.musickey+'&price='+data.price).
124          success(function(output){
125                          callback(output)
126                      });
127                  }
128                  factory.deleteMusic = function(key, callback){
129                      $http.get('/api/deleteMusic?musickey='+key).success(function(output){
130                          callback(output)
131                      });
132                  }
133              return factory;
134      });
```

이로써 AngularJS 기반 웹 애플리케이션 개발이 모두 마무리됐다.

6.3.3 서버 실행 및 테스트

앞서 개발한 웹 클라이언트 애플리케이션을 실행해보자. 실행에 앞서 CA 서버에 관리자 및 사용자 등록을 한 후 실행해야 한다. 5.4.1장의 CA 서버 구성을 참고해 키 파일 이름을 업데이트하고 도커 컴포즈로 해당 파일로 다음과 같이 실행한다. 이후에 어드민과 유저를 등록한다.

```
$ cd $GOPATH/src/stream-music-2/basic-network
$ docker-compose -f docker-compose-ca.yaml up -d ca.sales1.acornpub.com
Creating ca.sales1.acornpub.com..
$ cd $GOPATH/src/stream-music-2/application/sdk
$ node enrollAdmin.js
$ node registUsers.js
```

채널 2개를 사용해서 테스트하고 싶은 경우, basic-network 디렉터리에 있는 docker-compose-ca.yaml 파일을 실행한다. ca.sales1.acornpub.com과 같은 구성으로 ca.sales2.acornpub.com 컨테이너 설정을 한 후 위의 커맨드 명령어처럼 실행할 수 있다. 이제 Node.js로 작성한 server.js 파일을 실행하면 다음과 같이 서버 설정대로 8000 포트에서 웹 서버가 실행되고 있음을 확인할 수 있다.

```
$ cd cd ../application/server
$ node server.js
Live on port:8000
```

접속 경로는 다음과 같다.

```
http://localhost:8000/
```

위와 같이 접속하면 위에서 작성한 index.html 파일이 실행될 것이다. 앞서 설명한 것처럼, 개발 편의상 페이지 하나로 모든 기능 화면을 작성했으며, 위에서부터 하나 하나 살펴보도록 하겠다.

그림 6-9는 지갑 정보를 조회하는 화면이다. 지갑의 ID를 입력해 Search 버튼을 클릭하면 초록색 값으로 JSON 결과가 출력될 것이다. 그림 6-9에서는 판매자 Hyper의 토큰은 120원임을 확인할 수 있고 구매자 Ledger의 토큰은 180원임을 확인할 수 있다.

그림 6-9 특정 지갑 정보를 검색하는 화면

그림 6-10은 모든 음원을 검색하는 화면이다. Get All Music 버튼을 클릭하면 등록된 음원의 목록을 확인할 수 있다. 등록돼 있는 음원은 Fabric이며 음원의 ID는 MS0이고 가격은 20원이다. 또한 구매한 수는 Count로 확인할 수 있다.

그림 6-10 전체 음원 목록 화면

그림 6-11은 음원을 등록하는 화면이다. Title, Singer, Price, Owner 필드에 값을 입력하고 Create 버튼을 클릭해서 setMusic 체인코드 기능을 호출할 수 있다. 이로 인해 새로운 음원이 원장에 제대로 등록됐으면, 그림 6-12와 같이 트랜잭션이 정상적으로 제출됐음을 확인할 수 있다.

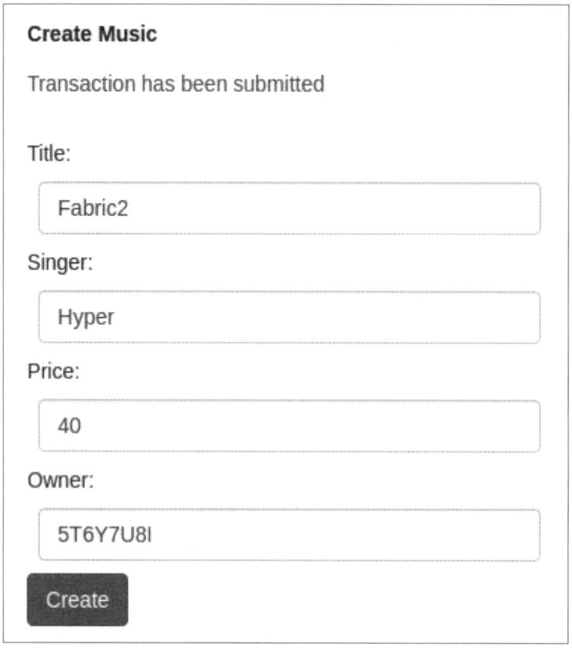

그림 6-11 음원을 등록하는 화면

Get all music 버튼을 클릭하면 위에서 등록한 음원 Fabric2가 정상 등록됐음을 확인할 수 있다. 해당 음원을 구매하기 위해 옆에 **구매** 버튼을 클릭하면 purchaseMusic 체인코드 기능이 실행될 것이다.

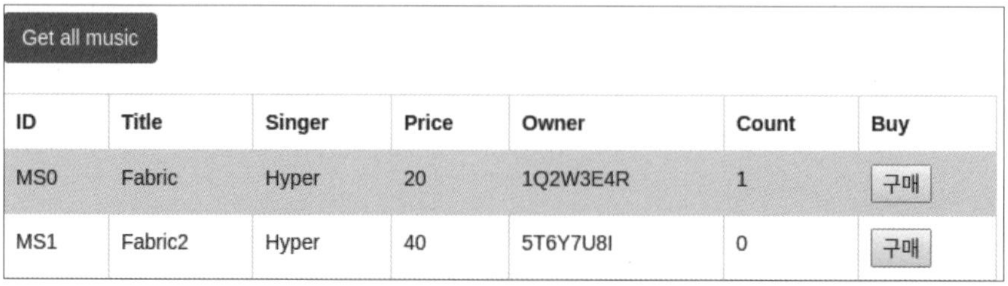

ID	Title	Singer	Price	Owner	Count	Buy
MS0	Fabric	Hyper	20	1Q2W3E4R	1	구매
MS1	Fabric2	Hyper	40	5T6Y7U8I	0	구매

그림 6-12 음원을 구매하는 화면

이로 인해 원장이 제대로 업데이트 됐으면 그림 6-13과 같이 Fabric2의 Count가 1 올라간 것을 확인 할 수 있다.

그림 6-13 구매 후 Count 증가하는 화면

전체 음원 목록말고도 음원 하나만 따로 조회할 수 있으며 그림 6-14와 같이 MS1을 검색하면 MS1에 대한 음원 정보만 출력된다.

그림 6-14 음원 조회 화면

실제로 자산이 이동한 것을 그림 6-15와 같이 확인할 수 있다. 판매자의 토큰이 120 원에서 80원으로 줄고 구매자의 토큰이 180원에서 220원으로 업데이트됐다.

그림 6-15 자산 이동 확인을 위한 지갑 검색 화면

그림 6-16은 음원의 가격을 수정하거나 삭제할 때 쓰는 화면이다. 음원의 가격을 조정하기 위해 음원의 Key 값과 Price 값을 입력하고 가격을 조정할 수 있으며, 또한 Key 값을 입력해 해당 음원도 삭제할 수 있다.

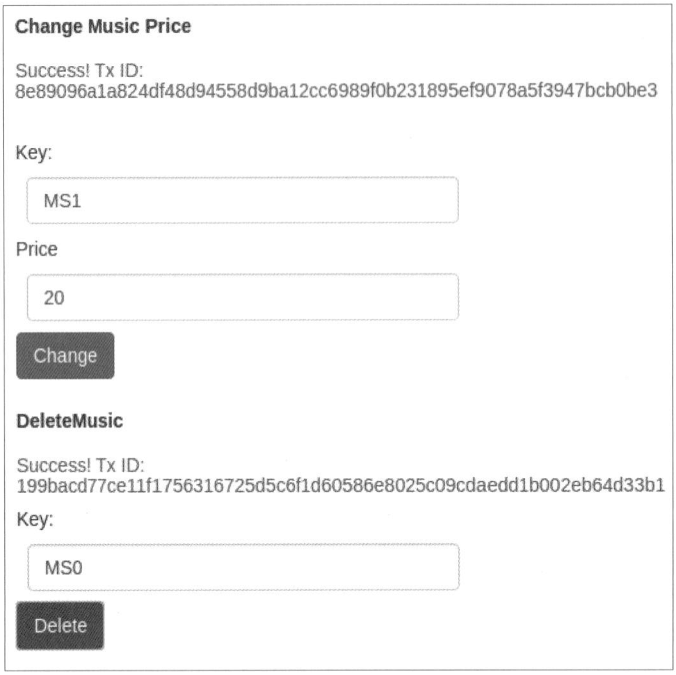

Change Music Price

Success! Tx ID:
8e89096a1a824df48d94558d9ba12cc6989f0b231895ef9078a5f3947bcb0be3

Key:

MS1

Price

20

Change

DeleteMusic

Success! Tx ID:
199bacd77ce11f1756316725d5c6f1d60586e8025c09cdaedd1b002eb64d33b1

Key:

MS0

Delete

그림 6-16 특정 음원의 가격 수정 및 삭제 화면

위에서 두 번의 트랜잭션이 발생했고 **Get all music** 버튼을 클릭하면 MS1의 가격이 10원 오른 것을 확인할 수 있고 MS0이 삭제됐음을 확인할 수 있다.

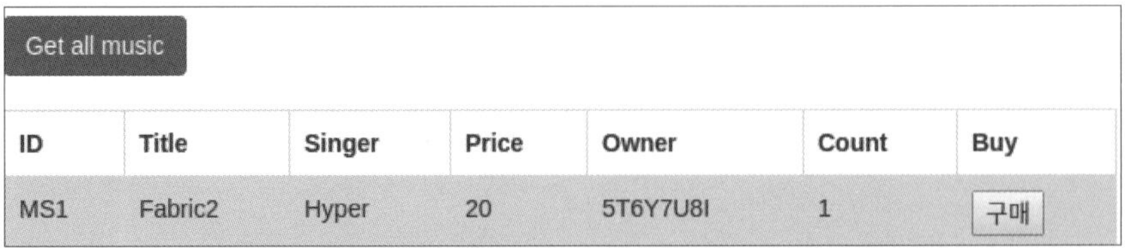

Get all music

ID	Title	Singer	Price	Owner	Count	Buy
MS1	Fabric2	Hyper	20	5T6Y7U8I	1	구매

그림 6-17 음원 가격 수정 및 삭제 확인을 위한 전체 음원 검색 화면

7

클라우드 환경에서
하이퍼레저 패브릭 구축

7.1 IBM 클라우드에서 블록체인 환경 설정

IBM 블루믹스[Bluemix]는 IBM이 개발한 클라우드 기반 서비스형 플랫폼[PaaS]이며, 클라우드 상에서 다양한 프로그래밍 언어와 서비스를 제공해, 개발자가 원하는 애플리케이션을 쉽게 빌드, 실행, 배치, 관리할 수 있도록 통합 데브옵스[DevOps]를 지원한다. 블루믹스는 클라우드 파운드리[CloudFoundry] 기반으로 설계됐으며, 소프트레이어[SoftLayer] 인프라에서 실행되는 개방형 클라우드를 지향했었지만, IBM은 2017년 10월에 IBM 블루믹스를 IBM 클라우드[IBM Cloud] 브랜드로 통합한다고 발표하고, 2019년 4월부로 블루믹스를 완전히 종료했다.

IBM 클라우드는 블루믹스뿐만 아니라, 오픈스택[OpenStack] 기반 서비스형 인프라[IaaS]를 운영하던 소프트웨어와 서비스형 소프트웨어[SaaS]인 모바일 퍼스트[Mobile First], 컨테이너 플랫폼 쿠버네티스[Kubernetes] 등을 통합해, 클라우드 서비스를 강화하고 있다. 하이퍼레저 패브릭으로 블록체인 네트워크를 쉽게 구축, 개발할 수 있도록 서비스형 블록체인[BaaS] 또한 IBM 클라우드에서 제공된다. 기존에 운영됐던 블루믹스에서는 오픈스택 기반으로 하이퍼레저 패브릭 서비스형 블록체인이 동작했다면, IBM 클라우드에서는 쿠버네티스 기반으로 동작되는 등 이전 블루믹스 환경과 많은 부분이 바뀌었다.

쿠버네티스는 컨테이너화된 애플리케이션을 자동으로 배포, 스케일링 및 관리해주는 오픈소스 시스템이며, 현재 컨테이너 운영 환경 중 가장 널리 사용되는 솔루션이다. 쿠버네티스에 대한 자세한 내용은 쿠버네티스 공식 홈페이지(https://kubernetes.io/ko/)를 참고하기 바란다.

그럼 이제 IBM 클라우드 상에서 하이퍼레저 패브릭 기반 블록체인 서비스를 개발하는 방법을 단계별로 학습해보자.

7.1.1 IBM 클라우드에 가입, 로그인

IBM 클라우드(https://cloud.ibm.com/)에 방문해, IBM 클라우드 계정이 없다면 계정 생성을 통해 서비스에 가입하고 로그인한다.

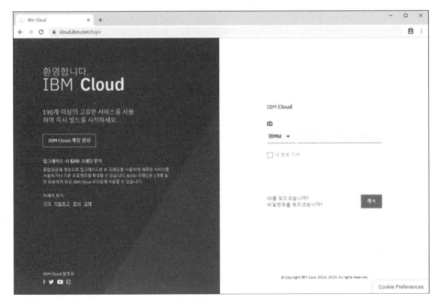

그림 7-1 IBM 클라우드 가입 및 로그인

IBM 클라우드에서 블록체인 서비스를 이용하기 위해서는 블록체인 플랫폼^{Blockchain} Platform을 이용해야 한다. 이 블록체인 플랫폼을 사용하기 위해서는 계정을 종량과금제 계정으로 업그레이드해야 하며, 신용카드 정보가 유료로 제공되지만 30일간 무료로 체험할 수 있다.

그림 7-2 블록체인 플랫폼 신청

7.1.2 IBM 클라우드 쿠버네티스 서비스 생성

블록체인 네트워크를 구축하기 전에 먼저 쿠버네티스를 통해 무료 클러스터부터 하나 만든다. 먼저 로그인한 후 왼쪽 상단 메뉴의 Kubernetes를 클릭한다. 쿠버네티스 클러스터를 생성하기 위해 Create cluster 버튼을 클릭한다.

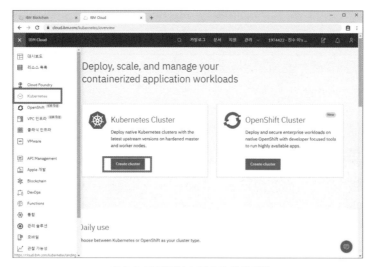

그림 7-3 쿠버네티스 클러스터 생성 시작

그림 7-4와 같이 클러스터를 설정하는 화면이 나타나는데, 여기서는 Free를 선택해 무료 클러스터를 생성한다. 클러스터 정보 설정이 끝났으면, 우측의 Create cluster 버튼을 클릭한다.

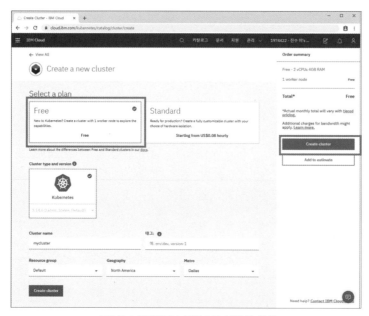

그림 7-4 쿠버네티스 클러스터 설정 및 생성

이제 새로운 클러스터가 생성되는데, 상황에 따라 다르지만 약 10분~30분 정도의 시간이 걸린다.

그림 7-5 쿠버네티스 클러스터 생성 중

클러스터 생성이 완료되면 그림 7-6과 같은 화면이 나타난다.

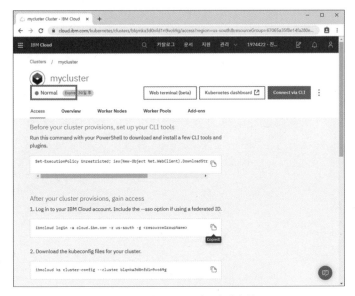

그림 7-6 쿠버네티스 클러스터 생성 완료

7.1.3 IBM 클라우드에서 블록체인 플랫폼 서비스 인스턴스 작성

이제 IBM 클라우드의 왼쪽 메뉴에 있는 **Blockchain**을 클릭해 본격적으로 하이퍼레저 패브릭 네트워크를 구축한다. 하이퍼레저 패브릭 기반으로 블록체인 네트워크를 구축하기 위해서는 오른쪽의 **Service Plans** 버튼을 클릭한다.

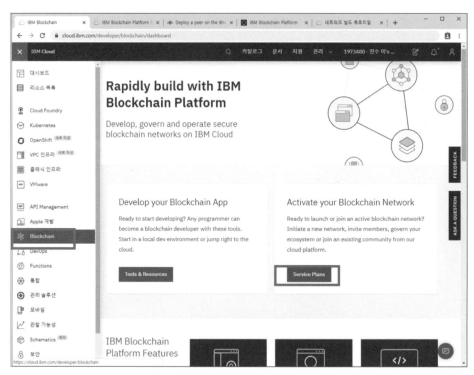

그림 7-7 IBM 블록체인 플랫폼 서비스 인스턴스

구축할 블록체인 네트워크의 기본 정보를 입력한 후, 그림 7-8 하단의 **작성** 버튼을 클릭해 다음을 진행한다.

그림 7-8 IBM 블록체인 플랫폼 서비스 인스턴스 작성

그림 7-9와 같이 앞에서 미리 만든 쿠버네티스 클러스터가 있으므로, **클러스터가 있음**(클러스터에 연결로 건너뛰기) 버튼을 클릭한다.

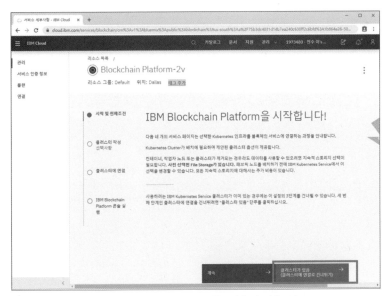

그림 7-9 IBM 블록체인 플랫폼 시작 및 전제조건

그림 7-10과 같이 클러스터 선택 박스를 통해 미리 만든 클러스터를 선택하고, 하단
의 **클러스터에 배치** 버튼을 클릭한다.

그림 7-10 클러스터에 연결

이제 쿠버네티스 클러스터에 IBM 블록체인 플랫폼이 연결됐다. 그림 7-11과 같이
하단의 **IBM Blockchain Platform** 버튼을 클릭해 블록체인 플랫폼 설정 화면으로 이동
할 수 있다.

그림 7-11 IBM 블록체인 플랫폼 실행

7.1.4 IBM 블록체인 플랫폼 시작

IBM 블록체인 플랫폼 화면은 운영 도구 콘솔 및 다양한 구성 요소 설정 화면으로 구성된다. 다이어그램의 각 파트에 마우스를 올리면 자세한 정보가 나타난다. 시작하려면 그림 7-12 우측 하단의 **지금 시작하겠습니다.**를 클릭한다.

그림 7-12 블록체인 플랫폼 시작

그림 7-13과 같이 우측 상단의 **지금 시작하십시오.**를 클릭하면 IBM 블록체인 플랫폼에 대한 아키텍처 및 다양한 설명 자료를 동영상, 문서 등으로 볼 수 있다.

그림 7-13 아키텍처 등 기본 설명 화면

그럼 이제 IBM 블록체인 플랫폼에서 하이퍼레저 패브릭 네트워크를 쉽게 구성할 수 있도록 제공하는 각각의 메뉴들을 설명하겠다. 화면 왼쪽에 총 7가지의 메뉴가 제공되는데, 각각에 대해 살펴보기로 한다.

메뉴 1번째는 노드다. 피어, 인증기관, 순서 지정 서비스를 추가 및 관리할 수 있다. 인증기관은 이 책에서 설명한 CA를 가리키며, 순서 지정 서비스는 오더링 서비스를 가리킨다.

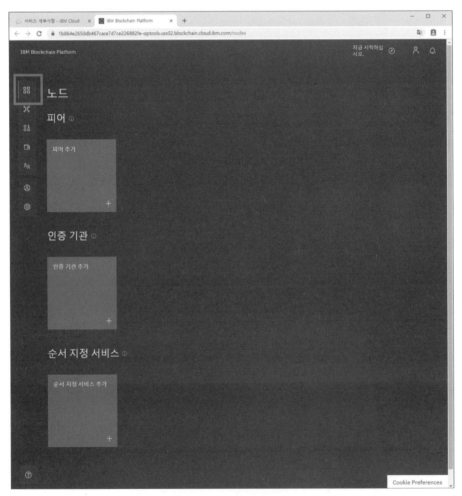

그림 7-14 노드 설정 화면

메뉴 2번째는 채널이다. 채널을 작성하고 참여할 수 있다. 또한 생성된 채널 세부사항을 수정할 수 있다.

그림 7-15 채널 설정 화면

메뉴 3번째는 스마트 계약이다. 이 책에서 '스마트 컨트랙트'라고 설명한 것을 IBM에서는 '스마트 계약'이라고 번역했다. 스마트 컨트랙트는 피어 노드에 설치되고 채널에서 인스턴스화된다. 스마트 컨트랙트를 인스턴스화하려면 스마트 컨트랙트 항목 끝에 있는 확장 메뉴를 사용하면 되며, 이 책에서 학습했던 체인코드를 업로드할 수 있다. 일반적으로는 IBM Blockchain Platform Visual Studio(VS) Code extension을 이용해 체인코드를 작성하고 테스트 및 디버깅할 수 있으며, 블록체인 네트워크에 올려서 애플리케이션으로 서비스될 수 있도록 빌드할 수 있다.

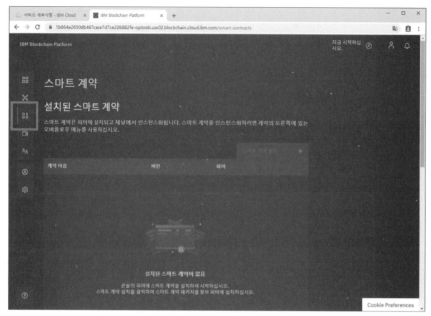
그림 7-16 스마트 컨트랙트 설정 화면

4번째 메뉴는 전자 지갑이다. 이 책에서는 월렛이라고 설명했던 것으로, 블록체인 네트워크에 참여해 블록체인 서비스를 이용하는 참여자 ID를 추가하고 관리할 수 있다.

그림 7-17 전자 지갑 설정 화면

5번째 메뉴는 조직이다. MSP 작성을 통해 조직을 정의할 수 있으며, 여기까지가 하이퍼레저 패브릭 기반 블록체인 네트워크를 구축 및 설정하는 화면이다.

그림 7-18 조직 설정 화면

6번째 메뉴는 사용자다. 6번째 및 7번째 메뉴는 블록체인 네트워크 자체에 설정 화면이 아니라 IBM 클라우드의 블록체인 플랫폼에 대한 환경 설정 메뉴다. 6번째 메뉴는 현재 설정 중인 블록체인 플랫폼에 대한 IBM 클라우드 사용자 권한을 설정할 수 있는데, IBM 클라우드의 IAM[Identity and Access Management]을 통해 이 블록체인 플랫폼 서비스 인스턴스에 대한 접근제어 및 권한을 설정할 수 있다.

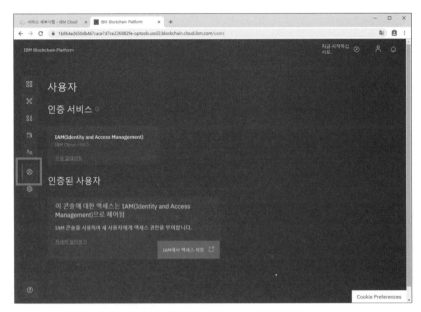

그림 7-19 블록체인 플랫폼 사용자 설정 화면

7번째 메뉴는 설정이다. 클라이언트 로깅, 서버 로깅, 세션 타임아웃^{Session timeout} 등을 설정할 수 있다.

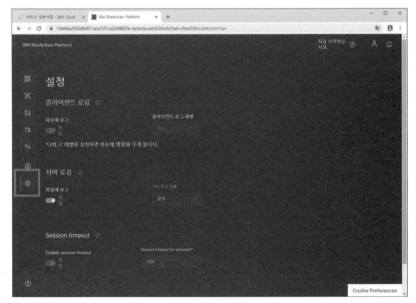

그림 7-20 블록체인 플랫폼 기타 설정 화면

7.2 IBM 블록체인 플랫폼을 사용해 블록체인 네트워크 만들기

앞에서 살펴본 IBM 블록체인 플랫폼 서비스 설정 화면을 이용해 본격적으로 하이퍼 레저 패브릭 네트워크를 구축해보자.

다음과 같은 순서대로 블록체인 네트워크를 순차적으로 구성한다.

1) Org1 CA 추가 및 사용자 등록

2) Org1 MSP 정의 작성

3) 피어 노드 생성

4) Ordering Service CA 추가 및 사용자 등록

5) Ordering Service MSP 정의 작성

6) 오더링 서비스 노드 생성

7) 채널 생성

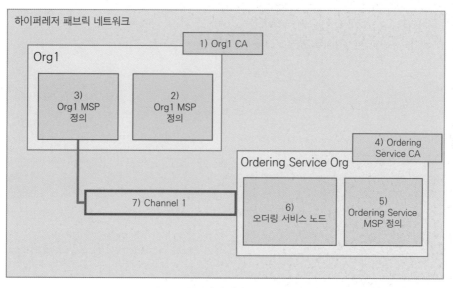

그림 7-21 블록체인 플랫폼 네트워크 구성

7.2.1 Org1 CA 추가 사용자 등록

먼저 Org1 CA를 추가한다. 그림 7-22의 왼쪽 메뉴에서 노드 메뉴를 클릭해 노드 설정 화면으로 이동한다.

인증 기관 추가를 클릭한다. 인증 기관인 CA 추가는 총 3단계에 걸쳐 진행되는데, 첫 번째 화면에서는 IBM Cloud 인증 기관 작성, 기존 인증 기관 가져오기 중에 선택할 수 있다. IBM Cloud 인증 기관 작성을 선택한다.

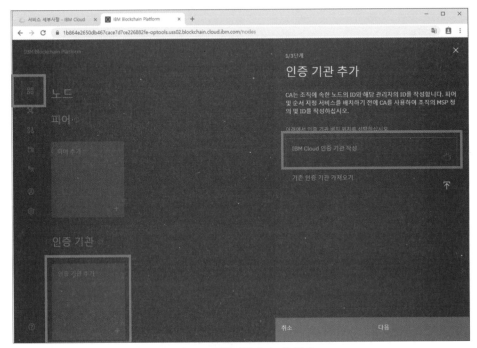

그림 7-22 인증 기관 추가 1/3 단계

CA 표시 이름, CA 관리자 등록 ID, CA 관리자 등록 시크릿 등 3가지 항목을 다음과 같이 기입하고, 그림 7-23 우측 하단에 있는 **다음** 버튼을 클릭한다.

- **CA 표시 이름:** Org1 CA
- **CA 관리자 등록 ID:** admin
- **CA 관리자 등록 시크릿:** adminpw

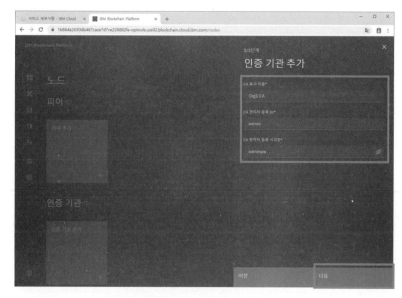

그림 7-23 인증 기관 추가 2/3 단계

앞에서 기입했던 정보를 마지막으로 확인한 후, 그림 7-24 우측 하단의 **인증 기관 추가** 버튼을 클릭해 CA 추가를 완료한다.

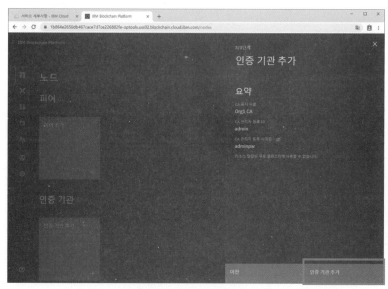

그림 7-24 인증 기관 추가 3/3 단계

그림 7-25와 같이 Org1 CA가 추가된 것을 확인할 수 있다. 우측 상단의 회색 박스가 녹색으로 바뀌어야 적용된 것이다.

그림 7-25 새로운 인증 기관인 Org1 CA 추가 완료

인증 기관에 참여자인 사용자 ID를 등록해야 하는데, 이를 위해서 앞에서 만든 **Ogr1 CA**를 클릭한다. 그림 7-26과 같이 Ogr1 CA의 세부사항을 확인할 수 있으며, 지금은 어떠한 ID도 등록돼 있지 않은 것을 확인할 수 있다.

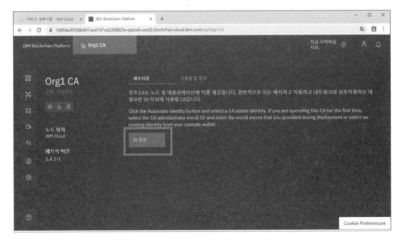

그림 7-26 Org1 CA에 사용자 ID 등록

먼저 관리자를 등록하기 위해, 그림 7-27과 같이 **ID 연관** 버튼을 클릭한다. 등록 ID, 등록 시크릿, ID 표시 이름에 다음과 같이 기입하고, 우측 하단의 **ID 연관** 버튼을 클릭한다.

- **등록 ID:** admin
- **등록 시크릿:** adminpw
- **ID 표시 이름:** Org1 CA admin

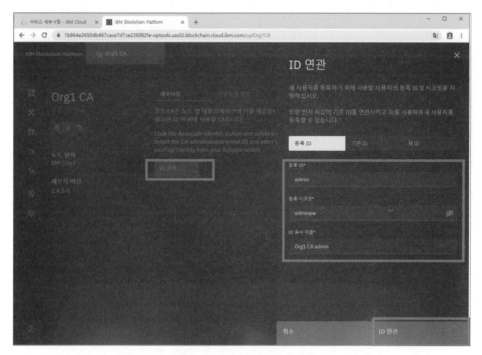

그림 7-27 Org1 CA의 등록 ID 설정

Org1 CA admin 사용자가 CA에 등록됐다. 그림 7-28의 사용자 목록의 우측 상단에 있는 **사용자 등록 +** 버튼을 클릭해 사용자 ID를 추가한다.

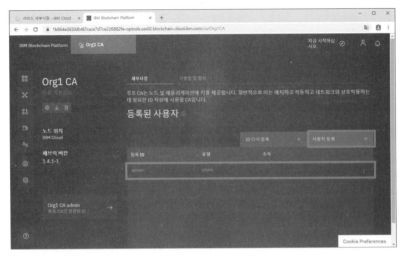

그림 7-28 Org1 CA의 사용자 추가 등록

추가로 2개의 사용자 ID를 등록해 다음과 같이 총 3개의 등록된 사용자를 확인한다.

등록 ID	등록 시크릿	유형	ID 표시 이름
admin	adminpw	Client(기본)	Org1 CA admin
org1admin	org1adminpw	Client	
peer1	peer1pw	peer	

그림 7-29 Org1 CA의 사용자 목록

그림 7-30과 같이 왼쪽 메뉴에서 **전자 지갑** 메뉴를 클릭해, 전자 지갑 설정 화면으로 이동한다. 앞서 CA로 설정한 참여자가 사용자 ID로 표시된 것을 확인할 수 있다.

그림 7-30 전자 지갑에 표시된 Org1 CA admin

7.2.2 Org1 MSP 정의 작성

이제 Org1 MSP를 작성해 보도록 한다. 그림 7-31의 왼쪽 메뉴에서 **조직** 메뉴를 클릭해 조직 설정 화면으로 이동한다. **MSP 정의 작성+** 버튼을 클릭해 새로운 MSP를 추가한다.

그림 7-31 새로운 MSP 추가

그림 7-32의 MSP 정의 작성 화면에서 MSP 표시 이름과 MSP ID를 다음과 같이 입력한다.

- MSP 표시 이름 : Org1 MSP
- MSP ID : org1msp

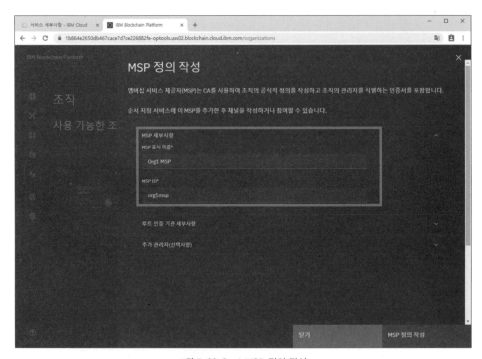

그림 7-32 Org1 MSP 정의 작성

그림 7-32의 루트 인증 기관 세부사항을 클릭해 루트 인증 기관을 앞서 정의한 Org1 CA를 다음과 같이 선택한다.

- 루트 인증기관: Org1 CA

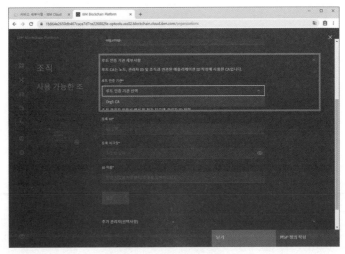

그림 7-33 Org1 CA로 루트 인증기관 설정

그 아래에 있는 등록 ID, 등록 시크릿 ID 이름을 다음과 같이 선택하고 기입한 후, **생성** 버튼을 클릭한다.

- **등록 ID**: org1admin
- **등록 시크릿**: org1adminpw
- **ID 이름**: Org1 Admin

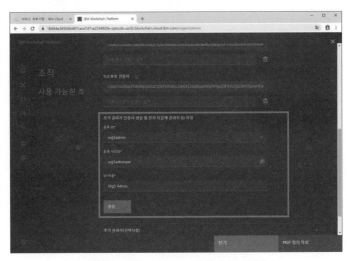

그림 7-34 Org1 Admin으로 관리자 ID 설정

생성이 완료되면 'ID가 성공적으로 생성되어 전자 지갑에 추가되었습니다. 이 공용 및 개인 키의 손실을 방지하려면 지금 해당 키를 내보낸 후 안전한 장소에 저장해야 합니다.'라는 메시지가 나온다. 그 아래의 **내보내기** 버튼을 클릭하면 개인 키$^{Org1\ Admin.}$ json를 다운 받을 수 있다.

이제 우측 하단의 **MSP 정의 작성** 버튼을 클릭해 Org1 MSP 등록을 완료한다.

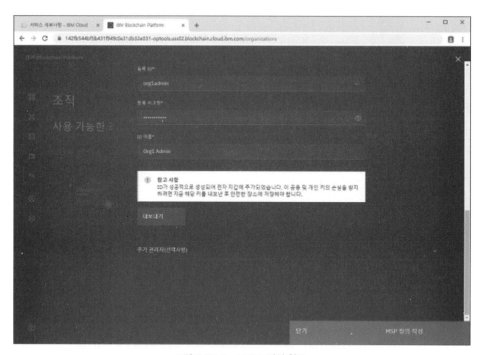

그림 7-35 Org1 MSP 작성 완료

다음과 같은 Ogr1 MSP가 최종 생성됐다.

- **msp 표시 이름**: Ogr1 MSP
- **MSP ID**: org1msp
- **루트 인증기관**: Org1 CA
- **등록 ID**: org1admin
- **등록 시크릿**: org1adminpw
- **ID 이름**: Org1 Admin

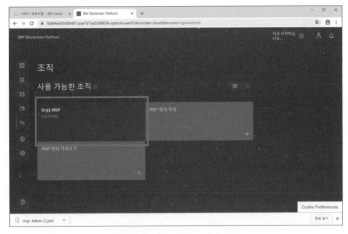

그림 7-36 Org1 MSP 생성 완료

7.2.3 피어 노드 생성

이제 피어 노드를 추가해보자. 그림 7-37과 같이 왼쪽 메뉴에서 **노드**를 클릭하고 노드 설정 화면으로 이동해 **피어 추가**를 선택한다. IBM Cloud 피어 작성, 기존 피어 가져오기 중에서 선택할 수 있는데, 총 6단계에 걸쳐 진행된다. **IBM Cloud 피어 작성**을 선택하고 **다음** 버튼을 클릭한다.

그림 7-37 피어 추가 1/6 단계

피어 표시 이름을 다음과 같이 작성한다.

- **피어 표시 이름**: Peer Org1

그림 7-38 아래의 Advanced deployment options를 선택하면 Couch DB와 LevelDB 중에 선택할 수 있는데, 여기서는 **Couch DB**를 선택한다. **다음** 버튼을 클릭해 계속 진행한다.

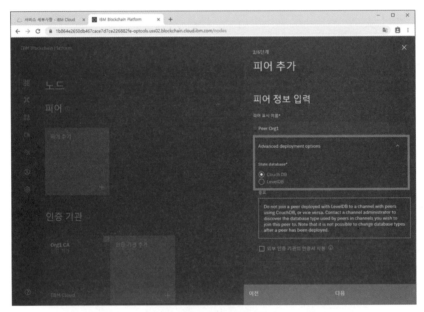

그림 7-38 피어 추가 2/6 단계

기본적인 피어 노드 정보를 입력하는 화면인데, 인증 기관 피어 등록 ID, 피어 등록 시크릿, 조직 MSP를 다음과 같이 선택 및 기입하고 **다음** 버튼을 클릭한다.

- **인증기관**: Org1 CA
- **피어 등록 ID**: peer1
- **피어 등록 시크릿**: peer1pw
- **조직 MSP**: Org1 MSP

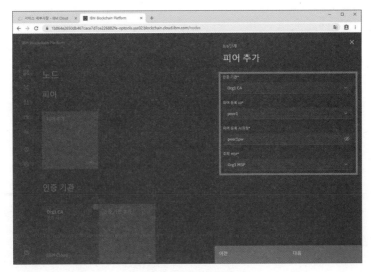

그림 7-39 피어 추가 3/6 단계

TLS CA 등록 ID, TLS CA 등록 시크릿을 다음과 같이 기입 및 선택하고 **다음** 버튼을
클릭한다.

- TLS CA 등록 ID: peer1
- TLS CA 등록 시크릿: peer1pw

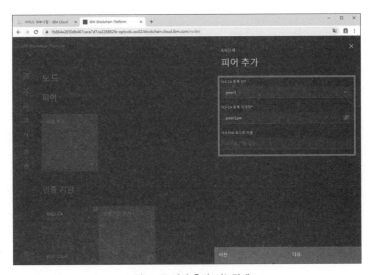

그림 7-40 피어 추가 4/6 단계

그림 7-41과 같이 사용자 ID를 다음과 같이 선택하고 **다음** 버튼을 클릭한다.

- ID : Org1 Admin

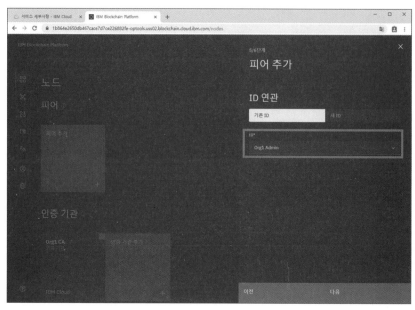

그림 7-41 피어 추가 5/6 단계

그림 7-42와 같이 최종 정보를 확인하고 우측 하단의 **피어 추가** 버튼을 클릭해 완료한다.

- **피어 표시 이름**: Peer Org1
- State database: Couch DB
- **인증기관**: Org1 CA
- **피어 등록 ID**: peer1
- **피어 등록 시크릿**: peer1pw
- **조직 MSP**: Org1 MSP
- **TLS CA 등록 ID**: peer1
- **TLS CA 등록 시크릿**: peer1pw
- ID: Org1 Admin

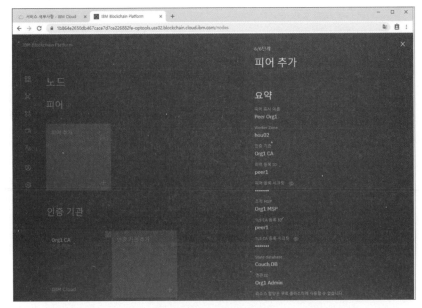

그림 7-42 피어 추가 6/6 단계

이제 Peer Org1 피어 노드가 추가됐다. 그림 7-43과 같이 피어 우측 상단에 회색 박스가 녹색으로 바뀌면 적용된 것이다.

그림 7-43 Peer Org1 피어 노드 생성 완료

7.2.4 Ordering Service CA 추가

앞 Org1 CA를 생성했던 것처럼, Ordering Service CA를 추가한다. 그림 7-44와 같이 왼쪽 메뉴에서 **노드** 메뉴를 클릭해 노드 설정 화면으로 이동한 후, **인증 기관 추가**를 클릭한다.

그림 7-44 Ordering Service CA 추가

그림 7-45와 같이 마찬가지로 **IBM Cloud 인증 기관 작성**을 선택해 진행한다.

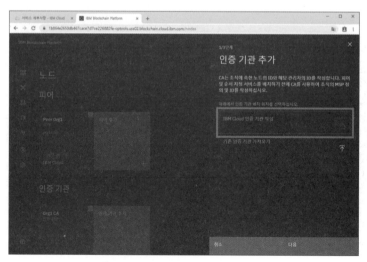

그림 7-45 Ordering Service CA 추가 1단계

CA 표시 이름, CA 관리자 등록 ID, CA 관리자 등록 시크릿 3가지 항목을 다음과 같이 기입한다. 그림 7-46과 같이 우측 하단의 **다음** 버튼을 클릭한다.

- **CA 표시 이름:** Ordering Service CA
- **CA 관리자 등록 ID:** admin
- **CA 관리자 등록 시크릿:** adminpw

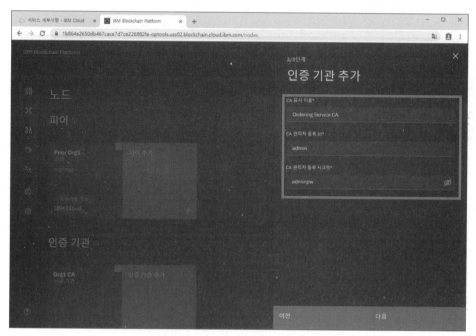

그림 7-46 Ordering Service CA 추가 2단계

앞에서 기입했던 정보를 마지막으로 다시 확인하고, 그림 7-47과 같이 우측 하단의 **인증 기관 추가** 버튼을 클릭하면 완료된다.

- **CA 표시 이름:** Ordering Service CA
- **CA 관리자 등록:** ID admin
- **CA 관리자 등록 시크릿:** adminpw

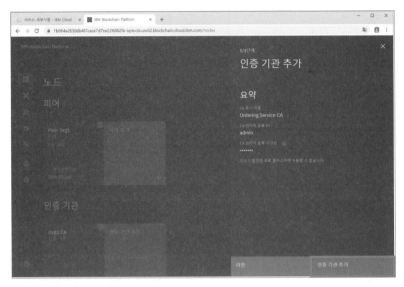

그림 7-47 Ordering Service CA 추가 3단계

새로운 인증 기관인 Ordering Service CA가 추가된 것을 확인할 수 있다. 그림 7-48과 같이 우측 상단의 회색 박스가 녹색으로 바뀌어야 적용된 것이다. Ordering Service CA에 사용자 등록하기 위해서 **Ordering Service CA**를 클릭한다.

그림 7-48 Ordering Service CA 추가 완료

그림 7-49와 같이 Ordering Service CA에는 현재 어떠한 ID도 등록돼 있지 않을 것이며, 관리자를 등록하기 위해 **ID 연관** 버튼을 클릭한다.

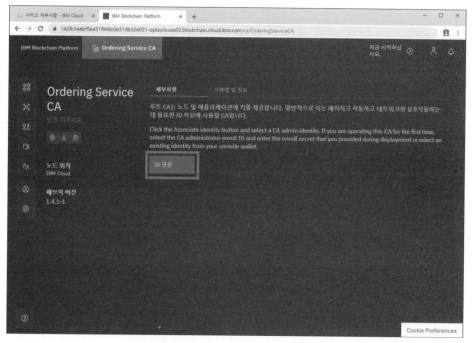

그림 7-49 Ordering Service CA에 사용자 ID 등록

등록 ID, 등록 시크릿, ID 표시 이름에 다음과 같이 기입한다. 그림 7-50과 같이 우측 하단의 **ID 연관** 버튼을 클릭한다.

- **등록 ID**: admin
- **등록 시크릿**: adminpw
- **ID 표시 이름**: Ordering Service CA ID

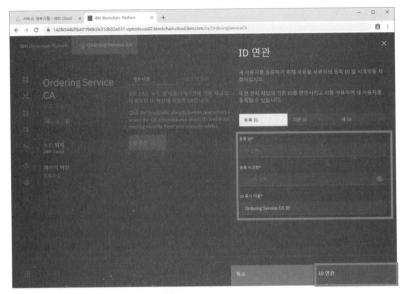

그림 7-50 Ordering Service CA에 등록 ID 설정

사용자가 등록된 것을 확인할 수 있으며 그림 7-51과 같이 **사용자 등록 +** 버튼을 클릭해 사용자 ID를 추가한다.

그림 7-51 Ordering Service CA의 사용자 추가 등록

추가로 2개의 사용자 ID를 등록해 다음과 같이 총 3개의 등록된 사용자를 확인한다.

등록 ID	등록 시크릿	유형	ID 표시 이름
admin	adminpw	Client(기본)	Ordering Service CA ID
OSadmin	OSadminpw	Client	
OS1	OS1pw	peer	

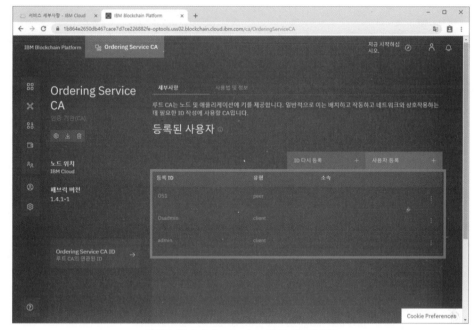

그림 7-52 Ordering Service CA의 사용자 목록

7.2.5 Ordering Service MSP 정의 작성

앞서 작성한 Org1 MSP과 같이 Ordering Service MSP를 작성하기로 한다. 그림
7-53의 왼쪽 메뉴에서 **조직**을 클릭해 **조직** 설정 화면으로 이동한 후, **MSP 정의 작성
+** 버튼을 클릭해 새로운 MSP를 추가한다.

MSP 표시 이름과 MSP ID를 다음과 같이 기입한다.

- **MSP 표시 이름:** Ordering Service MSP
- **MSP ID:** osmsp

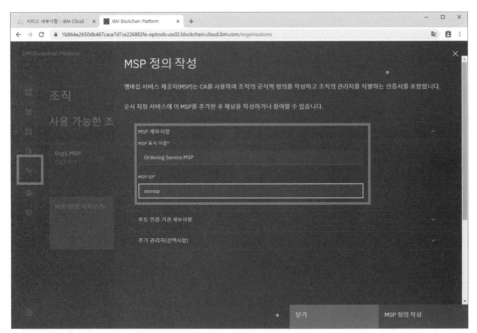

그림 7-53 Ordering Service MSP 정의 작성

그림 7-54와 같이 루트 인증 기관 세부사항을 클릭해 루트 인증기관을 **Ordering Service CA**로 선택한다. 나머지 등록 ID, 등록 시크릿 ID 이름을 다음과 같이 선택 및 기입하고, **생성** 버튼을 클릭한다.

- **루트 인증기관:** Ordering Service CA
- **등록 ID:** OSadmin
- **등록 시크릿:** OSadminpw
- **ID 이름:** Ordering Service Admin

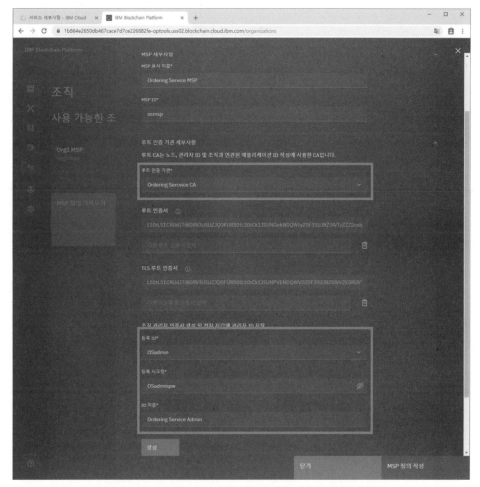

그림 7-54 Ordering Service MSP의 루트 인증 기관 등 세부사항 설정

완료되면 해당 전자 지갑에 대한 개인 키^{Ordering Service Admin.json}를 다운 받을 수 있다. 우측 하단의 **MSP 정의 작성** 버튼을 클릭한다.

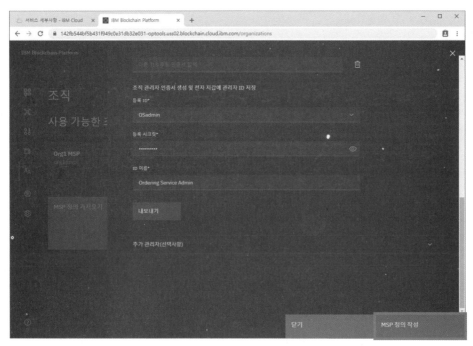

그림 7-55 Ordering Service MSP 작성 완료

다음과 같은 Ordering Service MSP가 생성된 것을 최종 확인할 수 있다.

- **msp 표시 이름:** Ordering Service MSP
- **MSP ID:** osmsp
- **루트 인증기관:** Ordering Service CA
- **등록 ID:** OSadmin
- **등록 시크릿:** OSadminpw
- **ID 이름:** Ordering Service Admin

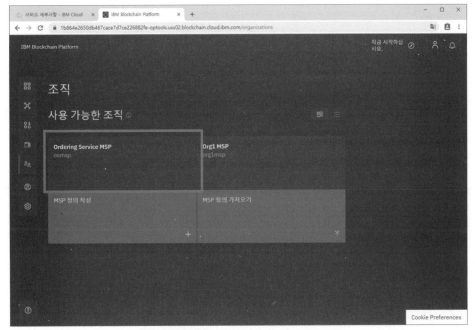

그림 7-56 조직에 Ordering Service MSP 추가 완료

7.2.6 오더링 서비스 노드 생성

왼쪽 메뉴에서 노드를 클릭해 노드 설정 화면으로 이동한다. 하이퍼레저 패브릭에서 빼놓을 수 없는 오더링 서비스 노드를 생성하기 위함이다. 오더링 서비스 노드는 트랜잭션을 수집하고 순서를 지정해 블록 생성에 지대한 공헌을 한다. 모든 채널은 오더링 서비스와 연관되며, 하이퍼레저 패브릭 기반으로 블록체인 네트워크를 구축할 때 오더링 서비스 노드는 반드시 필요하다. 스크롤해 하단의 순서 지정 서비스 추가를 선택한다.

그림 7-47과 같이 IBM Cloud 순서 지정 서비스 작성, 기존 순서 지정 서비스 가져오기 중에서 선택할 수 있는데, 여기서는 IBM Cloud 순서 지정 서비스 작성을 선택한다.

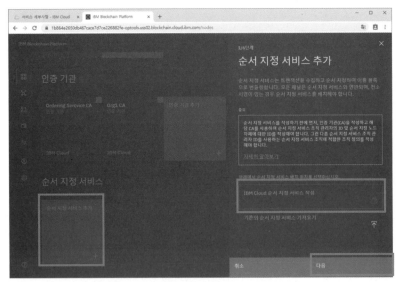

그림 7-57 순서 지정 서비스 추가 1/6 단계

가장 먼저 오더링 서비스 노드의 표시 이름을 다음과 같이 입력한다.

- **순서 지정 서비스 표시 이름:** Ordering Service

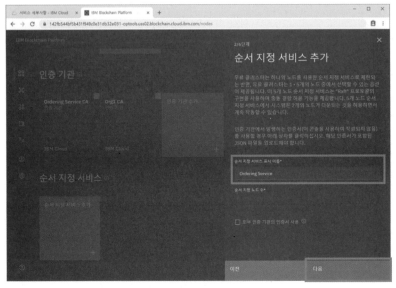

그림 7-58 순서 지정 서비스 추가 2/6 단계

인증기관, 순서 지정 서비스 등록 ID, 순서 지정 서비스 등록 시크릿, 조직 MSP를 다음과 같이 선택 및 기입한 후 우측 하단의 **다음** 버튼을 클릭한다.

- **인증기관**: Ordering Service CA
- **순서 지정 서비스 등록 ID**: OS1
- **순서 지정 서비스 등록 시크릿**: OS1pw
- **조직 MSP**: Ordering Service MSP

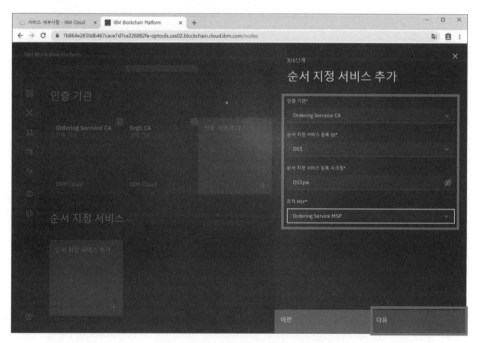

그림 7-59 순서 지정 서비스 추가 3/6 단계

TLS CA 등록 ID, TLS CA 등록 시크릿을 다음과 같이 선택 및 기입한 후 우측 하단의 **다음** 버튼을 클릭한다.

- **TLS CA 등록 ID**: OS1
- **TLS CA 등록 시크릿**: OS1pw

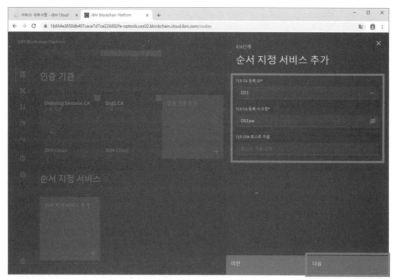

그림 7-60 순서 지정 서비스 추가 4/6 단계

사용자 ID를 다음과 같이 선택하고, **다음** 버튼을 클릭한다.

- **연관 ID:** Ordering Service admin

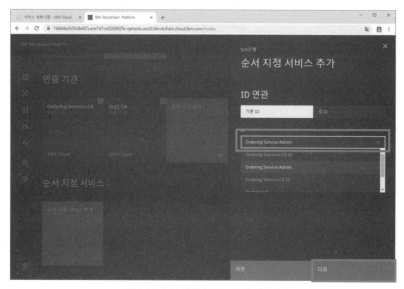

그림 7-61 순서 지정 서비스 추가 5/6 단계

최종 정보를 확인하고 우측 하단의 **순서 지정 서비스 추가** 버튼을 클릭해 완료한다.

- **순서 지정 서비스 표시 이름**: Ordering Service
- **인증기관**: Ordering Service CA
- **순서 지정 서비스 등록 ID**: OS1
- **순서 지정 서비스 등록 시크릿**: OS1pw
- **조직 MSP**: Ordering Service MSP
- **TLS CA 등록 ID**: OS1
- **TLS CA 등록 시크릿**: OS1pw
- **연관 ID**: Ordering Service admin

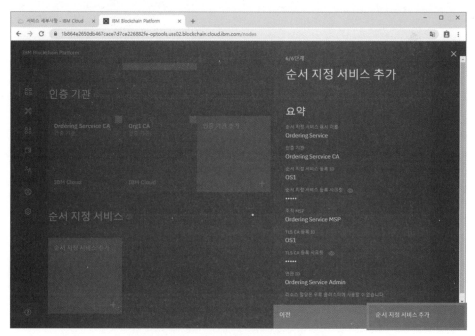

그림 7-62 순서 지정 서비스 추가 6/6 단계

Ordering Service 노드가 생성됐다. 우측 상단의 회색 박스가 녹색으로 바뀌어야 적용된 것이다.

Ordering Service 오더링 서비스를 클릭해 컨소시엄 구성을 시작한다.

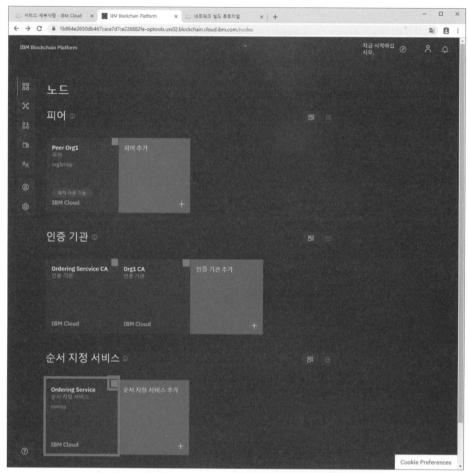

그림 7-63 Ordering Service 오더링 서비스 노드 생성 완료

컨소시엄 구성원에 조직을 추가하기 위해 하단의 **조직 추가**를 선택한다.

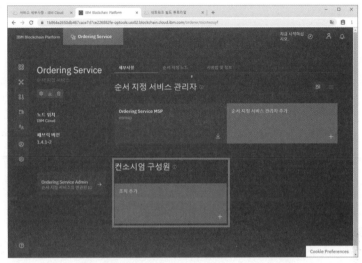

그림 7-64 오더링 서비스 노드에 컨소시엄 구성원 추가

기존 MSP ID 탭에서 **Org1 MSP**를 선택한 후 우측 하단의 **조직 추가** 버튼을 클릭한다.

- 기존 MSP ID: Org1 MSP

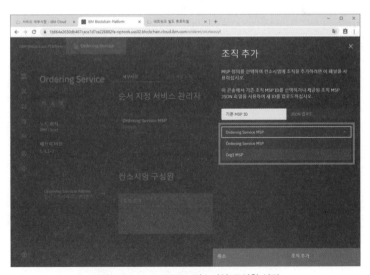

그림 7-65 Org1 MSP로 컨소시엄 구성원 설정

추가가 완료되면 그림 7-66과 같이 Org1 MSP가 컨소시엄 구성원에 추가된 것을 확인할 수 있다.

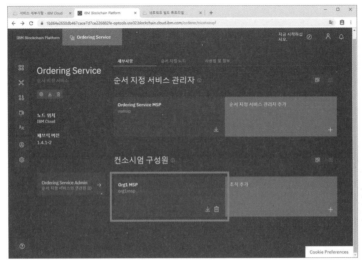

그림 7-66 컨소시엄 구성원 추가 완료

7.2.7 채널 생성

하나의 채널을 생성하기 위해서 그림 7-67과 같이 왼쪽 메뉴의 **채널**을 클릭해 채널 설정 화면으로 이동한다. **채널 작성**을 클릭해 채널 생성을 시작하기로 한다.

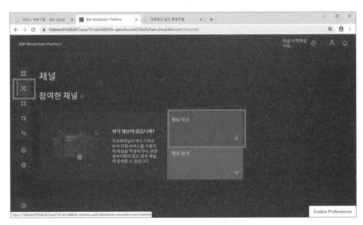

그림 7-67 채널 작성 시작

채널 세부사항(채널 이름, 순서 지정 서비스)을 다음과 같이 선택 및 기입한다.

- **채널 이름**: channel1
- **순서 지정 서비스**: Ordering Service

하단의 채널 구성원 선택을 위해 **추가** 버튼을 클릭하면 다음에 조직이 생성된다.

다음과 같이 선택하고 운영자에 체크한다.

- **채널 구성원 선택**: Org1 MSP (org1msp)

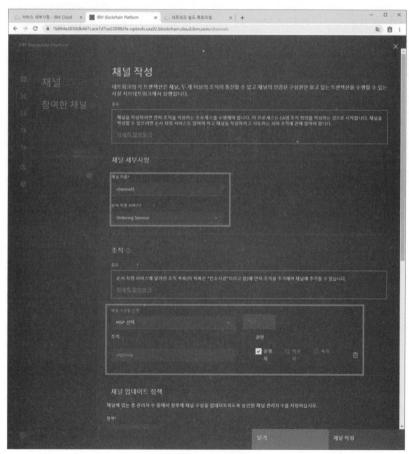

그림 7-68 채널 세부사항 작성

채널 작성자 조직(채널 작성자 MSP, ID)을 다음과 같이 선택하고, 우측 하단의 **채널 작성** 버튼을 클릭한다.

- **채널 작성자 MSP**: Org1 MSP(org1msp)
- ID: Org1 Admin

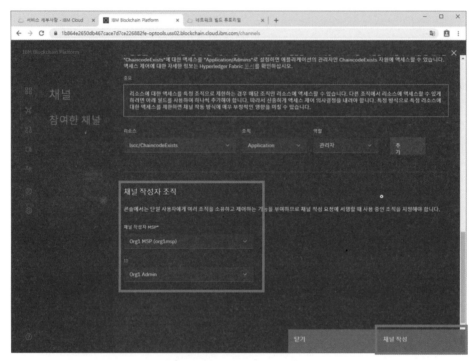

그림 7-69 채널 작성자 조직 설정

이제 channel1 채널이 생성됐다. 이 채널에 피어 노드를 참여시키기 위해서 channel1을 클릭한다. 사용 가능한 피어에서 다음과 같이 선택한 후 **채널 참여** 버튼을 클릭한다.

- **사용 가능한 피어에서 선택**: Peer Org1(org1msp)

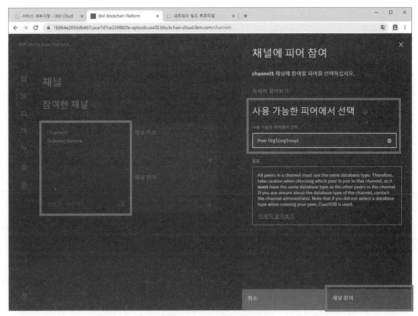

그림 7-70 채널에 피어 참여

이제 채널 작성이 완료됐다. channel1을 클릭해 상세 내용을 확인할 수 있다.

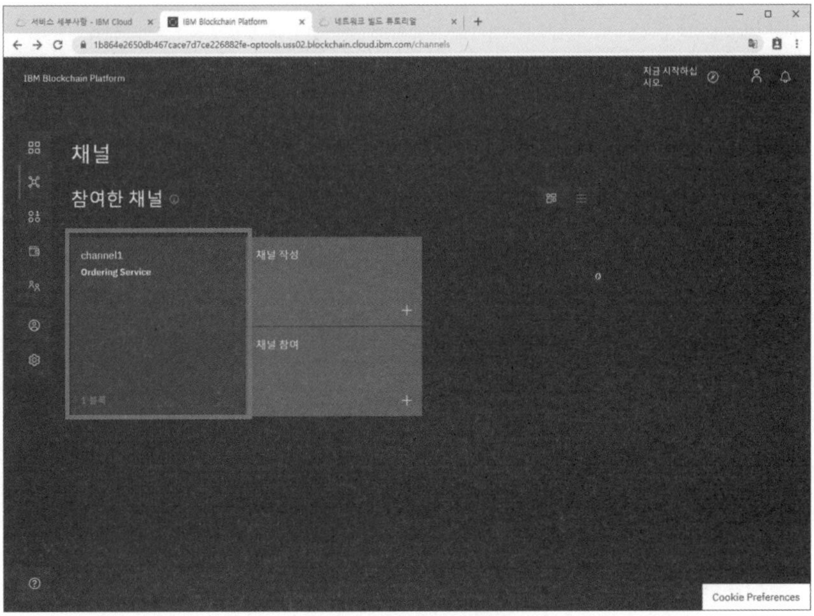

그림 7-71 채널 작성 완료

해당 채널에 대한 트랜잭션 및 블록 히스토리 등을 확인할 수 있다.

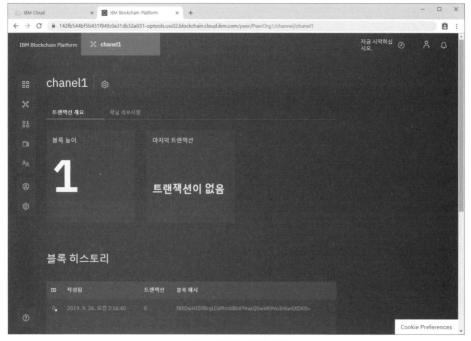

그림 7-72 채널 상세 내용

7.3 스마트 컨트랙트 설치 및 인스턴스화

IBM 클라우드에서 스마트 컨트랙트를 사용하기 위해서는 VS Code 개발 환경이 필요하다. 다음과 같은 개발 환경이 요구된다.

- Hyperledger Fabric 1.4.x 이상
- VS code version 1.26 이상
- IBM Blockchain Platform extension for VS Code
- Go version 1.11.x 이상
- Node v8.x 이상 및 npm v6.x 이상

위와 같은 개발 환경이 구축됐으면, VS Code를 실행한다.

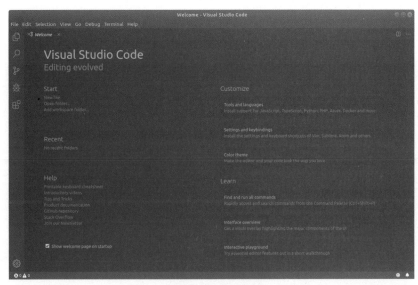

그림 7-73 VS Code 시작

그림 7-74와 같이 왼쪽 메뉴 하단의 Extensions 아이콘을 클릭한 후 IBM Blockchain Platform을 검색해 설치를 시작한다.

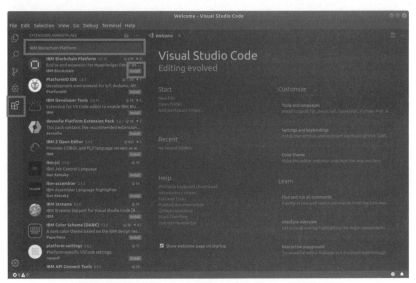

그림 7-74 IBM Blockchain Platform extension for VS Code 설치

설치가 완료되면 그림 7-75와 같이 왼쪽 메뉴 하단에 IBM Blockchain Platform 아이콘이 생긴 것을 확인할 수 있다. 이제 VS Code에서 IBM Blockchain Platform을 이용할 수 있다.

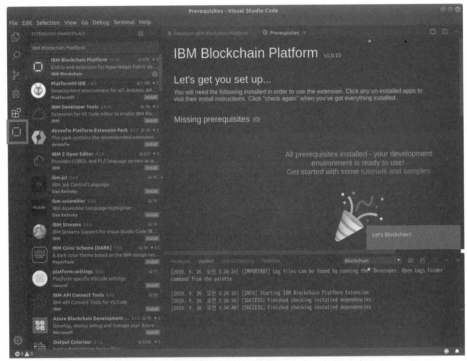

그림 7-75 IBM Blockchain Platform extension for VS Code 설치 완료

스마트 컨트랙트를 Go 언어로 작성하기 때문에 GOPATH를 설정해야 한다. 터미널의 커맨드라인에서 다음과 같이 입력한다.

```
export GOPATH=/home/username/go
mkdir -p $GOPATH/src/github.com/hyperledger
cd $GOPATH/src/github.com/hyperledger
git clone https://github.com/hyperledger/fabric.git
```

7.3.1 스마트 컨트랙트 작성

그림 7-76 왼쪽 메뉴의 IBM Blockchain Platform 아이콘을 클릭해 스마트 컨트랙트 작성을 시작할 수 있다. SMART CONTRACTS 분할 창에서 확장 메뉴를 클릭한 후 Create New Project를 클릭한다.

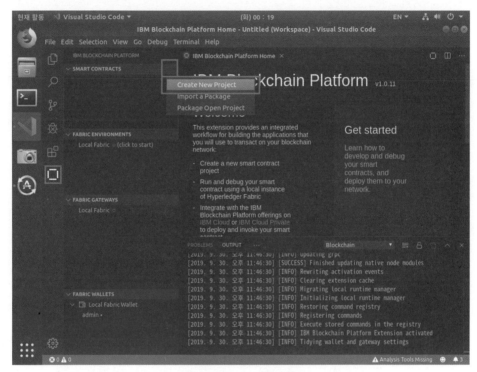

그림 7-76 Create New Project

그림 7-77과 같이 스마트 컨트랙트 개발 언어로 Go 언어를 선택한다.

 참고

> VS Code를 사용해 자바(Java)로 스마트 컨트랙트를 로컬에서 작성하고 테스트할 수 있지만, IBM 클라우드의 블록체인 플랫폼 서비스 네트워크에 해당 스마트 컨트랙트를 배치할 수 없다.

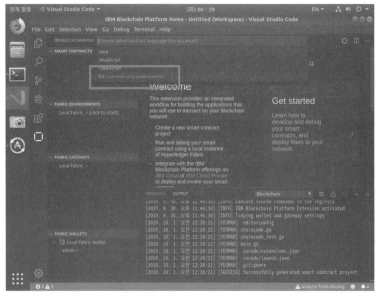

그림 7-77 Go 언어 선택

그림 7-78과 같이 체인코드를 저장할 디렉터리를 선택하기 위해 Browse를 클릭한다.

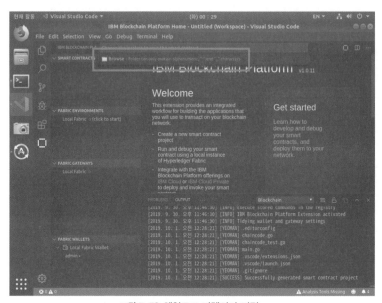

그림 7-78 체인코드 디렉터리 지정

디렉터리를 생성할 때 반드시 $GOPATH/src/ 밑에 디렉터리를 지정해야 하며, 그림 7-79와 같이 byfn이라는 디렉터리를 생성한다.

그림 7-79 byfn 체인코드 디렉터리 생성 완료

자동으로 스마트 컨트랙트 프로젝트가 생성되고 관련 체인코드 파일들이 생성될 것이며, 왼쪽 첫 번째 메뉴를 통해 이를 확인할 수 있다. 이제 앞서 배운 체인코드 프로그래밍을 이 체인코드에서 적용해 개발하면 된다.

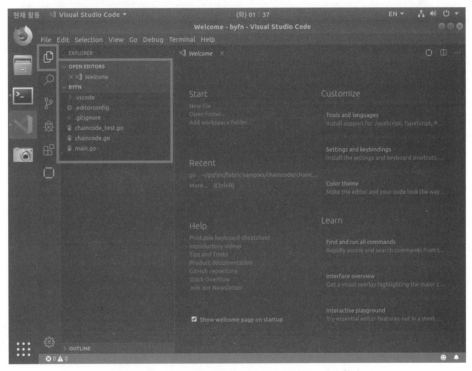

그림 7-80 스마트 컨트랙트 프로젝트 및 체인코드 생성 확인

7.3.2 스마트 컨트랙트 패키지

스마트 컨트랙트 개발이 완료됐으면 이를 블록체인 네트워크에 설치해야 하는데, 이를 위해서 먼저 패키징이 필요하다. 스마트 컨트랙트를 패키징하기 전에, 해당 디렉터리에 스마트 컨트랙트 파일 이외의 파일이 있으면 스마트 컨트랙트를 패키징하는 동안 문제가 발생할 수 있으니 반드시 주의해야 한다.

그림 7-81 왼쪽 메뉴의 IBM Blockchain Platform 아이콘을 클릭한 뒤 나타난 SMART CONTRACTS 분할 창에서 확장 메뉴를 클릭하고 Package Open Project를 선택한다.

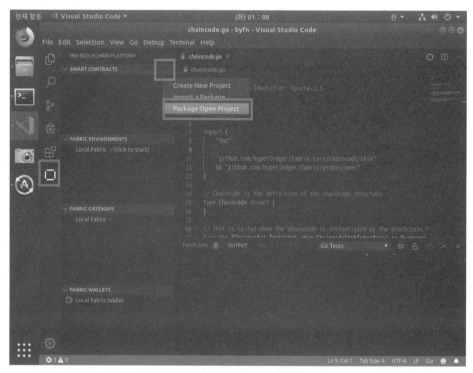

그림 7-81 스마트 컨트랙트 패키지 시작

그림 7-82와 같이 패키지의 이름과 버전을 각각 입력해 패키지를 생성한다.

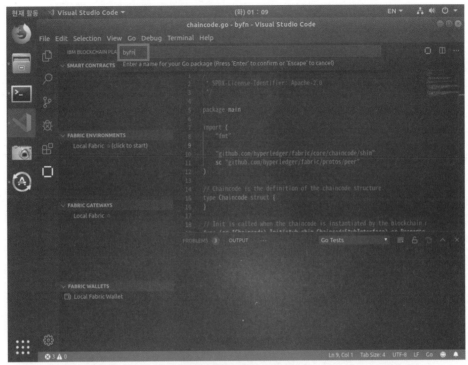

그림 7-82 패키지 이름 입력

그림 7-83 패키지 버전 입력

패키지 생성이 완료되면 SMART CONTRACTS 분할 창에서 다음과 같이 〈package name〉@〈version〉 형식으로 된 파일을 볼 수 있다. 여기서는 byfn@1.0으로 표시될 것이다. 해당 패키지를 마우스 오른쪽 버튼으로 클릭한 후 **Export Package**를 선택해 패키지 내보내기를 수행할 수 있다.

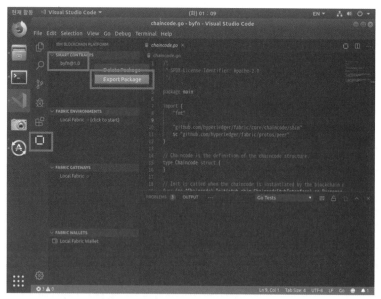

그림 7-84 스마트 컨트랙트 패키지 내보내기

원하는 위치를 지정하면, 스마트 컨트랙트 패키지 파일(.cds)이 생성될 것이다.

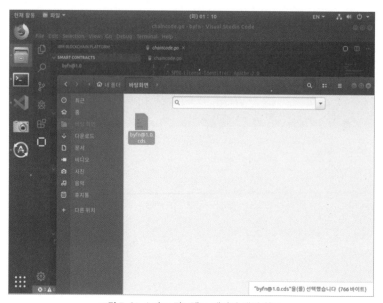

그림 7-85 스마트 컨트랙트 패키지 생성 완료

7.3.3 스마트 컨트랙트 설치

다시 IBM 클라우드의 블록체인 플랫폼 설정 화면으로 이동해 그림 7-86 왼쪽 메뉴에 있는 스마트 계약을 클릭한다. **스마트 계약 설치 +** 버튼을 클릭해 새로운 스마트 컨트랙트를 설치하도록 한다.

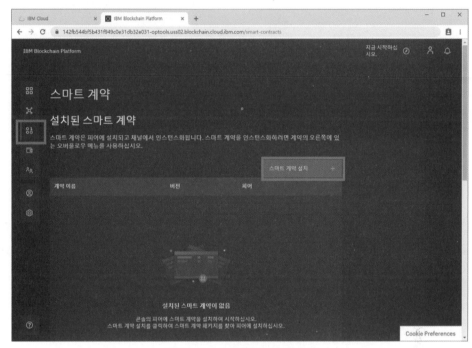

그림 7-86 스마트 컨트랙트 설치 시작

패키지 업로드에 있는 **파일 추가** 버튼을 클릭하고 업로드할 스마트 컨트랙트 패키지 파일(.cds)을 선택한다.

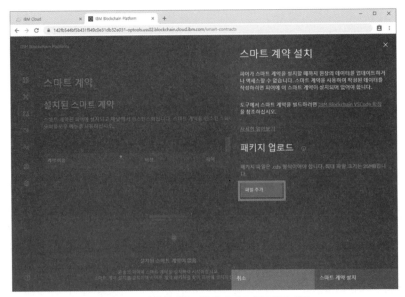

그림 7-87 파일 추가를 이용해 스마트 컨트랙트 설치

앞 VS Code에서 패키지한 스마트 컨트랙트 패키지 파일(.cds)을 선택해 업로드한다.
스마트 컨트랙트가 업로드되면 하단의 **스마트 계약 설치** 버튼을 클릭한다.

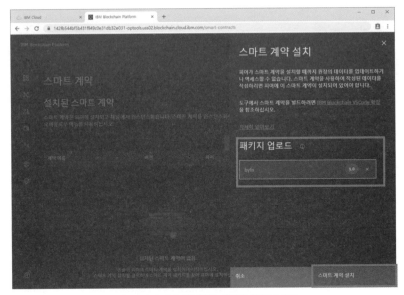

그림 7-88 스마트 컨트랙트 패키지 업로드 완료

앞서 VS Code로 패키지한 byfn 스마트 컨트랙트 설치가 완료됐다.

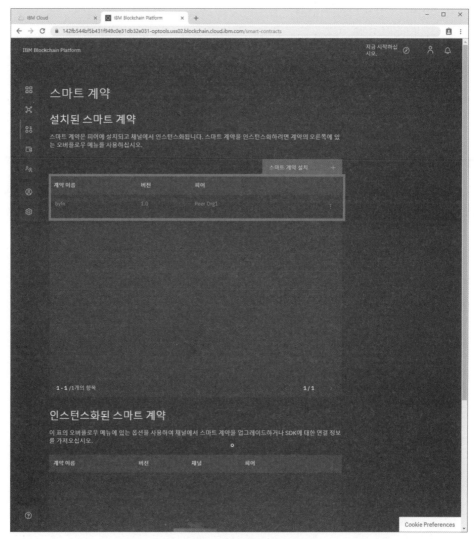

그림 7-89 스마트 컨트랙트 설치 완료

7.3.4 스마트 컨트랙트 인스턴스화

앞서 설치한 byfn 스마트 컨트랙트를 채널에서 인스턴스화하기 위해서는 그림 7-90
해당 스마트 컨트랙트의 오른쪽 끝에 있는 확장 메뉴에서 **인스턴스화**를 선택한다.

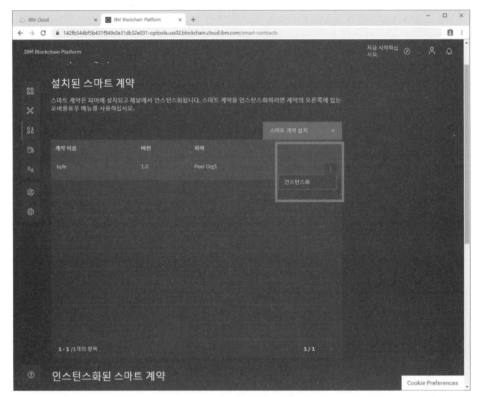

그림 7-90 스마트 컨트랙트 인스턴스화

스마트 컨트랙트를 인스턴스화하는 채널을 다음과 같이 선택한 후 **다음** 버튼을 클릭
한다.

- **채널**: channel1

그림 7–91 스마트 컨트랙트 인스턴스화 1/4 단계

보증 정책을 설정해야 한다. 보증 정책에 포함할 조직 구성원인 MSP를 다음과 같이 선택하고 **다음** 버튼을 클릭한다.

- **구성원** : org1msp

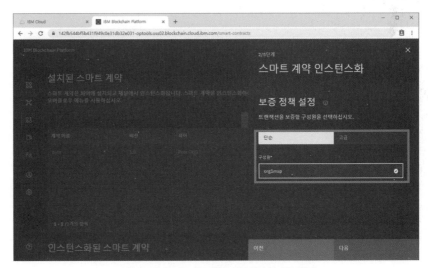

그림 7–92 스마트 컨트랙트 인스턴스화 2/4 단계

이번 단계에서 개인 데이터 수집을 설정할 수도 있지만 이는 선택 사항이므로 여기서는 설정하지 않는다. **다음** 버튼을 클릭한다.

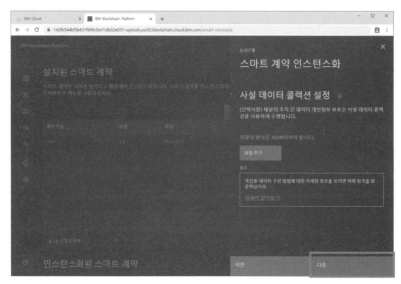

그림 7-93 스마트 컨트랙트 인스턴스화 3/4 단계

스마트 컨트랙트에서 특정 함수를 실행해 인스턴스화하려는 경우에만 이를 입력하면 되고, 여기서는 **설정하지 않는다.** 버튼을 클릭한다.

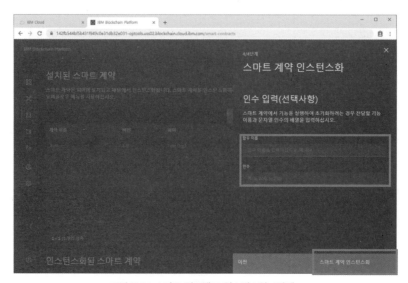

그림 7-94 스마트 컨트랙트 인스턴스화 4단계

스마트 컨트랙트 인스턴스화가 완료되면 그림 7-95와 같이 스마트 컨트랙트 설정 화면 하단의 **인스턴스화된 스마트 계약** 목록에 표시되는 것을 확인할 수 있다.

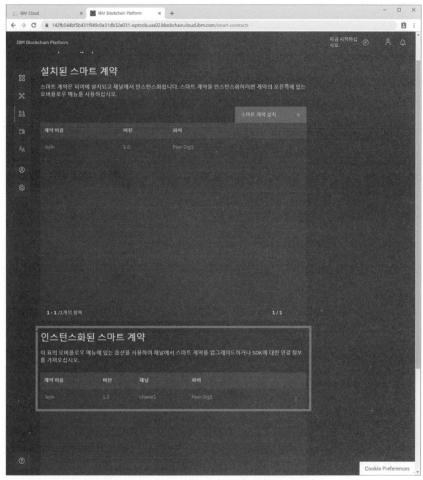

그림 7-95 스마트 컨트랙트 인스턴스화 완료

부록 1

하이퍼레저 패브릭을 위한 도커

1. 도커와 가상머신

도커^{Docker}는 컨테이너 기반의 오픈소스 가상화 플랫폼으로, 운영체제 커널을 공유하는 작고 가벼운 실행 환경으로 애플리케이션을 분리시킬 수 있다. 도커는 기존에 없던 기술을 만들어 낸 것이 아니라, 리눅스 컨테이너^{LXC}에서 사용하는 리눅스 커널 컨테이너 기술을 활용해 만든 컨테이너 관리 유틸리티다. 그림 부록 1-1을 보면 우리가 흔히 알고 있는 가상화 기술인 버추얼 박스나 VMware와 비슷해 보이는 것을 확인할 수 있다.

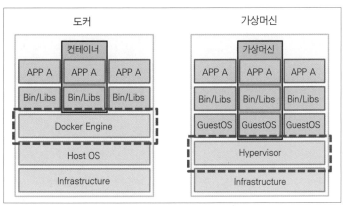

그림 부록 1-1 도커와 가상머신의 아키텍처

가상머신^{Virtual Machine}은 컴퓨터의 운영체제와 애플리케이션을 물리적 하드웨어에서 분리시켜 독립적으로 운영 가능하게 하는 하이퍼바이저^{Hypervisor} 기술을 사용한다. 이 하이퍼바이저가 제공하는 가상의 하드웨어에 게스트 운영체제^{OS}를 설치해 동작시키는 방식이지만, 운영체제 자체를 가상화했기 때문에 높은 성능의 컴퓨터 파워가 필요해 상당한 컴퓨팅 파워를 소모하게 된다. 이런 단점을 보완한 기술로 도커의 기반이 된 리눅스 컨테이너^{LXC}가 등장한다.

컨테이너 가상화 기술인 LXC는 가상머신과 마찬가지로 자원을 격리시켜 자원을 효율적으로 활용할 수 있게 한다. 또한 가상머신과 대비해서 한층 경량화된 용량으로 인해 빠르게 서비스를 올리고 내릴 수도 있다. 이로 인해 민첩하고 유연함이 강조되는 클라우드 환경에서 컨테이너 기술이 적합하며 각광받게 됐다.

다시 말해 컨테이너 가상화 기술을 활용해 실행 가능한 애플리케이션과 그 애플리케이션을 위한 라이브러리를 하나의 도커 이미지로 패키징하고 이를 배포, 실행할 수 있도록 만드는 것이 바로 도커라는 컨테이너 관리 툴인 것이다. 도커의 경우 초기에는 리눅스 컨테이너^{LXC}를 이용해 기술을 구현했지만, 다양한 리눅스 환경을 지원하기 위해 리브컨테이너^{libcontainer}라는 별도의 자체 실행 드라이버를 제공해 기술을 강화했다.

2. 도커 이미지

도커에는 중요한 개념인 이미지가 있다. 도커 컨테이너 이미지는 코드, 런타임, 시스템 도구, 시스템 라이브러리, 실행 환경 설정 등 소프트웨어를 실행하는 데 필요한 모든 것이 포함된 경량의 독립 실행형 패키지다. 도커 이미지^{Docker Image}는 컨테이너를 구동하기 위한 기능과 환경설정 등을 포함하며 모든 작업은 사용자 정의를 통해서 재구성할 수 있다. 도커는 하이퍼레저 패브릭 이미지를 도커 허브라는 공개 레지스트리 서버에서 제공하며 저장소 이름, 이미지 이름, 그리고 버전 정보를 입력해 이미지를 다운로드할 수 있다. 도커 허브는 깃허브와 매우 유사하며 자세한 내용은 그림 부록 1-2의 도커 레지스트리를 참고하기 바란다. 최종적으로 공개 레지스트리에서 이미지를 받으면 그림 부록 1-2 같은 구조로 표시된다.

hyperledger/fabric-peer:1.4.0

저장소 이름	이미지 이름	버전

그림 부록 1-2 도커 공개 레지스트리 구조

- **저장소 이름:** 이미지가 저장돼 있는 저장소 위치다. 이름이 없으면 도커 설정 파일에 지정된 기본 저장소로 설정된다. 도커 허브에서는 사용자 이름이 표시된다.
- **이미지 이름:** 이미지의 이름을 나타낸다.
- **이미지 버전:** 이미지 버전 정보이며, 생략하면 최신 업데이트 상태인 latest로 표시된다.

이미지는 직접 환경을 구성해 만들 수도 있으며, 만들어져 있는 이미지를 다운로드할 수도 있다. 다음은 이미지를 컨트롤하는 명령어와 옵션 몇 가지를 살펴보겠다.

1) 이미지 커맨드 명령어

먼저 살펴볼 것은 이미지 상태 확인 명령어다. 이 images 명령어를 통해 다운로드한 이미지 또는 생성된 이미지의 목록을 출력할 수 있으며, 특정 이미지를 선택해 검색할 수 있다.

- docker images
  - -a, —all: 모든 이미지 목록이 출력된다.
  - -q, —quiet: 이미지의 아이디 목록이 출력된다.

다음은 이미지 태그를 생성하는 tag 명령어다. 태그는 버전을 의미하며 버전 설정을 할 수 있다.

- docker tag 이미지[:TAG] 새로운이미지[:TAG]

다음은 이미지를 컨테이너로 구동하는 명령어를 살펴보겠다. 다음 run 명령어로 컨테이너를 생성하거나 실행할 수 있다. 옵션 중 -i, -t 옵션을 많이 사용하는데, 이 옵션을 통해서 표준 입출력을 활성화시켜 컨테이너 안에 접속해 원하는 쉘 스크립트를 실행시킬 수 있다.

- docker run
  - −name: 컨테이너의 이름을 설정한다. 이름을 지정하지 않으면 자동으로 설정된다.
  - −i: 컨테이너의 표준 입력^{STDIN}을 사용한다.
  - −t: 컨테이너에 터미널$^{psuedo\ tty}$을 사용한다.

도커 이미지에 대한 히스토리를 확인하기 위해서는 다음 history 명령어를 사용한다. 이를 통해 이미지가 어떻게 만들어졌는지 확인할 수 있다.

- docker history 이미지

마지막으로 이미지를 삭제하는 명령어다. rmi 명령어를 통해 특정 이미지를 삭제하거나 전체를 삭제할 수 있다.

- docker rmi 이미지: 특정 이미지를 삭제한다.
- docker rmi $(docker images -q): 다운로드한 모든 이미지를 삭제한다.

3. 도커 컨테이너

도커 컨테이너$^{Docker\ Container}$는 도커 이미지가 실행된 상태를 가리킨다. 이미지로 패키징된 컨테이너는 이미지 실행을 통해 런타임 환경에서 구동되며, 하나의 이미지로 여러 개의 컨테이너를 구동할 수도 있다.

1) 컨테이너 커맨드 명령어

컨테이너 커맨드 명령어 중 가장 기본적인 것은 컨테이너 시작/정지/재시작 명령어다. 도커 이미지 커맨드 명령어로 컨테이너를 생성한 뒤에 start, stop, restart 명령어들을 통해 컨테이너 컨트롤을 할 수 있다.

- docker start 컨테이너
- docker stop 컨테이너
- docker restart 컨테이너

다음은 컨테이너 실행 또는 존재 유무를 확인하는 명령어다.

- docker ps
  - -a: 존재하는 모든 컨테이너를 출력한다.
  - -n=-1: 숫자를 지정해 최근에 생성된 컨테이너를 일정 개수만 출력한다(기본값 -1).
  - -l: 가장 마지막에 생성된 컨테이너를 출력한다. 정지된 컨테이너도 포함된다.
  - -q: 컨테이너 ID만 출력한다.
  - -s: 컨테이너에서 변경된 데이터의 크기를 출력한다.

다음은 외부에서 컨테이너 내부에 명령을 날리는 명령어 exec이며 하이퍼레저 패브릭의 도커 환경에서는 내부 CLI에 접속하기 위해 다음과 같이 실행한다.

- docker exec -it 컨테이너 bash
  - -i: 표준입력을 활성화한다.
  - -t: 가상 tty 모드를 활성화한다.

컨테이너에 대한 CPU 사용률과 메모리 사용량 등 ps 명령어보다 더 많은 정보를 보기 위해서는 다음의 stats 하위 명령어를 사용한다. stats 명령어만 사용하면 컨테이너 ID로 정보를 보여주기 때문에 보기가 쉽지 않다. 따라서 뒤에 ps 명령어를 함께 사용하고 ID가 아닌 컨테이너 이름을 표시해 정보를 한눈에 들어오게 할 수 있다.

- docker stats $(docker ps --format=):

다음은 컨테이너에서 실행 중인 프로세스를 확인하는 명령어다.

- docker top 컨테이너

다음의 logs 명령어를 통해, 컨테이너의 로그를 확인해 각종 트랜잭션 처리가 제대로 이뤄지고 있는지 모니터링할 수 있다.

- docker logs 컨테이너
  - -f: 로그를 실시간으로 계속 출력한다.
  - -t: 로그 앞에 시간 값을 표시한다.

마지막으로 컨테이너 제거 시 다음의 rm 명령어를 사용한다.

- docker rm 컨테이너 [컨테이너...]: 삭제할 컨테이너 이름을 입력한다.
- docker rm $(docker ps -aq): 모든 컨테이너를 삭제한다.

4. 도커 레지스트리

도커 레지스트리^{Docker Registry}는 도커 이미지를 저장하고 공유하기 위한 저장소다. 도커 레지스트리는 도커 허브^{Docker Hub}를 통해 구축하거나 로컬 레지스트리 형태로 자체 구축할 수도 있다.

그림 부록 1-3 도커 허브와 로컬 레지스트리 구조

- **도커 허브**: 도커에서 자체적으로 제공하는 이미지를 생성하거나 배포하는 공간으로 도커 허브라고 이름을 지어 운영 중이며, 소스 코드 관리를 위한 분산 버전 관리 시스템인 깃허브와 매우 유사하다. 도커 허브에 이미지를 올리고 push 받을 수 pull 있으며, 위에서 보다시피 공개형이나 비공개형 레지스트리를 구축할 수 있다. 도커 허브 사이트는 hub.docker.com으로 운영되고 있으며, 다음과 같은 2가지 유형의 레지스트리가 있다.
  - **공개 저장소** Public Registry: 저장된 이미지를 다른 사람들도 사용할 수 있다. 또한, 개수 제한 없이 무료로 생성할 수 있다.
  - **비공개 저장소** Private Registry: 저장된 이미지를 혼자만 사용할 수 있다. 1개까지 무료로 생성할 수 있고 그 이상부터는 유료다.
- **로컬 레지스트리**: 직접 도커 레지스트리 서버를 다운받아 폐쇄적인 로컬 환경에서 구축할 수 있다. 구축된 서버의 호스트 이름과 포트로 접속해 이용할 수 있다.

이 책에서 도커 레지스트리는 하이퍼레저에서 제공하는 다양한 도커 이미지를 도커 허브에서 다운받아 컨테이너를 빠르게 구축하기 위한 용도로 사용하고 있다. 도커 허브는 회원가입이 쉬우며 사용법 또한 친절하게 설명해주고 있어서, 버전관리 툴인 깃허브의 사용 경험이 있다면 쉽게 사용할 수 있다.

5. 도커 컴포즈

하이퍼레저 패브릭에서는 컨테이너 여러 개를 사용해 도커 애플리케이션을 정의하고 실행하는 도구인 도커 컴포즈 Docker Compose를 사용한다. 도커를 사용하면서 컨테이너 하나만 올리는 경우보다는 여러 개를 올려 작업하는 경우가 많다. 하이퍼레저 패브릭에서도 피어, 오더러, CA 등 역할을 수행하는 노드와 서버를 구성하기 위해 여러 개의 컨테이너가 사용된다. 그렇기 때문에 애플리케이션을 여러 개 띄울 때 순서대로 띄우거나 링크를 걸어주는 작업이 필요하다. 도커 컴포즈는 여러 개의 컨테이너를 한 번에 구동할 수 있는 편리성을 제공한다. 여러 개의 컨테이너를 정의한 docker-compose.yaml을 작성한 후 docker-compose up 또는 docker-compose down 커맨드 명령어 하나면 쉽게 구동할 수 있다.

1) 명령어

- docker-compose up [options]: docker-compose를 실행한다.
  - -d: 백그라운드 환경으로 실행한다.
  - -f: 도커 컴포즈 구성 파일을 불러온다. 기본 파일 이름은 docker-compose.yaml이며 이름이 같을 경우 이 옵션을 사용하지 않아도 된다.
- docker-compose down: 도커 컴포즈 설정 파일로 생성된 컨테이너를 지운다. 컨테이너와 네트워크를 삭제한다.
  - --volume: 데이터베이스 데이터가 저장되는 컨테이너 내부의 디렉터리를 같이 삭제한다.
  - --remove-orphans: 도커 컴포즈 구성 파일에 포함되지 않은 모든 컨테이너도 포함한다.

부록 2

하이퍼레저 패브릭 v2.0 알파

1. 팹토큰

하이퍼레저 패브릭 v2.0 알파 버전은 패브릭 체인코드 라이프사이클Fabric Chaincode Lifecycle 및 팹토큰FabToken이라는 두 가지 새로운 기능을 사용할 수 있게 해준다. 이 버전은 개발자에게 새로운 기능을 검증 받고 테스트하기 위해 제공됐으며, 상용 환경에는 아직 최적화되지 않았으므로 사용을 권장하지 않는다.

패브릭 체인코드 라이프사이클은 보다 안전한 체인코드 업그레이드 프로세스를 제공하지만, 개념만 있을 뿐 아직 실체가 제대로 완성되지 않았으므로 여기서는 다루지 않기로 하고, 가장 많은 관심을 끌고 있는 팹토큰에 대해 살펴보기로 한다.

팹토큰은 하이퍼레저 패브릭에서 자산을 토큰으로 쉽게 개발할 수 있는 기능이다. 이 책의 4장, 5장, 6장에서 예시로 다룬 토큰 개념은 팹토큰이 아니라, 계좌잔고 모델처럼 토큰의 값을 단순 연산해 직접 구현했다. 하이퍼레저 패브릭 v2.0에서 제공하는 팹토큰은 UTXOUnspent Transaction Output 모델을 사용한다.

UTXO는 아직 쓰지 않은 잔액이라는 의미이며 비트코인, 퀀텀, 에이치닥Hdac 등이 사용하는 모델이다. 이더리움의 계좌 잔고 모델Account Balance Model과 달리 계정이나 잔고

가 없고, 블록체인에 기록된 '소비되지 않은 출력 값'을 통해 거래의 유효성을 검사해 코인의 존재 여부를 확인한다.

예를 들어, A와 B로부터 각각 1비트코인과 3비트코인을 받아 총 4비트코인을 갖게 됐으면, 지갑에는 4비트코인이 한꺼번에 묶여 있지 않고 1비트코인, 3비트코인을 각각 UTXO로 저장한다. 다시 UTXO 안에 있는 금액을 송금할 때는 새로운 UTXO을 생성하기 때문에 기존 UTXO는 파기한다. 예를 들어, 4비트코인이 있는 UTXO에서 2비트코인을 타인에게 송금하면 2비트코인을 송금한 UTXO와 남겨진 2비트코인에 대한 UTXO가 새로 생성된다.

UTXO는 수표와 비교하면 쉽게 이해할 수 있다. 예를 들어 A라는 사람이 그림 부록 2-1과 같이 100만 원짜리 수표를 가지고 있다. A가 B에게 10만 원을 주고 싶으면 100만 원권 수표를 10분의 1로 찢어서 주는 것이 아니라 그림 부록 2-2와 같이 100만 원권을 90만 원권, 10만 원권 수표 두 개로 바꾼 뒤 10만 원권 수표를 B에게 전달하고 90만 원권 수표는 본인이 보유하는 방식이다.

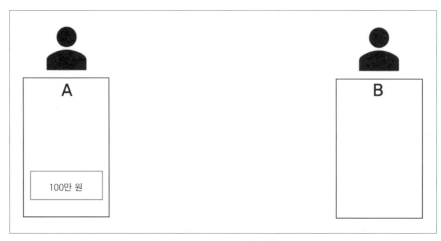

그림 부록 2-1 UTXO의 이해 1

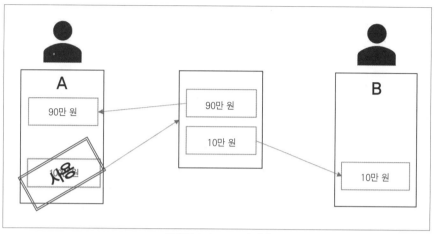

그림 부록 2-2 UTXO의 이해 2

하이퍼레저 패브릭 v2.0 알파 버전에서 제공하는 샘플 예제인 byfn을 사용해 팹토큰을 직접 사용해보자.

2. 하이퍼레저 패브릭 v2.0 알파 설치 및 실습

다음 명령어를 통해 하이퍼레저 패브릭 v2.0 알파를 다운로드한다.

```
$ curl -sSL http://bit.ly/2ysbOFE | bash -s -- 2.0.0-alpha 2.0.0-alpha 0.4.15
```

byfn 예제를 활용해 테스트를 할 것인데, 이를 위해서 다운로드한 fabric-samples의 first-network 디렉터리로 이동한다. ./byfn.sh generate 명령어를 사용해 네트워크를 구성하고 환경 설정 파일을 다음과 같이 생성한다.

```
$ ./byfn.sh generate
Generating certs and genesis block for channel 'mychannel' with CLI timeout of '10'
seconds and CLI delay of '3' seconds
Continue? [Y/n] y
proceeding ...
```

```
/home/hyperledger/go/src/f2/fabric-samples/first-network/../bin/cryptogen

생략

############################################################
#######    Generating anchor peer update for Org2MSP    ##########
############################################################
+ configtxgen -profile TwoOrgsChannel -outputAnchorPeersUpdate ./channel-artifacts/
Org2MSPanchors.tx -channelID mychannel -asOrg Org2MSP
2020-01-01 18:02:28.383 KST [common.tools.configtxgen] main -> INFO 001 Loading
configuration
2020-01-01 18:02:28.493 KST [common.tools.configtxgen.localconfig] Load -> INFO 002
Loaded configuration: /home/hyperledger/go/src/f2/fabric-samples/first-network/
configtx.yaml
2020-01-01 18:02:28.606 KST [common.tools.configtxgen.localconfig]
completeInitialization -> INFO 003 orderer type: solo
2020-01-01 18:02:28.606 KST [common.tools.configtxgen.localconfig] LoadTopLevel ->
INFO 004 Loaded configuration: /home/hyperledger/go/src/f2/fabric-samples/first-
network/configtx.yaml
2020-01-01 18:02:28.606 KST [common.tools.configtxgen] doOutputAnchorPeersUpdate ->
INFO 005 Generating anchor peer update
2020-01-01 18:02:28.608 KST [common.tools.configtxgen] doOutputAnchorPeersUpdate ->
INFO 006 Writing anchor peer update
+ res=0
+ set +x
```

다음으로 crypto-config 디렉터리로 이동한다.

```
$ cd crypto-config
```

다음과 같이 configorg1.json, configorg2.json, shares.json 파일 3개를 작성해야
하는데, 먼저 Org1 구성 파일인 configorg1.json을 다음과 같이 작성한다.

```
1      {
2        "ChannelID":"",
3        "MSPInfo":{
```

```
4          "MSPConfigPath":"",
5          "MSPID":"Org1MSP",
6          "MSPType":"bccsp"
7        },
8        "Orderer":{
9          "Address":"orderer.example.com:7050",
10         "ConnectionTimeout":0,
11         "TLSEnabled":true,
12
13       "TLSRootCertFile":"/opt/gopath/src/github.com/hyperledger/fabric/peer/crypto/ordererOr
14       ganizations/example.com/orderers/orderer.example.com/msp/tlscacerts/tlsca.example.com
15       -cert.pem",
16         "ServerNameOverride":""
17       },
18       "CommitterPeer":{
19         "Address":"peer0.org1.example.com:7051",
20         "ConnectionTimeout":0,
21         "TLSEnabled":true,
22
23       "TLSRootCertFile":"/opt/gopath/src/github.com/hyperledger/fabric/peer/crypto/peerOrgan
24       izations/org1.example.com/peers/peer0.org1.example.com/tls/ca.crt",
25         "ServerNameOverride":""
26       },
27       "ProverPeer":{
28         "Address":"peer0.org1.example.com:7051",
29         "ConnectionTimeout":0,
30         "TLSEnabled":true,
31
32        "TLSRootCertFile":"/opt/gopath/src/github.com/hyperledger/fabric/peer/crypto/peerOrgan
33       izations/org1.example.com/peers/peer0.org1.example.com/tls/ca.crt",
34         "ServerNameOverride":""
35       }
36     }
```

Org2 구성 파일인 configorg2.json을 다음과 같이 작성한다.

```
1        {
2        "ChannelID":"",
3        "MSPInfo":{
4          "MSPConfigPath":"",
5          "MSPID":"Org2MSP",
6          "MSPType":"bccsp"
7        },
8        "Orderer":{
9          "Address":"orderer.example.com:7050",
10         "ConnectionTimeout":0,
11         "TLSEnabled":true,
12
13       "TLSRootCertFile":"/opt/gopath/src/github.com/hyperledger/fabric/peer/crypto/ordererOr
14       ganizations/example.com/orderers/orderer.example.com/msp/tlscacerts/tlsca.example.com
15       -cert.pem",
16           "ServerNameOverride":""
17         },
18         "CommitterPeer":{
19           "Address":"peer0.org2.example.com:9051",
20           "ConnectionTimeout":0,
21           "TLSEnabled":true,
22
23       "TLSRootCertFile":"/opt/gopath/src/github.com/hyperledger/fabric/peer/crypto/peerOrgan
24       izations/org2.example.com/peers/peer0.org2.example.com/tls/ca.crt",
25           "ServerNameOverride":""
26         },
27         "ProverPeer":{
28           "Address":"peer0.org2.example.com:9051",
29           "ConnectionTimeout":0,
30           "TLSEnabled":true,
31
32       "TLSRootCertFile":"/opt/gopath/src/github.com/hyperledger/fabric/peer/crypto/peerOrgan
33       izations/org2.example.com/peers/peer0.org2.example.com/tls/ca.crt",
34           "ServerNameOverride":""
35         }
36       }
```

Org2의 User1에게 50토큰을 전송하는 파일인 shares.json을 다음과 같이 작성한다.

```
1    [
2       {
3
4    "recipient":"Org2MSP:/opt/gopath/src/github.com/hyperledger/fabric/peer/crypto/peerOr
5    ganizations/org2.example.com/users/User1@org2.example.com/msp",
6        "quantity":"50"
7       }
8    ]
```

byfn.sh 셸 스크립트의 up 옵션을 입력해 BYFN 네트워크를 시작해 보겠다. 다음과 같이 first-network 디렉터리에서 byfn.sh up 명령어를 커맨드라인 상에서 실행한다.

```
$ cd ..
$ ./byfn.sh up
```

정상적으로 체인코드가 실행됐다면 다음 명령을 사용해 CLI 컨테이너로 이동한다.

```
$ docker exec -it cli bash
```

하이퍼레저 패브릭 v2.0 알파에서 제공하는 팹토큰은 토큰 발행, 전송, 반환 기능을 제공하는 데, 먼저 token issue 명령어를 통해 토큰부터 발행한다. 다음과 같이 Org1의 User1에 100개의 byfnToken을 발행해보겠다.

```
# token issue --config /opt/gopath/src/github.com/hyperledger/fabric/peer/crypto/
configorg1.json --mspPath /opt/gopath/src/github.com/hyperledger/fabric/peer/crypto/
peerOrganizations/org1.example.com/users/Admin@org1.example.com/msp --channel
mychannel --type byfnToken --quantity 100 --recipient Org1MSP:/opt/gopath/src/
github.com/hyperledger/fabric/peer/crypto/peerOrganizations/org1.example.com/users/
User1@org1.example.com/msp
```

성공하면 다음과 같은 결과를 볼 수 있다.

```
Orderer Status [SUCCESS]
Committed [true]
```

Org1의 User1에게 발행된 토큰을 조회하기 위해, token list 명령어를 사용해 조회한다.

```
# token list --config /opt/gopath/src/github.com/hyperledger/fabric/peer/crypto/
configorg1.json --mspPath /opt/gopath/src/github.com/hyperledger/fabric/peer/crypto/
peerOrganizations/org1.example.com/users/User1@org1.example.com/msp --channel
mychannel
```

정상적으로 실행되면 다음과 같은 결과를 볼 수 있다. Org1의 User1이 100 byfnToken를 보유하고 있는 것을 확인할 수 있다.

```
{"tx_id":"98ecbe3abd1f5830076f427233bf3d4ca710a4c31bf3641500242f1c1c6ebbc1"}
[byfnToken,100]
```

여기서 98ecbe3abd1f5830076f427233bf3d4ca710a4c31bf3641500242f1c1c6ebbc1은 tx_id이며, 발행할 때마다 고유의 값으로 새롭게 생성된다.

이제 토큰이 만들어졌으므로 Org1의 User1이 Org2의 User1에게 50 byfnToken을 전송해보겠다. 토큰 소유자(Org1의 User1)는 자산을 같은 채널 내 구성원인 새 소유자(Org2 User1)에게 전송할 수 있다. 토큰이 전송되면 전송된 토큰은 이전 소유자가 사용하거나 액세스할 수 없다.

앞서 작성한 shares.json 파일을 이용하고 토큰 전송 명령인 token transfer를 사용해 다음과 같이 Org1의 User1이 Org2 User1에게 50 byfnToken를 전송해보겠다.

```
# token transfer --config /opt/gopath/src/github.com/hyperledger/fabric/peer/crypto/
configorg1.json --mspPath /opt/gopath/src/github.com/hyperledger/fabric/peer/crypto/
peerOrganizations/org1.example.com/users/User1@org1.example.com/msp --channel
mychannel --tokenIDs '[{"tx_id":"98ecbe3abd1f5830076f427233bf3d4ca710a4c31bf36415
00242f1c1c6ebbc1"}]' --shares /opt/gopath/src/github.com/hyperledger/fabric/peer/
crypto/shares.json
```

성공하면 다음과 같은 결과를 볼 수 있다.

```
Orderer Status [SUCCESS]
Committed [true]
```

token list 명령어를 이용해 Org1의 User1의 잔액을 알아보겠다.

```
# token list --config /opt/gopath/src/github.com/hyperledger/fabric/peer/crypto/
configorg1.json --mspPath /opt/gopath/src/github.com/hyperledger/fabric/peer/crypto/
peerOrganizations/org1.example.com/users/User1@org1.example.com/msp --channel
mychannel
```

정상적으로 실행되면 다음과 같은 결과를 볼 수 있다. Org1의 User1이 50 byfnToken를 보유하고 있는 것을 확인할 수 있다.

```
{"tx_id":"abf9443c071e2c6e2153bb2969d345906d98fbfbf5e8ce4c11819a3687afbeaf","ind
ex":1}
[byfnToken,50]
```

token list 명령어를 이용해 Org2의 User1의 잔액을 알아보겠다.

```
# token list --config /opt/gopath/src/github.com/hyperledger/fabric/peer/crypto/
configorg2.json --mspPath /opt/gopath/src/github.com/hyperledger/fabric/peer/crypto/
peerOrganizations/org2.example.com/users/User1@org2.example.com/msp --channel
mychannel
```

정상적으로 실행되면 다음과 같은 결과를 볼 수 있다. Org2의 User1이 50 byfnToken을 보유하고 있는 것을 확인할 수 있다.

```
{"tx_id":"abf9443c071e2c6e2153bb2969d345906d98fbfbf5e8ce4c11819a3687afbeaf"}
[byfnToken,50]
```

동일한 트랜잭션으로 생성됐기 때문에 Org1의 User1과 Org2의 User1의 토큰 tx_id가 같을 것이다.

토큰은 token redeem 명령어를 통해 반환할 수 있는데, 반환된 토큰은 더 이상 사용할 수 없다.

다음과 같이 Org2에 속한 25 byfnToken을 반환해보겠다.

```
# token redeem --config /opt/gopath/src/github.com/hyperledger/fabric/peer/crypto/
configorg2.json --mspPath /opt/gopath/src/github.com/hyperledger/fabric/peer/crypto/
peerOrganizations/org2.example.com/users/User1@org2.example.com/msp --channel
mychannel  --tokenIDs '[{"tx_id":"abf9443c071e2c6e2153bb2969d345906d98fbfbf5e8ce4c11
819a3687afbeaf"}]' --quantity 25
```

성공하면 다음과 같은 결과를 볼 수 있다.

```
Orderer Status [SUCCESS]
Committed [true]
```

Org2에는 이제 25 byfnToken에 해당하는 토큰만 있다. list 명령을 사용해 Org2의 User1이 소유한 byfnToken 수를 확인할 수 있다.

```
# token list --config /opt/gopath/src/github.com/hyperledger/fabric/peer/crypto/
configorg2.json --mspPath /opt/gopath/src/github.com/hyperledger/fabric/peer/crypto/
peerOrganizations/org2.example.com/users/User1@org2.example.com/msp --channel
mychannel
```

정상적으로 실행됐다면 새로운 tx_id로 25 byfnToken이 있음을 확인할 수 있다.

```
{"tx_id":"73a26b81ca70adf18836f7f70061e77c2cdf28823bd2b5f5b9e10444565db430","ind
ex":1}
[byfnToken,25]
```

token redeem 명령어를 다시 사용해 Org2에 50 byfnToken을 반환해보겠다.

```
# token redeem --config /opt/gopath/src/github.com/hyperledger/fabric/peer/crypto/
configorg2.json --mspPath /opt/gopath/src/github.com/hyperledger/fabric/peer/crypto/
peerOrganizations/org2.example.com/users/User1@org2.example.com/msp --channel
mychannel  --tokenIDs '[{"tx_id":"73a26b81ca70adf18836f7f70061e77c2cdf28823bd2b5f5b9
```

```
e10444565db430","index":1}]' --quantity 50
```

Org2에 25개의 토큰이 있으므로 50개의 토큰을 반환하지 못한다는 에러가 나온다.

```
error from prover: total quantity [25] from TokenIds is less than quantity [50] to
be redeemed
```

지금까지 하이퍼레저 패브릭 v2.0 알파에서 지원하는 팹토큰을 간단하게 실행해 봤다. 하이퍼레저 패브릭 v2.0 알파의 팹토큰 기능은 제한된 발행 및 거래 기능만 지원한다. 향후에는 비즈니스 로직에 토큰을 통합할 수 있는 더 확장성 있는 기능을 제공할 것이라 하니 기대해도 좋을 것 같다.

찾아보기

하이퍼레저 패브릭 실전 프로젝트

Permissioned 블록체인인 하이퍼레저 패브릭의 기초부터 실습까지

초판 인쇄 | 2020년 2월 12일
2쇄 발행 | 2021년 1월 28일

지은이 | 조 문 옥 · 이 진 수 · 조 성 완 · 반 장 현

펴낸이 | 권 성 준
편집장 | 황 영 주
편 집 | 이 지 은
디자인 | 윤 서 빈

에이콘출판주식회사
서울특별시 양천구 국회대로 287 (목동)
전화 02-2653-7600, 팩스 02-2653-0433
www.acornpub.co.kr / editor@acornpub.co.kr

한국어판 ⓒ 에이콘출판주식회사, 2020, Printed in Korea.
ISBN 979-11-6175-394-2
http://www.acornpub.co.kr/book/hyperledger-fabric

이 도서의 국립중앙도서관 출판시도서목록(CIP)은 서지정보유통지원시스템 홈페이지(http://seoji.nl.go.kr)와
국가자료공동목록시스템(http://www.nl.go.kr/kolisnet)에서 이용하실 수 있습니다.(CIP제어번호: CIP2020002914)

책값은 뒤표지에 있습니다.